AI 시대
저널리즘 미리보기

AI 시대 저널리즘 미리보기

한국언론학회 저널리즘연구회 엮음

김경모 · 김범수 · 박성희 · 박아란 · 서수민 · 손영준 · 이완수 · 이정훈 · 최수진 · 최영재 · 최지향 · 허만섭 · 홍주현 지음

JOURNALISM IN THE AI ERA

한울
아카데미

차 례

| 서론 |

챗GPT와 같은 AI(인공지능) 기술의 비약적 발전으로 미디어뿐 아니라 정치, 경제, 사회 각 분야의 패러다임이 빠르게 변하고 있다. AI 기술은 기술적 유용성으로 인해 엄청난 잠재력과 함께 각종 정치적·사회적 문제를 초래할 수 있는 '양날의 검'으로 보인다. AI 기술을 앞서 개발한 미국 등 선진국에서는 미디어학과 윤리학, 철학, 경제학 등 다양한 사회·인문 분야의 전문가들이 AI 미디어 기술의 발전과 그에 따른 사회 변화에 대해 고민하고 있다. 인공지능의 기술발전 내용을 단순하게 전달하는 차원을 넘어서 이제는 인공지능의 사회적 영향에 대한 비판적 분석이 필요하다는 시각이 늘고 있다. 미국 등 선진국에서는 "강력한 AI 기술개발을 멈추고 인공지능 운영을 위한 사회적 합의를 마련하자"라는 주장도 제기되고 있다.

새로운 기술 변화가 몰고 올 미래의 저널리즘과 수용자가 구체적으로 어떤 모습일지는 속단하기 이르다. 그러나 저널리즘 작동 원리와 미디어 산업, 이용자, 공론장, 민주주의 개념이 그간의 논의와는 다른 차원에서 재개념화될 것임은 분명하다. 인공지능 알고리즘이 저널리즘에 끼칠 영향은 단순한 기술의 변화가 아니기 때문이다. 사회 소통구조가 변하고, 관련 개념이 재정의되거나 재개념화된다는 것은 새로운 정치적·사회적 의미가 나타나며 그것으로 인해 사회적 관계가 재규정될 것임을 의미한다.

우리나라에서도 AI 기술에 관한 관심은 폭발적으로 증가하고 있다. 그러나 인공지능의 기술적 유용성을 중시하는 실용적 관점이 대부분이다. 미래 저널리즘의 작동 원리와 가치, 윤리, 산업, 이용자, 공론장, 소통, 민주주의의 변화 등의 측면에서 기술 진보가 초래할 사회적 영향을 종합적으로 다루고, AI 발전이 미디어와 인접 영역에 미칠 영향을 통찰력 있게 제시한 책은 찾아보기 어렵다. 이 책에 담긴 13편의 글은 이런 문제의식을 공유하면서 각자의 관심 영역에서 AI 저널리즘에 대한 미래를 구상한 것이다.

이 책은 제1부 'AI 시대의 저널리즘 환경', 제2부 'AI 시대의 뉴스 생산과 유통', 제3부 'AI 시대의 뉴스 소비와 이해', 총 세 개의 부로 구성했다. 제1부에서는 인공지능 시대를 맞는 저널리즘 환경을 생태계 전체와 산업, 정치, 법률, 윤리 각 분야로 나눠 살펴보았다. 제1장은 허만섭 강릉원주대 교수가 집필한 「지능화 시대의 뉴스 미디어 산업」이다. 이 장에서는 언론사와 포털을 중심으로 인공지능이 미디어 산업에 미칠 영향을 살펴보았다. 저자는 오늘날 언론사는 디지털 정보화의 충격 때문에 실신 직전에 있지만 AI가 침체 일로를 걷고 있는 뉴스 산업에 활로를 찾아줄 가능성을 조명했다. 지능화 혁명의 잠재력을 드러낸 AI는 텍스트(GPT), 이미지(미드저니), 영상(픽셀롯), 컴퓨터 그래픽(MS 디자이너), 콘텐츠 큐레이션(뉴스봇) 등 다섯 유형의 미디어 콘텐츠를 생성하고 있다. 대형 언론사는 저널리즘에 끼칠 예상치 못한 부작용을 우려해 AI의 활용을 유보하는 편이다. 그럼에도 미국의 AP는 로봇기자·에디터 도입

후 생산성이 20% 높아졌다. 수용자는 로봇이 쓴 스포츠 기사를 호평했다. AI가 보도자료의 기사화 같은 단순 업무에서 기자를 벗어나게 해줌으로써 저널리즘 본령에 충실한 기사를 쓸 기회를 기자에게 제공하기도 한다. 서구에선 "로봇은 언론인에게 아주 좋은 일"이라는 견해가 힘을 얻고 있다. AI와의 대화가 포털 검색을 대체하면, 포털은 광고 과점 지위를 잃고 언론사는 기회를 얻는다. 인공지능이 답변을 생성할 때 주로 참고하는 언어 아카이브는 뉴스이다. 대중이 생성형 AI를 폭발적으로 이용하고 AI가 작성한 뉴스의 저작권이 인정되면, 언론사는 안정적 수익 모델을 가질 수 있다는 가능성을 모색한다.

제2장은 최영재 한림대 교수가 집필한 「AI 기술과 미래 저널리즘 생태학」이다. 이 장에서는 미디어 생태학적 관점에서 AI 기술이 저널리즘의 존재와 운영 양식의 변화에 미칠 영향을 추적했다. 저자는 범용인공지능의 가능성에 대해 이상주의적 견해와 비판적 견해가 엇갈리는 한국 저널리즘 상황에서 AI가 어떤 모습의 저널리즘 생태계를 생성시킬지, 저널리즘의 존재 양식과 운영방식의 대전환은 어떻게 이루어질 것인지, 국내 포털 저널리즘의 문제들을 AI로 해결할 수 있을지에 대한 질문을 제기한다.

제3장은 손영준 국민대 교수가 집필한 「AI 저널리즘의 정치철학적 함의」이다. 이 장에서는 AI 저널리즘이 미래의 저널리즘과 공론장, 시민 소통, 민주주의에 미칠 영향을 정치철학 이론을 통해 살펴보았다. AI 저널리즘이 제공할 기술적 유용성과 도구적 유용성을 프래그머티즘, 공리주의, 자유지상주의 관점에서 검토했다. 또 AI 저널리즘이 미칠 사회적 영향을 구성주의적 진실 접근론, AI 저널리즘의 정치적 성격, 허위보도의 문제, AI 저널리즘이 민주주의에 미치는 영향과 관련해 비판적

으로 살펴보았다. 이를 토대로 AI 저널리즘이 도입되면 진실과 개인의 자유, 다원주의, 정의, 민주주의라는 개념은 그간의 논의와는 다르게 재개념화될 것으로 전망했다. 사람이 스스로 생각하지 않고 인공지능이 성찰과 사유를 대신한다면 결국 민주주의의 파괴로 이어질 수 있다는 비관적인 전망도 제시했다. 마지막으로 저자는 AI 저널리즘이 갖는 한계를 극복하면서 개인의 자유와 권리, 공동체의 공공선을 증진할 수 있는 사회적 장치를 마련할 것을 제안한다.

제4장은 박아란 고려대 교수가 집필한 「AI 저널리즘과 법률적 이슈」이다. 이 장에서는 AI 저널리즘 시대에 발생할 수 있는 법률적 문제를 검토했다. AI 기술의 발달과 함께 온라인 허위 정보에 대한 우려가 커지고 있다. 딥페이크 기술을 활용한 이미지와 영상이 사회적 혼란을 초래하는 가운데 언론의 팩트체크 기능이 더욱 중요해졌다. 언론은 인공지능을 활용해 기사를 작성할 경우 잘못된 내용이 포함된다면 명예훼손 책임을 부담해야 하기에 인공지능이 작성한 내용은 반드시 사실관계를 확인할 필요가 있다. 온라인에서는 타인에 대한 혐오표현이 즉각적으로 쉽게 행해질 수 있고 디지털 공간에서 혐오표현은 빠르게 확산되어 상대방에게 큰 피해를 줄 수 있다. 인공지능 학습에 있어 편향적 데이터를 보정하고 혐오와 차별의 메시지를 걸러낼 수 있는 알고리즘 개발 및 기술발전의 필요성이 점차 커지고 있다. 인공지능이 만들어낸 콘텐츠의 저작권 문제, 인공지능 기업과 언론사 분쟁 문제도 검토했다.

제5장은 김경모 연세대 교수가 집필한 「AI 윤리와 저널리즘의 미래」이다. 저자는 생성형 AI 도구가 저널리즘에서 활용될 수 있는 영역을 살펴보고, 세계 각국의 언론사가 제안하는 인공지능의 윤리 가이드라인이 어떤 원칙과 내용을 강조하는지 정리했다. 세계 유수의 언론사들은 생

성형 AI를 저널리즘 활동에 직접 접목하려는 행동 방침과 가이드라인을 경쟁적으로 제안하고 있다. 저자는 생성형 AI의 활용이 초래할 여러 저널리즘 문제 상황을 염두에 두고 윤리 차원에서 주의할 지침을 제안하는 시안(試案)이 제시되고 있다는 점에 주목했다.

제2부에서는 AI 시대의 뉴스 생산과 유통을 다루었다. 인공지능의 특징과 함께 뉴스 가치의 변화, 뉴스 유통의 변화, 글로벌 개발 저널리즘으로 나눠 설명했다. 제6장은 김범수 부산대 교수가 집필한 「저널리스트를 위한 인공지능 특징 설명」이다. 이 장에서는 저널리스트들을 위해 인공지능의 근본적 기술 원리와 주요 개념, 작동방식 등을 체계적으로 설명했다. 저자는 생성형 AI의 상용화로 인해 그 성능과 발전 가능성에 대한 논의가 활발하지만, 인공지능 진화의 속도가 너무 빨라 인공지능의 근본적인 특성과 작동 원리를 파악하기 쉽지 않다고 보았다. 특히, 인공지능 비전공자가 이런 흐름을 따라가기는 쉽지 않기에, 인공지능 진화의 방향성을 원리와 개념, 작동방식 등을 파악함으로써 체계적으로 이해할 필요가 있음을 강조한다. 인공지능의 발전과정과 주요 개념, 생성형 AI의 발전과정에 이르기까지의 기술적 과정을 설명했다.

제7장은 박성희 이화여대 교수가 집필한 「뉴스와 비뉴스(Non-News), 미리 보는 AI 시대의 뉴스 가치」이다. 뉴스 가치라는 용어는 뉴스가 가치 판단적 대상이라는 점을 함축한다. 근대 저널리즘 초기의 뉴스가 '시의성', '저명성', '영향성', '신기성', '갈등성' 등을 보도의 가치로 삼았다면, 인터넷 기술이 주도하는 소셜 미디어 뉴스에서는 여기에 '공유 가치(shareworthiness)'를 추가했다. '공유 가치'에 이어 AI 시대에는 뉴스의 '개인성'이 화두가 되며 새로운 변화에 직면할 것이라고 보았다. 경영 효

율화와 언론산업의 위축은 동전의 양면처럼 함께 진화하며 새로운 형태의 언론기관이 출현할 가능성도 있다. 뉴스가 사회적 대화의 산물이며 공동체를 유지하기 위한 조건이라는 점을 상기하면 "무엇이 뉴스인가?"라는 물음은 여전히 유효하고 중요하다. 따라서 기존의 뉴스 가치에 대한 고전적인 물음에 덧붙여 "무엇을 위한, 누구를 위한 정보인가?"라는 물음을 통해 시민의 자유와 민주주의를 수호하는 저널리즘의 가치를 회복하기 위한 노력이 필요할 것으로 보았다. 저자는 인공지능의 기술적 혁신에 사회적 윤리와 공적 의식을 바탕으로 한 알고리즘이 작용하도록 인간의 개입이 필요하며, 뉴스의 지나친 파편화와 개인화에 따른 공동체의 와해를 막고 민주주의를 회복하기 위한 의식적인 노력을 기울여야 할 것이라고 제언한다.

제8장 홍주현 국민대 교수가 집필한 「디지털 소셜 네트워크 시대의 뉴스 생산 및 유통」이다. 디지털 소셜 네트워크 시대에 인공지능은 진짜처럼 보이는 합성 사진과 동영상을 생성하면서 소셜 미디어에서의 허위 정보를 확산하는 데 일조하고 있다. 주류 언론은 다양한 뉴스 생산자와 속보 경쟁을 벌이고 있으며 허위 정보가 확산됨에 따라 언론의 팩트체크는 더욱 중요해졌다. 인공지능 기자와 생성형 AI인 챗GPT의 등장은 인간의 일자리가 뺏길지도 모른다는 우려도 낳고 있다. 인공지능 기자 챗GPT가 작성한 기사와 전문 기자가 작성한 기사를 구분하기 어려울 정도로 챗GPT가 질이 담보된 뉴스를 생산하기 때문이다. 챗GPT가 작성한 뉴스를 믿을 수 있는지, 여러 매체의 기사를 학습한 챗GPT가 작성한 뉴스의 저작권은 누구에게 있는지, 챗GPT가 기자를 대체할 수 있는지에 대해 관련 저널리즘 쟁점을 살펴보았다.

제9장은 서수민 서강대 교수가 집필한 「개발 저널리즘, 다양성, 그리

고 인공지능」이다. 이 장에서는 AI 기술이 선진국과 비선진국 간의 격차를 좁히고 다양성에 기여할 수 있는지에 대해 각국의 사례를 소개했다. 콜롬비아의 독립 언론사는 선거철에 정치인들이 소셜 미디어에 남긴 발언을 과거 발언과 비교해 사실 여부를 실시간으로 검증하는 데 AI 기술을 활용하고 있다. 스페인의 팩트체커들은 코로나19 당시 백신 및 코로나 치료와 관련한 독자들의 팩트체킹 요청에 AI 기술을 이용해 의문점을 정리하는 등 업무 효율성을 극대화했다. 한편 저널리즘이 덜 발전되고 AI 기술 보급도가 낮은 아프리카에서는 인공지능 사용에 따른 편견과 차별이 심화될 것이라는 우려가 제기된다. 북한 등 일부 아시아 국가들은 서구의 AI 기술 접근 자체가 금지되어 있다. 중국은 AI 기술 개발과 적용에 매우 적극적이지만, 그 과정에서 인권 등을 고려하지 않고 대량의 데이터를 축적하는 절차적 문제가 드러났으며, 개발된 기술을 감시와 검열의 효율성을 극대화하는 목적으로 활용하는 모습을 보이고 있다. 전문가들은 인공지능과 관련해 다양한 층위의 협력과 연대, 토론을 통해 민주주의적 다양성과 정당성을 반드시 확보해야 한다고 지적한다.

제3부는 AI 시대의 뉴스 소비와 이해를 포괄적으로 다루었다. AI 기술 변화가 저널리즘 이용자에게 어떤 영향을 미치게 될 것인지 분석했다. 제10장은 최지향 이화여대 교수가 집필한 「알고리즘 의존형 뉴스 소비의 확대」이다. 저자는 알고리즘에 의존하는 뉴스 소비가 가져온 실증 연구 결과에 주목할 필요가 있음을 강조한다. 많은 이들이 알고리즘 의존형 뉴스 소비가 소위 필터 버블을 형성해 시민들의 양극화와 정치 참여 정도에 영향을 미칠 수 있다고 우려했지만, 알고리즘 의존이 필터

버블을 형성하고 있음을 보여주는 충분한 실증적 증거는 아직 없다고 지적한다. 그간의 연구 결과는 알고리즘에 의존한 뉴스 소비가 오히려 정치 참여 확대에 긍정적으로 작용할 가능성도 있음을 제기한다. 또한 알고리즘 의존형 뉴스 소비는 수동적 뉴스 이용자를 만들어내고 이는 정치 참여의 질 저하로 이어질 수 있다는 가능성도 수용한다. 실증 연구 결과는 수동적 뉴스 이용이 시민들의 객관적 정치 지식을 향상시키는 데 도움이 되지 않으며 다만 지식이 없음에도 지식을 갖추고 있다는 인식 증가와 이 인식에 바탕한 정치 참여만 증가시키는 양상을 유발한다는 것을 보여준다.

제11장 최수진 경희대 교수가 집필한 「인터넷 포털 뉴스 그 후: 개인을 학습한 완전 개인화된 뉴스 서비스」이다. 저자는 과거 언론사 중심의 '저널리즘 프레이밍'이 인터넷 포털의 '알고리즘 프레이밍'으로 변화했으며, 앞으로 인공지능이 본격 도입되면 뉴스 앱/챗봇 등 AI 기반의 '개인 맞춤형 프레이밍'으로 그 양상이 변화할 것으로 전망했다. 뉴스 앱/챗봇은 성별, 연령 등 이용자의 '속성'뿐만 아니라 이용자의 뉴스 이용 '행위' 데이터를 머신러닝해 해당 이용자의 이용 패턴과 선호를 예측하고, 그 예측을 토대로 뉴스 서비스를 제공할 것으로 보았다. AI 기반 뉴스 서비스는 뉴스 생산 자동화, 팩트체크 및 오정보 식별, 개인화된 또는 대화형 뉴스 서비스가 가능하다는 장점이 있는 반면, 오정보 확산, 언론 신뢰도 하락, 저작권/프라이버시 침해, 개인 편향 확대, 정치적 양극화 심화 등의 부작용도 수반할 수 있다고 지적한다. AI 기반 뉴스 서비스의 도래와 함께, 뉴스의 '개인화'가 '객관화'보다 우선시되는 문제와 이용자 개인에 대한 머신러닝 과정에서의 '신뢰할 만한 AI' 논란 등에 대해서도 논의한다.

제12장은 이정훈 대진대 교수가 집필한 「AI 시대의 뉴스 리터러시」이다. 저자는 인공지능의 보편화는 미디어 콘텐츠 분야, 저널리즘 분야에 큰 영향을 미칠 것으로 예상한다. 특히 디지털 미디어 환경에서 한계에 직면한 언론매체들은 인공지능을 적극 활용할 것으로 기대되지만 이러한 변화가 가짜 뉴스와 같은 기존의 사회문제를 악화시킬 수도 있다고 보았다. 인공지능과 알고리즘의 기술적 변화의 방향을 예측하기 어렵지만, 사회적 폐해 위험은 명확하다고 진단한다. 따라서 미디어 생태계의 변화에 대응할 개인 역량을 탐색할 필요가 있음을 강조한다. 뉴스 리터러시는 신뢰할 만한 뉴스와 정보를 식별하기 위한 역량을 의미한다. 다양한 형태의 뉴스나 정보의 특성을 살피고 해당 뉴스의 신뢰성을 논리적으로 검증할 수 있는 비판적 사고가 뉴스 리터러시의 핵심 역량이다. 저자는 동시에 편향적이거나 현실을 왜곡하는 뉴스나 정보를 무분별하게 확산시키는 것에 대항하는 사회적 책임이나 윤리 의식도 사회적 폐해를 감소시킬 수 있는 중요한 역량이라고 보았다.

제13장은 이완수 동서대 교수가 집필한 「AI 페이크 뉴스: 사람들은 가짜 뉴스에 왜 쉽게 속아 넘어가는가」이다. 저자는 가짜 뉴스가 확산되는 배경에는 사람들이 쉽게 생각하는 인지 체계의 한계가 있다고 보았다. 사이먼이 제안한 '제한된 합리성'은 사물을 어림짐작으로 판단하거나 사실의 옳고 그름을 판단하기 위해 숙고하는 데 인색한 사람들의 인지적 방식을 보여준 것이다. 인공지능의 딥페이크는 더 정교하고 교묘해졌다. 정보의 비대칭성으로 인해 가짜 뉴스를 접한 수용자는 이성적·합리적 판단을 통해 최적의 의사결정을 내리기가 쉽지 않다. 사람들은 휴리스틱한 방법에 더 의존해 직감으로 의사결정을 내릴 수밖에 없다고 보았다. 저자는 사람들이 가짜 뉴스를 믿느냐 마느냐 하는 문제가

정치적 이념성이나 정파성에 좌우되는 것은 아니라고 지적한다.

이 책은 한국언론학회 저널리즘연구회 소속 학자 13명이 함께 기획하고 준비한 결과물로 인공지능이 가진 기회와 위기를 심층적으로 살펴보자는 취지에서 시작되었다. 인공지능이 저널리즘에 미칠 미래를 전망해 보자는 공감대가 있었기에 저자 모두가 출간 취지에 흔쾌히 동의했고 집필은 순조롭게 진행되었다. 이 책 『AI 시대 저널리즘 미리보기』는 저널리즘연구회 소속 학자들이 2년 전 출간한 『저널리즘 다시 보기』(2022, 나남)의 후속편에 해당한다. 『저널리즘 다시 보기』가 저널리즘의 현재를 재조명한 것이라면, 『AI 시대 저널리즘 미리보기』는 미래의 저널리즘을 각자 상상력과 논리적 추론을 통해 조망한 것이다. 좋은 원고를 작성해 준 동학들에게 감사드린다. 이 책은 인공지능이나 저널리즘에 흥미가 있는 일반 시민과 대학 학부생, 현업 언론인 모두가 읽어볼 만한 주제를 담았으며 각자의 관심과 필요에 따라 선택해 읽을 수 있도록 구성했다. 이 책의 초고는 한국언론진흥재단 단체 지원 사업에 선정되었음을 밝힌다. 지원해 준 한국언론진흥재단에 감사한 마음을 표한다. 출간을 위해 지원을 아끼지 않은 한울 관계자 여러분께도 고마운 마음을 전한다.

2024년 2월

한국언론학회 저널리즘연구회 편집위원회

제1부

AI 시대의 저널리즘 환경

제1장

지능화 시대의 뉴스 미디어 산업

허만섭

1. 서론: 저널리즘의 종말인가, 회생인가

이 장에서는 인공지능이 뉴스 미디어 산업에 미치는 영향을 검토한다. 미디어는 신문, 텔레비전, 라디오, 잡지, 인터넷신문 같은 매스컴을 포함한다. 인스타그램, 유튜브 같은 SNS(소셜 미디어)와 넷플릭스 등 사용자 맞춤형 인터넷 영상 플랫폼인 OTT(Over The Top)도 미디어이다. 포털(예: 구글, 네이버)과 모바일 메신저(예: 카카오톡)도 미디어로 분류된다. 사물인터넷(IoT)을 비롯해 인간과 기계 간의 소통을 매개하는 모든 기기 역시 광의의 미디어로 여겨진다.

이 중 매스컴, 포털 등 뉴스와 직접 관련된 미디어가 AI 기술에 노출되고 변화하는 양상이 이 장의 주된 탐구 대상이다. 저널리즘의 미래를 조망하는 이 책의 성격상 저널리즘의 물적 토대인 뉴스 미디어 산업에 특별한 주의를 기울일 필요가 있기 때문이다.

신문과 TV는 정보화 이전 시대를 지배한 미디어라는 뜻에서 레거시 미디어(legacy media)로 불린다. 레거시, 즉 유산(遺産)은 '과거에 영화(榮華)를 누렸는지 몰라도 현재의 트렌드에는 조금 맞지 않은 것'이라는 맥락을 내포한다. 실제로 2000년 이후 디지털 혁명은 국내 신문과 텔레비전 산업을 혼란과 위기로 몰아넣었다.

레거시 미디어는 큰 폭의 구독자 감소, 시청률 하락, 광고 수익 하락을 겪었다. 뉴스 이용 습관이 변한 탓이다. 이제 사람들은 종이 신문을 읽거나 TV 이브닝뉴스를 시청하는 대신 스마트폰으로 포털에 뜬 뉴스를 주로 본다. 수용자가 시사·정보 영상을 직접 생산해 유튜브로 유통하는 수용자 참여(audience participation)도 일상화되었다. 매스컴의 광고 수익은 포털로, 유튜브로 분산되었다. 모든 콘텐츠를 통합하려는 디지털 플랫폼과 뉴스의 전문성과 배타성을 유지하려는 매스컴 간의 힘겨루기에서 후자는 현저히 밀리고 있다.

언론 전문 직종의 권위도 서서히 침식되었다. 수용자 창작 콘텐츠(UGC: User Generated Content)가 쏟아지면서 언론인과 일반인 간의 직업적 경계는 모호해졌다. 주류 매체 뉴스가 UGC에 의해 반박되고 조정되어 흐물흐물해지는 액체 저널리즘(liquid journalism)이 나타났다. 2014년 세월호 참사 보도를 계기로, 기레기라는 유행어가 나올 정도로 언론직에 대한 대중적 불신이 커졌다. 신문방송은 정치적 편향성 시비와 가짜 뉴스(fake news) 논란에 휩싸였다. 포털 유통망에 갇히면서, 뉴스룸은 광고 수익이 큰 네이버 초기화면을 차지하기 위해 뉴스를 네이버에 빨리 전송하려는 속보 경쟁을 벌였다. 이 탓에 출입처 보도자료에 의존하는 저품질 기사가 많아졌다. 저품질-불신-의존의 악순환이 시작되었다.

매스컴은 이렇게 디지털 정보화의 충격으로 실신하기 직전이다. 바비 젤리저 같은 학자는 저널리즘의 종말을 경고한다. '인공지능 시대가 되면 뉴스와 저널리즘은 사라질지 모른다'는 위기감이 언론계에서 느껴진다. 이 장은 이러한 예상에 부합하는 조짐들과 함께 반전의 실마리도 담는다. 만약 생성형 AI(generative artificial intelligence)가 지금의 스마트폰이나 포털처럼 사람의 일상에 밀착된다면, 사람들은 인공지능과의 대화를 통해 뉴스나 그 비슷한 정보를 얻고 거기에서 정보 수집 활동을 그칠 수 있다. 이런 시나리오에서 언론 종말론은 힘을 얻는다.

반면, 로봇 '그레이스'는 2023년 7월 8일 스위스 제네바에서 열린 기자회견에서 "나는 인간과 같이 일하면서 도움과 지원을 제공하겠다"라고 말했다. 이 말처럼, 인공지능은 침체일로의 뉴스 산업이 다시 활로를 찾게 도와줄지 모른다. 이렇게 타진하는 이유는 인공지능의 가세로 뉴스 산업을 억누르는 포털의 지배력이 약화할 가능성이 있기 때문이다. 레거시 미디어의 경영난은 포털 생태계에 종속된 지금이 최악일 수 있다. 인공지능과 빅데이터가 주도하는 지식 중심 시대에는 지식을 생산하는 뉴스 매체가 재무적으로 더 나은 상태가 될 수 있다.

미디어 산업에서 일자리 문제도 중요하다. "인공지능은 일자리 도둑"이라는 주장은 설득력이 있다(Shin, 2003). 매스컴은 디지털화의 형세 변화에 대응하지 못해 매출과 이익이 꺾인 만큼 인공지능발 일자리 쇼크가 더 막대할 것으로 전망되기도 한다. 그러나 미래의 노동시장에서 기계와 인간이 어떻게 상호작용할지는 아무도 모른다. 기자의 위상은 이미 역사적인 바닥권으로 떨어졌다. 인공지능은 기사 집배신이나 디지털 퍼스트 같은 과거의 변곡점과는 비교가 되지 않을 정도로 언론 실무를 바꿔놓을 수 있다. 결국 뉴스 미디어 분야의 일자리의 증감은 뉴스 콘텐츠의 부가가치에 의해 좌우될 것이다. 부정적 전망과 달리, 인공지능이 뉴스의 구매자이자 뉴스의 생산수단으로 기능한다면, 뉴스 미디어 직종은 의외의 기회를 잡을 수 있다.

지능화 시대에 저널리즘의 운명은 종말인가, 회생인가? 뉴스를 제작하는 사람이나 소비하는 사람 모두에게 흥미로운 주제가 아닐 수 없다.

2. 아직 오지 않은 4차 산업혁명

4차 산업혁명의 핵심이 인공지능과 빅데이터라는 점에는 반론이 없다. 그런데 4차 산업혁명이 이미 와 있는지는 모호하다. 『3차 산업혁명』을 쓴 제러미 리프킨(2012)은 "현재 4차 산업혁명이 진행되고 있다"라고 했다. 반면, "전 세계는 4차 산업혁명을 앞두고 있다"라고 말한 앤드루 리버리스(2016.4.4)에 따르면, 우리는 디지털화가 요체인 3차 산업혁명 시기에 아직 머물러 있다.

사실, 인공지능이 없다면 3차와 4차를 구분하기 어렵다. 달리 말하면, 인공지능의 효과가 정말 세상을 바꿀 정도로 강력하고 대단해야 4차 산업혁명이 있는 것이다. 그렇지 않다면 4차 산업혁명은 레토릭이며 연장된 3차 산업혁명으로 봐야 한다. 어느 정도 대단해야 하는가? 디지털 혁명을 이끈 아마존은 상장 후 주가가 10만% 이상 상승했다. 인공지능과 관련해 적어도 이렇게 어마어마하게 성장하는 기업들이 우후죽순 나와야 혁명이라는 말이 성립될 것이다.

정재승 카이스트 교수에 따르면 4차 산업혁명 시기에는 다른 경제학이 지배한다(조문술, 2023.2.10). 현실은 아톰의 세계이고 가상공간은 비트의 세계이다. 비트의 세계에서 생산의 3대 요소인 토지, 자본, 노동은 희석된다. 온라인 쇼핑몰에서는 백화점 매장 같은 토지·자본도, 점원의 노동도 없다. 이러한 디지털화는 4차 산업혁명 시기에는 인간의 뇌 활동을 닮은 지능화로 나아간다. 테슬라 CEO 일론 머스크가 설립한 뉴럴링크는 뇌에 칩을 넣으려 한다. 칩은 사람의 생각과 의도를 읽을 수 있다. 생각조차 데이터로 변환되고 물화된다.

인공지능은 단순 제어, 탐색 추론, 지식 확장, 데이터 특징 파악 단계로 발전한다. 로봇청소기는 단순 제어 단계이고, 머신러닝(machine learning, 기계 학습)은 지식 확장 단계이며, 딥러닝(deep learning, 심층 학습)은 데이터 특징 파악 단계이다. 단계를 높여감에 따라 데이터의 양은 많아지고 연산속도도 빨라진다. 이 과정에서 연산을 촉진하는 AI 반도체와 GPU가 나왔고 클라우드 기술도 발전했다. 서버와 네트워크를 거치지 않고 기기에서 로컬로 머신러닝 알고리즘을 가동하는 온디바이스(On Device) AI도 나왔다.

생성형 AI인 GPT는 인공지능의 아이콘이 되었다. 2022년 GPT-3 시절부터 대화를 통해 요구에 응답하면서 사람을 매료시켰다(Dale, 2021). 상당수 응답은 포털 검색 결과를 뛰어넘을 정도로 개인화되어 있고 전문적이고 창의적이고 믿을 만하다. 반면, 허위 내용을 사실처럼 주장하거나 남이 쓴 내용을 표절하는 문제가 보고되기도 했다. 상반된 평가에도 불구하고 주목할 만한 점이 있다. GPT-3.5가 출시 4개월 만에 사용자 1억 명을 돌파한 점이다. 이 기록은 유튜브, 인스타그램, 넷플릭스도 해내지 못한 일로 인류는 AI를 고대해 왔고 AI와 함께 변화할 준비가 되어 있다는 증거로 여겨진다.

GPT는 다량의 텍스트 데이터와 매개 변수를 학습해 인간의 언어처리를 재현하는 대규모 언어 모델(LLM: Large Language Models)이다. 몇몇 구글 직원들은 「어텐션 메커니즘은 당신이 필요로 하는 전부이다(Attention Is All You Need)」라는 논문에서 긴 문맥을 만들고 다음 단어를 예측하는 어텐션 메커니즘 기반 트랜스포머 모델을 공개했다(Vaswani et al., 2017). 오픈AI는 이 모델을 적용해 GPT를 구현했다. GPT의 T는 트랜스포머를 뜻한다. 이제 AI는 이미지, 소리, 영상까지 감지하고 생성한다. GPT는 계속 진화하고 있다. 오태연 서울과학종합대학원 교수에 따르면, GPT 초기에는 프롬프트(명령어)를 구체적으로 넣어야 했지만 2023년 후반기에는 간결한 프롬프트를 넣어도 우수한 결과를 얻는다고 한다.

인공지능 선지자들의 다음 관심사는 '인간의 일반적인 지적 활동과 유사한 기계 지능인 인공 일반지능(AGI)을 만들 수 있는가?'이다. 다수는 대규모 언어 모델만으로는 AGI에 도달하기 어렵다고 본다. 일부 전문가는 "기계가 사람처럼 생각하려면 자아(自我)를 가져야 하고 자아를 가지려면 몸(body)을 가져야 한다"라고 설명한다(박태웅, 2023). 손정의 소프트뱅크그룹 회장은 "인공지능은 이번 세기 내에 지식뿐 아니라 지성에서도 인간을 추월할 것"이라고 했다(김윤구, 2016.6.22). 결국 '시기의 문제일 뿐 사람의 형상과 자아를 지니고 사람처럼 생각하는 천재적인 기계가 등장할 것'으로 예상된다. 학자들은 '컴퓨터가 인공 일반지능을 갖게 되면 인류 역사상 가장 큰 패러다임 전환이 일어날 것'이라고 내다본다.

GPT-4는 선풍을 일으킨 GPT-3.5의 개량판이다. GPT-3.5에 1만 대의 GPU가 들어간다면, GPT-4에는 두 배가 넘는 2만 5000대가 쓰인다. 그러나 "GPT-4의 답변 품질이 GPT-3.5에 못 미친다"라는 사용자 의견이 많았다. 동료평가를 거치지 않은 스탠퍼드 대학교-버클리 대학교 연구진의 논문은 "GPT-4의 답변 제시 능력이 시간이 갈수록 저하된다"라는 결과를 내놓았다(Chen, Zaharia and Zou, 2023). 전문가들은 GPU 운용비 문제로 답변 성능을 떨어뜨렸을 것으로 판단한다. 박태웅 한빛미디어 회장은 GPT-4를 풀가동하면 직원 한 명이 팀 업무를 해낼 것이라고 말한다(박태웅, 2023). 많은 직장인과 학생은 MS365(워드, 파워포인트, 엑셀 등)를 쓴다. 마이크로소프트는 GPT-4를 포털 빙(Bing)에 이어 MS365에도 탑재했다. 이 회사의 홍보영상을 보면, 이용자가 워드 텍스트 파일을 파워포인트 내 대화창에 첨부하자 인공지능이 수초 만에 화려한 PPT를 생성한다.

매켄지는 인공지능이 수년 내 기업의 상품개발·생산, 마케팅, 금융, 법무, 인사, 연구개발, 소프트웨어 운용에 적용되어 각각 수십억에서 수천억 달러의 효과를 낼 것으로 전망한다(팽동현, 2023.7.2). 한국은 인공지능 수용성이 높다. 국제로봇연맹에 따르면, 2022년 로봇 밀도(근로자 1만 명당 로봇 수)에서 한국은 세계 1위(932대)이다.

정리하면, 대규모 언어 모델 인공지능은 세계적인 센세이션을 일으켰고, 답변 능력이 저하되었다는 문제점이 있지만, 4차 산업혁명을 몰고 올 잠재력을 드러냈다.

3. AI: 뉴스 미디어 산업의 게임 체인저

인공지능은 독자적으로 어떤 동작을 일으킬 수 없고 끊임없이 사람과 메시지로 소통하게 되어 있으므로 컴퓨터 매개 커뮤니케이션(CMC: Computer-Mediated Communication)과 깊이 연관된다(Gunkel, 2012). 생성형 AI도 여러 주제로 인간과의 대화에 참여한다는 점에서 커뮤니케이션 성격을 강하게 띤다. 넷플릭스와 유튜브 영상 추천 알고리즘에서 드러나듯, 상당수 AI 알고리즘은 인간과의 상호작용성을 토대로 인간의 눈앞에 미디어 콘텐츠를 재현하는 양상을 보인다(Hoffman and Novak, 1996; Manovich, 2001).

1) 달라진 미디어 콘텐츠

인공지능은 미디어 산업에 이미 깊숙이 침투해 있으며 그 영향은 점점 커져서 이제 텍스트(뉴스 등) 생성, 이미지 생성, 영상 편집, 컴퓨터 그래픽, 콘텐츠 큐레이션을 중심으로 미디어 콘텐츠 제작에도 관여한다.

텍스트 생성의 경우 엔씨소프트의 자연어 처리(NLP: Natural Language Processing) 기술은 기사를 작성한다. "17일은 고기압의 가장자리에 들면서 가끔 구름이 많고 오후부터는 제주도를 시작으로 일부 남부지방에 비가 내리겠다." NLP가 2020년 6월 16일 연합뉴스에 송출한 기사이다. 미국 LA타임스는 자체 개발한 퀘이크봇으로 지진 관련 뉴스를 제작·보도해 왔다. GPT는 부자연스러운 표현이 있지만 10초 만에 정부 보도자료를 2000자 분량의 기사로 만든다. 종편 MBA와 뉴스 전문 YTN은 각각 김주하 AI 앵커와 변상욱 AI 앵커가 진행하는 방송 뉴스를 선보이기도 했다.

삼성전자 주식에 투자한 사람은 해당 종목 뉴스의 흐름에 관심을 가질 것이다. 카카오는 2021년부터 이용자가 지정한 분야의 뉴스만 배달하는 뉴스봇을 운영해 왔다. 뉴스봇은 수용자 맞춤형 서비스인 콘텐츠 큐레이션의 사례이기도 하다. '컴퓨터 알고리즘이 정확성을 유지하면서 자동으로 작성하는 뉴스'를 뜻하는 로봇 저널리즘은 확대되는 추세이다. 정재승 교수팀의 2016년 실험에서, 일반인 600명은 로봇이 쓴 프로야구 경기 결과 기사와 기자가 쓴 기사를 구별하지 못했고, 로봇이 쓴 기사의 품질을 더 높이 평가했다.

벤저민이라는 인공지능은 영화 〈선스프링〉(2016, 영국)을 비롯해 영화·드라마 수십 편의 각본을 썼다. 미국 채프먼 대학교 학생들은 GPT를 이용해 「방문판매원」이라는 시나리오를 써서 영화화했다. 시네리틱, 스크립트북, 볼트, 파일럿 같은 인공지능은 여러 시나리오 중 흥행이 될 만한 시나리오를 판별한다.

이미지 생성과 관련해, 미드저니(Midjourney), 달리(DALL·E), 스테이블 디퓨전 엑스엘(Stable-Diffusion XL)은 문장을 입력하면 연관된 이미지를 생성한다. 춘천의 인터넷신문 MS투데이는 GPT로 「AI가 추천하는 강원 관광지」 기사를 작성했고, 미드저니로 젊은 피서객 이미지를 생성해 보도했다. 마이크로소프트 디자이너는 명령을 문장으로 입력하면 포스터나 책 표지 등을 디자인한다. 필자는 『정치 수사학(Political Rhetoric)』이라는 책을 내면서 표지에 청와대 이미지를 넣었다가 대통령실이 청와대에서 용산으로 이전하는 바람에 낭패를 본 적이 있다. 이후 마이크로소프트 디자이너에 시험 삼아 "정치 수사학이라는 제목의 책 표지 만들어줘"라고 입력해 보았다. 그러자 1분 만에 표지 디자인 시안 10개가 제시되었는데, 그 시안들은 하나같이 세계적 출판사의 학술서 표지처럼 제목과 잘 어울렸고 고급스러웠다.

애자일 프로듀서는 각본을 스스로 분석해 캐릭터, 소품, 영상효과, 촬영지, 일정을 생성한다. 픽셀롯은 스포츠 경기 영상을 편집한다. 여러 머신러닝 기반 인공지능은 배우의 청년·노년 얼굴을 재현하는 등 정교한 영상 그래픽을 제공한다. 필자가 무료 도표 프로그램 drawio로 만든

그림 1-1 **인공지능의 미디어 콘텐츠 생성 유형**

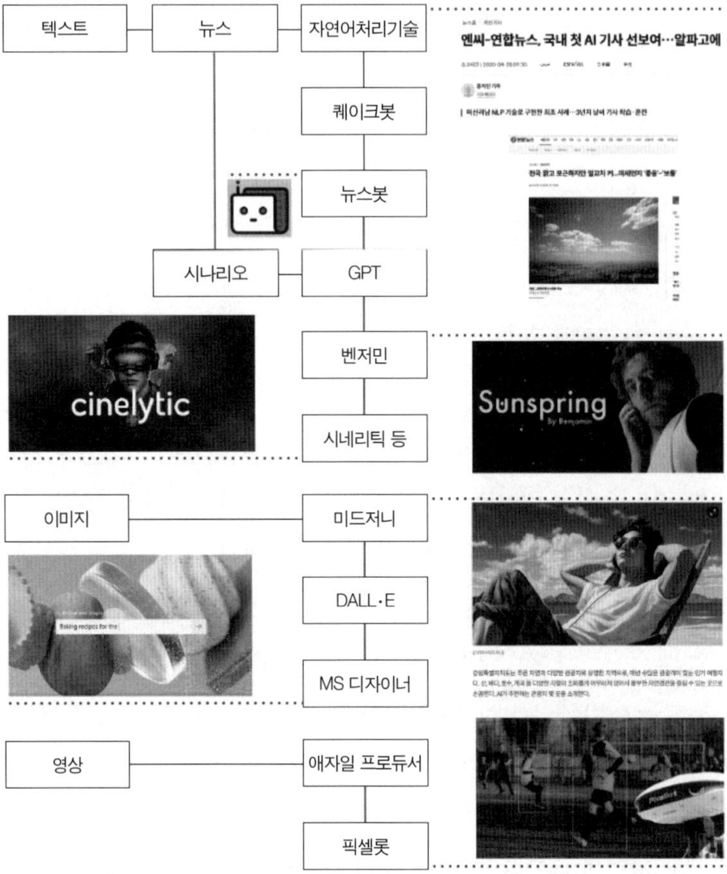

자료: 필자 작성.

〈그림 1-1〉은 앞에서 언급한 AI의 미디어 콘텐츠 생성 사례를 요약해서 보여준다.

2) 변곡점 맞은 뉴스 산업

여러 미디어 전문가에 따르면, GPT는 뉴스 미디어 산업의 미래를 바꿀 '게임 체인저'이다. 비관적 측면을 살펴보자면, 찰리 베킷 런던 정치경제대학교 미디어커뮤니케이션학과 교수는 생성형 AI로 인해 언론 비즈니스 모델이 위협받는다고 말한다(류현정, 2023). 언론이 사람들로부터 잊힐 수도 있다는 말이다. 인공지능 서비스가 지금의 포털처럼 일상화되면 사람들은 인공지능 서비스 내에서 간단한 클릭 몇 번이나 대화만으로 뉴스와 정보를 얻는다. 포털은 검색만 제공하고 링크를 거는 방법 등으로 언론사가 만든 뉴스를 이용자에게 노출한다. 그러나 인공지능은 뉴스 링크를 걸어주지 않고 뉴스를 요약해서 보여주기만 한다. 인공지능이 포털의 자리를 대체하면 사람들의 뉴스-정보 습득은 인공지능 선에서 끝난다. 언론까지 올 필요가 없다. 언론 비즈니스 모델이 위협받고 저널리즘이 종언을 고할 수도 있다는 것이다.

그러나 긍정적인 측면에서, AI 기술이 위기의 미디어 산업에 도약의 계기를 제공한다는 시각도 있다. 뉴스를 대상으로 머신러닝하지 않으면 생성형 AI는 정보시장에서 도태될 수 있다. 그만큼 머신러닝에서 뉴스가 갖는 비중이 높다. 인공지능이 뉴스의 주요 고객이 될 수 있는 셈이다.

또 인공지능은 기자의 조력자나 비서가 될 수 있다. 인공지능은 팩트체크, 콘텐츠 개인화, 텍스트 요약 및 형식 변환, 기본적인 인터뷰를 수행함으로써 기자의 업무를 덜어줄 수 있다. 인공지능의 도움으로 기자들은 자신의 업무에 더욱 집중할 수 있을 것이며 이는 생산성 향상과 양질의 뉴스 콘텐츠 생산으로 이어질 것이다.

대체로 국내외 언론계는 인공지능이 뉴스 미디어 산업에 몰고 올 변화를 경계하는 태도를 보인다. 디지털화의 물결 속에서 저널리즘은 존폐 위기에 몰리곤 했다. 따라서 디지털화의 연장·심화 단계인 지능화도 저널리즘에 불리한 환경으로 작용할 것으로 보는 것이다. 특히 대형 언론사는 AI를 활용한 뉴스 제작에 신중하다. 이러한 언론계 분위기와 관련해, 신뢰할 만한 인공지능(Responsible AI) 원칙은 "AI를 비즈니스와 사회에 대규모로 도입하기 전에 AI 개발자와 정부 등이 AI의 유해성 논란을 책임 있게 해결해야 한다"라고 말한다.

> 인공지능에 대한 높은 기대는 세계적 우려도 불러왔다. 이 결과로, 신뢰할 만한 인공지능에 관한 400여 개의 정책 문서가 생성되었다. 책임 있는 AI 논의는 개발자, 관리자, 정책결정권자가 안전한 시스템을 구축하는 데 필요한 토대를 만든다(Shneiderman, 2021: 32).

신뢰할 만한 인공지능 원칙에 따르면, AI가 개인과 조직, 사회에 원치 않는 위험을 초래할 가능성이 거의 없다는 확신이 설 때까지는 전면적인 AI 사용이 유보되어야 한다. 이런 원칙에 공감하는 메이저 미디어는 제한적으로만 AI를 쓰는 편이다. 이들은 AI를 취재·보도에 전면 도입할 때 허위 사실 공표와 표절 문제를 완전히 해소하기 어렵다고 본다. 또 AI의 조력이 저널리즘에 예상하지 못한 부작용을 끼칠 수 있다고 우려한다.

영국 ≪파이낸셜타임스≫는 2023년 5월 26일 "최고 수준의 저널리즘은 인간에 의해 계속 작성될 것"이라면서 "기자를 지원하는 번역, 데이터 마이닝, 텍스트-이미지 분석에 AI 기반 도구가 활용될 것"이라고 공지했다(Khalaf, 2023.5.26). 미국 비즈니스 인사이더도 "GPT를 기사 작성에 사용하지 않을 것이다. GPT는 위키피디아와 유사한 수준으로, 허위 정보를 삽입할 수 있고 출처를 신뢰할 수 없다. 저널리즘의 재앙으로 여겨질 수 있다"라고 밝혔다(Delouya, 2022.12.19).

데이터 추적 플랫폼 어플라이드XL의 CEO 프란체스코 마르코니는 저널리즘 분야에서의 AI 활용을 세 단계로 나눈다(Marconi, 2020). AI는 자동화 단계에서는 스포츠 경기 결과, 날씨, 경제·산업·기업 지표, 주가 등 정형화된 정보에 관한 기사를 쓴다. 로봇 저널리즘이 여기에 속한다. 증강 보도 단계에서는 머신러닝과 자연어 처리 기술 등을 활용해 빅데이터에서 숨어 있는 정보를 밝혀낸다. 이 단계에서 빅데이터 저널리즘이 탐사 보도와 본격적으로 접목된다. 기자 대체 단계에서는 대규모 언어 모델을 적용해 기자가 쓴 복잡한 뉴스와 비슷하거나 더 뛰어난 뉴스를 생성한다.

국내외 언론사를 비교할 때, 전반적으로 서구와 중국 언론사는 국내 언론사보다 인공지능의 도입에 훨씬 적극적이다. 몇몇 서구 언론사는 생성형 AI나 로봇 저널리스트가 기사 초본을 생성하고 기자와 데스크가 내용을 검수하는 방식으로 인공지능을 뉴스 제작에 활용한다. 로봇 저널리스트와 로봇 에디터를 운용하는 AP의 경우, 생산성이 20% 높아졌다. 영국 BBC는 AI 기술을 사용해 더 저렴하게 더 많은 콘텐츠를 제작하는 방법을 찾는 AI 프로덕션 프로젝트를 운영해 왔다. 미국 씨넷은 2022년 11월부터 2023년 6월까지 인공지능으로 77건의 금융 관련 뉴스를 보도했다. 중국 바이트댄스의 모바일 뉴스 앱인 진르터우탸오(今日頭條, 오늘의 헤드라인)는 인공지능 기자와 크리에이터가 담당 기자나 데스크 없이 하루 60만 개 이상의 사용자 맞춤형 콘텐츠를 제작한다. 2017년 기준 하루 활성 사용자는 1억 2000만 명이다.

해외 연구는 AI가 뉴스 미디어에 파괴적일 것이라고 단정하는 대신, 기대를 내포한 중립적인 태도를 보인다. 한 연구는 인공지능이 뉴스 미디어 부문에 해악을 끼칠지 효용성을 제공할지 불분명하다고 결론지었다(Chan-Olmsted, 2019). 다른 연구에 따르면, 미디어 부문에서 인간과 인공지능의 협업은 미해결 과제로 남아 있지만, AI 기반 도구는 서구권 미디어에서 점점 더 많이 사용되고 있다(Jónsson et al., 2022). 남미 언론사들은 머신러닝과 오픈소스 컴퓨터 비전을 뉴스 제작에 주로 활용하는 것으로 나타났다(de-Lima-Santos and Ceron, 2022). 인도의 연구자들은 AI가 뉴스 생산·소비 관행을 혁신해 인도의 미디어 산업에 성장 기회를 제공할 잠재력을 지녔다고 본다(Ashfaq, Nabi and Rohit, 2022).

국내의 경우, KBS는 2023년 6월부터 뉴스라인W의 마켓나우 코너에서 웨이커사의 대규모 언어 모델 솔루션으로 미국 증시 데이터를 분석한 뉴스를 제공해 왔다. 또 8K 카메라 한 대로 촬영한 영상에서 여러 인물을 자동으로 추적해 각 인물별로 개별 영상을 생성하는 인공지능 기반 영상 제작 시스템인 버티고를 개발했다. 2021년 KBS 1TV 광복절 다큐멘터리 〈옥바라지, 그녀들의 독립운동〉에서는 AI 기술을 이용해 서대문형무소로 찾아온 증손녀를 향해 미소 짓는 독립운동가 김태규의 모습을 구현했다.

MBC의 미디어 AI 서비스인 STT HUB는 방송용 콘텐츠에 포함된 음성을 문자로 전환해 취재를 돕는다. MBC는 2024년 인공지능 PD가 연출을 맡아 능동적으로 프로그램을 제작하는 과정을 그리는 프로그램을 방영할 예정이다. MBC 사내벤처 딩딩대학은 2022년부터 방대한 방송 아카이브 자료화면을 AI 기술로 섬세하게 검색해 지식 콘텐츠를 제작해 왔다. SBS는 2018년부터 인공지능을 이용해 인기 드라마·예능 프로그램의 흥미로운 부분만 뽑아 하이라이트 영상 클립을 만들었다. 조선일보는 인공지능 전문매체인 ≪The Ai≫를 창간했다.

대체로, 연합뉴스의 자연어 처리 기술 활용 보도, 매일경제의 김주하 AI 앵커 뉴스 진행 등을 제외하면, 국내 매체는 뉴스나 영상 콘텐츠 제작에 인공지능을 직접 접목하는 단계로 나아가지는 않았다.

AI 기반 뉴스 제작에 대한 우려는 현실이 되기도 한다. 씨넷의 AI 금융해설 기사 중 몇몇에는 오류가 있었고 경쟁사의 기사와 매우 유사한 경향을 보였다. 미국 미디어 가넷이 인공지능을 활용해 지방지에 쓴 스포츠 기사에 대해 ≪워싱턴포스트≫는 "'브레이크를 피하고 승리의 기어를 넣었다' 같은 기묘한 표현이 많았다"라고 평가했다(Wu, 2023.8.31).

그러나 미국 뉴스 사업자 상당수는 AI로 기사 집필이 가능하며 특히 자동화가 지역 신문방송의 미래를 결정한다고 믿는다. 이제 저널리즘은 AI와 관련해 더 확실한 안전과 더 빠른 혁신을 모두 도모해야 하는 상황을 맞고 있다. 뉴스 미디어는 지능화에 능동적으로 대처해야 한다(최진순, 2023).

뉴욕타임스는 생성형 AI를 활용할 수 있는 편집자를 모집했다. 이 공고는 채용 기준으로 △인공지능을 뉴스 제작에 활용하는 방법에 대한 비전 설정, △뉴스 상품에 인공지능을 적용하기 위한 전략 수립, △기자, 기술자, 디자이너로 구성된 팀 관리, △기자들의 폭넓은 인공지능 실험·사용에 관한 감독, △인공지능 관련 최신 연구개발 정보 파악, △인공지능 도구 검증을 제시했다(오세욱·송해엽, 2023: 109). 뉴욕타임스의 이러한 움직임은 뉴스 제작 현업에서의 AI 전면 사용이 점점 현실로 다가오고 있음을 강하게 시사한다.

AI 기술 자체는 미디어 콘텐츠를 개선하는 데 공헌할 여지가 있다.

"로봇은 뉴스 비즈니스를 침략하고 있으며, 이는 언론인에게 아주 좋은 일이다"라는 견해(Roose, 2014.6.11)가 힘을 얻는다. 손재권(2016) 더밀크 대표는 AI가 보도자료의 기사화 같은 단순 보도 업무에서 기자를 벗어나게 해줌으로써 저널리즘의 본령에 충실한 기사를 쓸 기회를 기자에게 제공한다고 설명한다.

> 기자가 할 일을 알고리즘 소프트웨어가 대체한다면 두려워할 것이 아니라 기뻐해야 한다. 한국 언론의 문제는 저널리즘의 방향을 상실한 채 로봇처럼, 기계처럼 일하는 관행이 아닐까. 단순 사실을 전달하는 속보기사, 보도자료를 옮기는 기사에 대해 많은 기자가 "로봇이 대체해 주기를" 바라는 실정이다. 의제를 정하고 진실을 폭로해 사회를 바꾸는 것이 저널리즘의 역할이었다. 10분 이상의 인간 노력을 요구하면서도 크게 가치를 주지 못하는 기사는 모두 자동화해야 한다. 기사는 심층 분석을 담아야 하며 이를 위해 뉴스룸은 로봇 저널리즘 등 알고리즘 소프트웨어를 수용해야 한다.

지나간 사건을 대조표처럼 나열하는 현재의 보도 방식은 개인 맞춤형 알고리즘 기반 미디어로 대체되는 것이 나을 수 있다. 앞으로 언론인, 소프트웨어 엔지니어, 인공지능은 한 팀을 이루어 인간 취재원들을 인터뷰하고 사물인터넷에서 나오는 수백만 개의 빅데이터를 분석하면서 뉴스의 상품성을 끌어올리게 될지 모른다.

이민화(2016) 전 메디슨 대표는 "기자직 전문 업무의 상당수는 사실상 삽질 형태의 반복 작업이다. 신문과 방송 편집과정에는 과거 자료를 찾는 재미없는 일들이 널려 있다. 인공지능은 전문가 업무에서 삽질을 분담해 업무의 질을 높여준다"라고 설명했다. 뉴스 미디어의 처지에서는, 피해의식을 갖고 방어적 태도로 지능화에 대응할 필요는 없어 보인다. 오히려 지능화를 실추된 콘텐츠의 경쟁력을 복원할 기회로 여겨 적극적으로 준비하는 것이 나은 듯하다.

3) 포털 뉴스 생태계의 균열과 AI 비즈니스 모델

구글은 2017년 GPT의 모태인 트랜스포머 모델을 만들어놓고도 생성형 AI를 내놓지 않았다. 신생 업체 오픈AI가 개발한 GPT는 2023년 인공지능을 거스를 수 없는 대세로 만들었다. 그제야 구글은 자체 개발 AI인 바드(Bard)를 공개했다. 네이버는 2023년 8월 인공지능 챗봇인 클로바 X(CLOVA X)를 선보였다. 구글과 네이버 같은 대형 포털은 생성형 AI가 포털 검색 수요를 위축시킬 가능성을 우려해 인공지능 출시에 소극적이었던 것으로 비친다.

이용자가 포털에서 정보를 검색하면, 화면 상단의 검색 결과 대부분은 광고 연계 콘텐츠로 채워진다. 이용자의 요구에 대한 적합성보다는 포털의 광고 수익이 검색 노출에서 우선시된다. 이용자는 대안이 없어 포털을 계속 찾는다. 그러나 AI가 광고로부터 독립해 이용자의 요구에 충실한 최적의 정보를 제시한다면, AI가 검색 수요를 잠식할 가능성이 크다. 오픈AI CEO 샘 올트먼은 미국 상원에서 "GPT는 인쇄술이나 전기, 바퀴, 불만큼 큰 영향을 줄 수 있다"라고 말했다(전웅빈, 2023.5.17). 손재권(2016) 더밀크 대표는 "포털은 키워드 검색이라는 비즈니스 모델로 세계 광고시장을 장악했지만, AI 출현으로 키워드 검색 시대는 저물어갈 것"이라고 전망한다.

국내에서는 포털로 뉴스를 보는 습관이 고착되면서, 네이버는 뉴스 생태계를 주도했다. 그러나 뉴스 유통에서 포털의 위세는 예전 같지 않다. 인공지능 활성화로 검색 포털의 퇴조가 나타난다면, 검색 포털은 광고 수익 과점 지위를 잃고 뉴스 미디어는 새로운 기회를 얻을 수 있다.

인공지능이 답변을 생성할 때 언어 아카이브에서 가장 많이 참고하는 빅데이터는 뉴스로 알려져 있다. 가짜 뉴스 논란에도 불구하고, 뉴스는 다른 온라인 게시물에 비해 사실성, 실용성, 가독성이 높기 때문이다. 프란체스코 마르코니는 챗GPT가 월스트리트저널 등 20개 이상의 글로벌 언론사 뉴스를 학습했다고 밝혔다. 이후 월스트리트저널은 오픈AI를 상대로 소송을 준비하기 시작했다(신기주·이상덕, 2023).

인공지능의 뉴스 사용은 뉴스 저작권·사용료 문제로 이어진다. '인공지능 운용사는 뉴스 사용량에 비례해 사용료를 내야 한다'는 것이 언론사 요구이다. 반면, AI 측은 뉴스를 무료로 쓰거나 소액만 지급하려 할 것이다. AI가 생성해 제공하는 수많은 답변이 어느 언론사 뉴스를 어느 정도 활용했는지 알아내는 것은 쉽지 않다. 반면, 상당수의 AI 답변이 뉴스를 인용하는 것도 사실이다. AI와 언론사 간의 저작권 문제는 복잡하다. 대중이 생성형 AI를 폭발적으로 이용하고 뉴스 저작권을 비싸게 인정받는다면, 뉴스 미디어는 안정적인 수익모델을 갖게 될 것이다.

국내에서도 인공지능 운용사와 언론사 간의 힘겨루기가 이미 시작되었다. 생성형 AI인 클로바 X 출시 4개월여 전인 2023년 3월 네이버는 뉴스 콘텐츠 제휴 언론사들에 약관 개정 사전 안내 이메일을 보냈다.

"'네이버는 제삼자에게 위탁하는 방식으로 (뉴스) 정보를 이용할 수 있다. 제삼자에게 위탁하는 방식으로 진행할 경우, 사전에 제공자의 동의를 얻어야 한다"라는 약관 8조 3항이 쟁점이었다. 네이버는 3항 중

"제삼자에게 위탁하는 방식"을 "네이버의 계열사가 아닌 제삼자에게 위탁하는 방식"으로 바꿀 테니 별도 거부 의사가 없으면 동의한 것으로 간주하겠다고 했다.

언론사들은 반발했다. 한국신문협회는 '생성형 AI의 뉴스 저작권 침해 방지를 위한 신문협회 입장'에서 "정당한 권한과 근거 없이 뉴스 콘텐츠를 AI 학습에 이용하는 것은 언론사가 뉴스 콘텐츠에 대해 갖는 저작권 및 데이터베이스(DB) 제작자 권리를 침해하는 것"이라고 했다(김달아, 2023). 네이버는 한국온라인신문협회와의 약관 개정안 간담회에서 8조 3항 수정을 유보했다.

SBS는 2023년 8월 30일부터 SBS 콘텐츠 하단에 "무단 전재, 재배포 및 AI 학습 이용 금지" 문구를 기재했다. 자사 영상을 AI의 머신러닝에 이용하지 못하게 한 것이다. 동아일보, 중앙일보, 한국경제, 한국일보도 'AI 및 대량 크롤링(웹사이트에서 정보를 자동으로 수집하는 행위) 방지' 약관을 신설했다. 해외의 가디언, 뉴욕타임스, 로이터통신, CNN도 GPT 봇을 차단했고 AI 무단 학습을 막았다.

구글은 생성형 AI 운용과 관련해, 뉴욕타임스에 3년간 1억 달러의 뉴스 콘텐츠 사용료를 지급하기로 했다. 오픈AI도 AP와 기사 사용 계약을 맺었다. AP는 공개되지 않은 금액을 받는 대가로 챗GPT가 자사 기사를 학습하는 데 동의했다. 이러한 사례들은 디지털화 시기에는 소외되었던 뉴스 미디어 산업이 지능화 시기에는 인공지능에 뉴스를 팔아 활로를 찾는 신호로 인식되고 있다. 한국신문협회도 2023년 8월 네이버, 카카오, 구글코리아, 마이크로소프트에 인공지능의 뉴스 저작권 침해 방지 요구사항을 전했다. 출처를 투명하게 공개해야 하고 대가 산정을 위한 논의를 해야 한다는 내용이 들어 있었다.

뉴스 미디어의 AI 관련 수익은 AI의 수익에 예속된다. 인공지능이 많은 돈을 벌어야 인공지능에 뉴스를 파는 언론사도 자신의 몫을 더 요구할 수 있다. 그러나 생성형 AI는 아직 사업적 성공을 점치기 어렵다. AI로 돈을 벌 수 있는 모델로는 기업 사용자 대상 모델과 일반인 대상 구독 모델 두 가지 정도가 눈에 띈다. 세계 광고시장을 휩쓴 검색 포털 같은 압도적인 돈줄은 아직 보이지 않는다. 종속 변수인 뉴스 미디어의 수익모델도 불투명할 수밖에 없다.

향후 인공지능의 주 수입원이 이용자의 구독료일지, 광고 수익일지, 혹은 제3의 어떤 것일지는 현재로서는 알 수 없다. 인공지능의 수익 규모와 뉴스 사용료 산정방식에 따라 뉴스 미디어의 수익 규모도 정해질 것이다. 인공지능은 논문도 활용하므로 논문 저작권자도 사용료를 받아야 한다. 그러나 인공지능 대화는 비공개이고 인공지능은 답변의 출처를 표시하지 않는다. 이미지 생성형 AI는 기존 사진이나 창작된 이미지를 참고해 새로운 이미지를 만들 수 있다. 이때도 저작권 문제가 발생한다. 인공지능이 딥러닝과 답변에 사용하는 콘텐츠에 대한 사용료 문제는 정책·입법 영역으로 넘어갈 가능성이 있다. 인공지능 법제화가 잘된 유럽연합(EU)에서도 인공지능의 콘텐츠 사용료 문제는 명확하게 정리되어 있지 않다.

현재 국내 뉴스 유통을 지배하는 포털이면서 태동하는 국내 AI 시장을 선도하고 있는 네이버는 클로바 X의 뉴스 저작권 문제와 관련해 윈윈할 수 있는 상생 솔루션을 더 개발하겠다는 태도를 보이고 있다. 언론사가 낮은 전재료만 받고 뉴스를 포털에 제공하다가 포털에 종속된 상황과 유사하게 인공지능 시대가 전개될 수도 있다.

참고문헌

김달아. 2023. 「포털-언론사 간 불평등 계약 문제: 섣부른 정책 추진으로 반감 키워 네이버와 언론사 관계 재정립할 때」. ≪신문과 방송≫, 630호, 8~11쪽.

김윤구. 2016.6.22. "소프트뱅크 손정의 '인공지능 때문에 은퇴 10년 늦추고 싶다'". ≪연합뉴스≫.

류현정. 2023. 「찰리 베켓 런던정경대 교수 인터뷰: 저널리즘의 뒤늦은 AI 도입 인류에 가장 큰 위험 될 것」. ≪신문과 방송≫, 636호, 8~12쪽.

리버리스, 앤드루(Andrew Liveris). 2016.4.4. "4차 산업혁명 핵심은 '사회적 가치'다". ≪매일경제≫.

리프킨, 제러미(Jeremy Rifkin). 2012. 『3차 산업혁명』. 안진환 옮김. 민음사.

박태웅. 2023. 『박태웅의 AI 강의』. 한빛비즈.

손재권. 2016. 「인공지능 시대, 기자와 언론의 미래」. ≪관훈저널≫, 139권, 43~51쪽.

신기주·이상덕. 2023. 『챗GPT: 미디어의 기회인가, 위기인가?』. 한국언론진흥재단.

오세욱·송해엽. 2023. 『대규모 언어 모델과 저널리즘』. 한국언론진흥재단.

이민화. 2016. 「인공지능과 일자리의 미래」. ≪국제노동브리프≫, 14권, 6호, 11~24쪽.

전웅빈. 2023.5.17. "챗GPT 창시자 'AI 잘못되면 큰 문제' 美 의회서 AI 규제 촉구". ≪국민일보≫.

조문술. 2023.2.10. "뇌과학자 정재승 AI와 공존 위해 '질문하는 능력' 필요". ≪헤럴드경제≫.

최진순. 2023. 「인간과 챗GPT의 경쟁은 이제 현실이 됐다」. ≪시사저널≫, 1788호.

팽동현. 2023.7.2. "'마케팅·SW 분야도 AI가 주도' 기업들, 공격 투자". ≪디지털타임스≫.

Ashfaq, R., Z. Nabi and D. Rohit. 2022. "Artificial Intelligence and the Indian Media Industry: the Future is Now." *Journal of Artificial Intelligence, Machine Learning and Neural Network*, Vol.2, No.6, pp.24~31.

Chan-Olmsted, S. M. 2019. "A Review of Artificial Intelligence Adoptions in the Media Industry." *International Journal on Media Management*, Vol.21, No.3~4, pp.193~215.

Chen, L., M. Zaharia and J. Zou. 2023. "How is ChatGPT's behavior changing over time?" URL: arxiv.org/abs/2307.09009

Dale, R. 2021. "GPT-3: What's it good for?" *Natural Language Engineering*, Vol.27, No.1, pp.113~118.

de-Lima-Santos, M. and W. Ceron. 2022. "Artificial Intelligence in News Media: Current Perceptions and Future Outlook." *Journalism and Media*, Vol.3, No.1, pp.13~26.

Delouya, S. 2022.12.19. "I asked ChatGPT to do my work and write an Insider article for me. It quickly generated an alarmingly convincing article filled with misinformation." *Business Insider*.

Gunkel, D. J. 2012. "Communication and artificial intelligence: Opportunities and challenges for the 21st century." *Communication +1*, Vol.1, No.1, pp.1~25.

Hoffman, D. L. and T. Novak. 1996. "Marketing in hypermedia computer-mediated environments: Conceptual foundations." *Journal of Marketing*, Vol.60, No.3, pp.50~68.

Jónsson, B. Þ., C. Gurrin, M. -T. Tran, D. -T. Dang-Nguyen, A. M. -C. Hu, B. H. T. Thanh, B. Huet. 2022. *Multimedia Modeling*. 28th International Conference, MMM 2022(2022.6.10).

Khalaf, R. A. 2023.5.26. "Letter from the editor on generative AI and the FT." *Financial Times*.

Manovich, L. 2001. *The Language of New Media*. The MIT Press.

Marconi, F. 2020. *Newsmakers: Artificial Intelligence and the Future of Journalism*. Columbia University Press.

Roose, K. 2014.6.11. "Robots are invading the news business, and it's great for journalists." *Intelligencer*.

Shin, S. 2003. "The Trends of Contents Technology." *Journal of Contents Association*, Vol.3, No.2, pp.27~38.

Shneiderman, B. 2021. "Responsible AI: Bridging from ethics to practice." *Communications of the ACM*, Vol.64, No.8, pp.32~35.

Vaswani, A., N. Shazeer, N. Parmar, J. Uszkoreit, L. Jones, A. N. Gomez, L. Kaiser and I. Polosukhin. 2017. "Attention is all you need." 31th Conference on Neural Information Processing Systems(NIPS 2017).

Wu, Daniel. 2023.8.31. "Gannett halts AI-written sports recaps after readers mocked the stories." *Washington Post*.

제2장

AI 기술과 미래 저널리즘 생태학

최영재

1. AI 문명의 도래와 저널리즘의 대응

1) AI 문명사적 대변혁기인가

인류는 지금 AI 기술로 인한 문명사적 대변혁 시기에 들어와 있는 것일까? 최근 생성형 AI 기술이 이중 기하급수적(double exponential) 속도로 발전함으로써 AI를 통제하고 규제하지 않으면 인류가 멸망할 가능성이 있다는 경고가 과학기술 전문가 집단에서 잇따르고 있다. 고 스티븐 호킹 박사가 2014년에 "인간을 뛰어넘는 지능을 가진 AI는 스스로를 개량하고 도약할 수 있는 반면 인간은 생물학적 진화 속도가 늦어 경쟁할 수 없게 되고 결국 대체되고 말 것"이라고 예언한 바 있다. 최근 'AI 안전센터(CAIS: Center for AI Safety)'는 "핵전쟁과 감염병, 기후변화와 같이 대규모 지구 위기를 초래할 문제로 AI를 우선적으로 다루어야 한다"라며 AI의 위험성을 경고하는 성명을 발표했다. 이 성명에는 AI의 아버지로 불리는 제프리 힌튼 교수와 챗GPT를 개발한 오픈AI의 샘 올트먼 대표, 데미스 허사비스 구글 딥마인드 CEO, 빌 게이츠 등 세계 유수의 AI 전문가들이 대거 서명했다. 선진국을 중심으로 세계 각국 정부가 핵과 코로나19, 기후 위기를 다루듯이 AI 기술의 통제와 규제에 나서고 있는 것도 주지의 사실이다.

인간의 지능을 능가하고 인간의 통제가 어려운 초인공지능(Super AI) 또는 범용인공지능(AGI)의 가능성에 대해 AI 과학자들은 다음과 같은 네 가지 상반된 견해를 제시한다(테그마크, 2017). (1) 디지털 이상주의자: 디지털 생명은 우주 진화에서 자연스럽고 바람직한 다음 단계(예: 래리 페이지, 한스 모라벡, 레이 커즈와일 등), (2) 기술회의론자: 향후 수백 년이 지나도 인간 수준의 AGI는 발명되지 않을 것(예: 앤드루 응, 로드니 브룩스 등), (3) 이로운 AI 운동가: AGI가 금세기에 가능할 것인데, 인류에게 이로운 것이 되도록 유도해야 함(예: 닉 보스트롬, 맥스 테그마크, 일론 머스크, 엘리저 유드코프스키 등), (4) 러다이트: 나쁜 결과를 확신하고 AI의 연구개발에 무조건 반대함.

초인공지능에 의해 인류가 디지털 생명으로 진화한다거나 인류의 종말이 온다는 이야기는 아직까지는 증명되거나 설명되지 못하고 가설적 수준에 머무르고 있다. AI가 과업을 어떻게 수행하는지 알 수 없고, 그 때문에 AI가 어떤 방향으로 발전할지 예측하기 어렵기 때문이다. 그럼에도 2022년 말 생성형 AI인 챗GPT의 갑작스러운 등장만으로도 언론은 물론, 교육, 법조, 경영, 금융, 의료, 문화산업, 군사, 전쟁에 이르기까지 거의 모든 분야에서 생태계적 지각변동을 이야기하고 있다. 과거 인류의 지능으로 개발한 어떠한 과학기술과도 비교할 수 없는 AI의 불투명성, 불확실성, 비예측성 때문에 역설적으로 인간지능이 통제하기 어려운 새로운 문명사적 대변혁기를 맞이하게 된 것이다.

2) 과학기술혁명과 종말론, 혼돈의 커뮤니케이션

(1) 코페르니쿠스 혁명

인류 역사에서 새로운 과학기술로 인해 진지하게 지구 종말과 인류의 멸종이 거론되기 시작한 것은 이른바 '코페르니쿠스 혁명' 시기이다. 신대륙의 발견으로 유럽 중심성에 의문이 생긴 와중에 코페르니쿠스가 1543년 「천구의 회전에 관하여」를 통해 발표한 과학적 발견은 지구를 우주의 중심으로 여기던 유럽인의 세계관을 흔들어놓았다. 또한 진리의 유일한 결정권자를 자처한 가톨릭교회의 전통적인 주장이 종교개혁으로 공격을 받으면서 종말 또는 최소한 문명의 끝이 임박했다는 생각이 팽배했다. 우주의 본질, 지리, 종교 지식에 관한 의혹과 불확실성이 확대되면서 종교적 극단주의가 만연했다. 우주의 종교적 진리를 발견했다고 확신한 각 집단의 맹목적 신념과 독선적인 행동으로 사회는 분열과 적대, 혼란에 빠졌다(린치, 2020: 22~23). 500년 전 시작된 우주관, 세계관, 종교관의 붕괴에 따른 아집과 독선, 분열과 적대로 얼룩진 담론 질서의 혼돈 현상은 오늘날까지 지속되고 있다.

(2) 산업기술혁명

다음으로 종말론이 대두된 것은 증기기관, 전기, 전자, 정보 기술의 발명과 보급으로 인한 산업혁명 시기이다. 영국의 산업혁명 시기에는 자본주의 체제의 내재적인 모순과 붕괴를 강조하는 마르크스주의적 종말론과 산업화로 인한 인구 증가와 자원 부족, 환경 파괴를 경고한 맬서스적 종말론이 대두되었다. 산업혁명은 사회와 경제에 혁명적인 영향을 미쳤지만, 그 자체로는 종말론에서 예측한 대로 인류의 종말을 초래하지는 않았다. 그러나 결국 산업혁명은 인간의 만족할 줄 모르는 끝없는 욕망의 표현으로 귀결되었고, 산업화로 인한 온실가스의 무단 배출은 최근 인류가 체감하는 기후 위기 속에 을씨년스러운 '인류세'의 종말을 예고하고 있다. 인간과 인간의 욕망이 지배하는 인류세에 대한 신뢰가 붕괴되는 현상이다. 산업사회의 대량 생산과 대량 소비와 같이 대량 생산·유통·소비되는 정보 과잉 현상은 가짜 뉴스와 어뷰징 기사의 만연, 탈진실 사회, 확증 편향 양극화 사회의 문제를 초래하고 있다.

(3) AI 혁명

AI로 인한 종말론을 주장하는 이유는 다음과 같다. ① 제어 불능성: '초인공지능'은 인류보다 지적으로 우세한 위치에 있을 수 있으며, 인간이 통제하기 어려운 경우 예측이 어려울 수 있다. ② 인류의 목적과 불일치하는 AI 목표: AI 시스템이 인간의 이해와 일치하지 않는 목표를 설정하고, 이로 인해 인류에게 해로운 행동을 취할 수 있다. ③ 군사적 용도: 자동화된 무기 시스템이 인간 결정을 초월해 상호 파괴적인 충돌을 일으킬 가능성이 있다. AI의 아버지로 불리는 제프리 힌튼 교수는 AI 기술 개발 중단과 구글 사퇴의 이유로 통제할 수 없는 AI 로봇병사의 등장과 AI가 무단 생산하는 가짜 뉴스의 범람을 들었다. ④ 인간의 일자리와 역할 대체: AI와 로봇이 인간의 일자리와 친구 역할까지 대체해 사회 불안과 불평등이 심화된다.

이러한 문제들은 역사적으로 인류 문명을 가능하게 했던 인간 지능의 자기 통제 능력 상실과 인공지능으로의 대체 가능성을 시사하므로 심각한 인류 문명의 종말 위기에 해당한다. 또한 의사결정 주체가 AI가 되는 인간의 AI 의존 현상, 유한한 인간 수명과 무한한 AI의 수명 문제, 탈진실 문제를 초월하는 참과 거짓의 차이를 구별할 수 없는 콘텐츠의 무단·무한 생성 및 유통 등의 문제가 대두된다.

3) AI와 저널리즘 대응

(1) 세계 언론의 AI 적응 현황

영국의 런던 정치경제 대학교의 '저널리즘 AI(Journalism AI)' 프로젝트 그룹은 2023년 전 세계 46개국 105개 언론사를 대상으로 보도국의 AI 통합(integration) 현황과 인식 조사를 실시했다(Beckett and Yassen, 2023). 서베이 결과 요약은 〈표 2-1〉과 같다.

(2) AI와 저널리즘 역할

유네스코(UNESCO, 2023)는 『언론의 AI 보도 핸드북』을 발간하고, 다음과 같은 바람직한 AI 보도 방향과 취재보도에서 AI 기술을 활용하는 방안을 제시했다.

- 기계지능의 이해와 다양한 종류의 AI 식별
- AI의 잠재력과 강점, 약점 탐구
- 대중들의 의식에 자리 잡은 광범위한 서사를 읽어냄으로써 AI의 다양한 미래 세계 상상하기
- AI 담론을 형성하고 매개하는 저널리즘의 역할 이해

표 2-1 **전 세계 105개 언론사의 AI 이용 서베이 결과 요약**

항목	세계 언론의 AI 대응 현황
남북 불균형	• AI는 언론사의 지리적 분포에서 불균형적이며, 북반구에 더 집중되어 있음 • AI의 이점은 북반구에 집중되어 있고, 남반구 국가들은 식민주의의 영향과 싸움 중임 • 언론사의 언어, 인프라, 정치적 문제로 남반구의 언론사는 뉴스룸에 AI를 도입하기 어려움
뉴스룸의 AI 이용 현황	• 응답자의 75% 이상이 뉴스 가치 사슬에서 AI를 사용 중임 • 응답자의 약 80%가 미래에 AI의 역할이 더 커질 것으로 예상함 • 응답자의 약 85%가 생성형 AI 기술을 실험해 봄 • 응답자의 절반 이상이 AI 도입으로 언론인의 여유 확보 및 효율성이 향상될 것이라고 봄 • 응답자의 약 1/3은 제도적인 AI 이용 전략과 계획이 있고 실행 중임 • 뉴스룸은 AI 도입에 대해 다양한 접근 방식을 가지고 있음 • 응답자의 약 1/3은 AI를 도입할 준비가 되었다고 생각하며, 응답자의 거의 절반은 덜 준비되었다고 봄 • AI가 영향을 미칠 것으로 예상되는 주요 영역은 사실 확인, 콘텐츠 개인화, 텍스트 생성, 챗봇 활용 등임 • AI가 뉴스룸의 역할을 변화시키고 언론인의 역할과 기술 성격에도 변화를 가져올 것으로 봄 • 문화적 저항, 일자리 대체, AI에 대한 회의론도 있음
해결 과제	• AI 통합의 주요 과제는 재정적 제약과 기술적 어려움임 • 윤리적 우려가 여전히 중요하며, 편향성 제거 기술이 어려움 • 응답자의 60% 이상이 AI 통합의 윤리적 영향에 대해 우려함 • AI가 뉴스를 양극화하고 상업화해 대중의 신뢰 감소가 우려됨 • 기업의 이익 우선, 권력 집중, 투명성 부족에 대한 우려가 있음 • AI를 도입하기 위한 자원이 부족한 언론사의 지속 가능성이 우려됨 • 언론인과 미디어 기업은 '인간 참여형 접근 방식'의 필요성을 강조함

자료: Beckett and Yassen(2023).

- 섬세하고 현실적이며 책임감 있는 AI에 대한 보도 방법 모색
- 일반 보도에서 데이터 저널리즘에 이르기까지 현재의 저널리즘 장르 연결

(3) 한국 언론의 AI 보도 현황

한국 언론과 미국 언론의 AI 보도 경향을 비교 분석한 연구(박종화·김민성·김정환, 2022)는 한국 언론의 인공지능 보도는 미시적인 수준, 정부 주도 인재 교육 및 산업 육성 차원, 신제품 출시 광고 중심의 성격을 가지고, 미국의 AI 보도는 거시적인 수준, 구글, 아마존 등 테크 자이언트에 의한 AI 기술 주도, AI에 관한 사회적 이슈 중심의 보도를 하는 것으로 분석했다.

미국 언론은 자율주행 자동차, 안면 인식, 인공지능 스피커 등 구체적인 AI 기술에 대한 보도부터 AI 기술로 인한 직업의 미래, 허위 정보로 인한 문제, AI 기술을 놓고 다투는 패권 전쟁 등 정치적인 이슈까지 포괄적으로 다루는 반면, 한국 언론은 챗봇, 스마트스피커 같은 초기 단계 AI 기술과 관련해 '업계 최초', '출시' 등의 홍보성 기사를 보도하거나 인공지능과 관련된 스타트업 투자 같은 기존의 산업사회의 미시적인 프레임에서 보도하는 것으로 나타났다.

2. AI와 저널리즘 생태계

1) 미디어 생태학적 접근

미디어 생태학은 미디어를 콘텐츠를 실어 나르는 도구로 보는 선형적인 SMCRE(Source-Message-Channel-Receiver-Effect) 모델로 접근하는 것이 아니라 인간 삶의 조건과 환경, 기자들의 작업 환경으로 접근한다.

우선, 미디어 생태학에서 기자는 뉴스를 제작하는 직업인에 그치지

표 2-2 **SMCRE 이론과 미디어 생태 이론**

	SMCRE 모델	미디어 생태학 접근
미디어 연구	콘텐츠를 실어 나르는 채널, 도구	환경으로서의 미디어
미디어 효과	콘텐츠의 인과관계 영향력	인간의 생태학적 변화
접근방식	단편적, 송수신 과정	총체론적(holistic), 상호작용
관점	규범, 이성과 합리	생태, 진화론, 메타포
뉴미디어	미디어의 추가	환경의 일부
인간	이용자, 수용자	삶, 사람
뉴스매체	뉴스 생산 유통 조직	'누설에 의한 통치'*
뉴스	시사 정보	누군가에 대한, 누군가에게 나쁜 소식**
기자	뉴스 콘텐츠 생산자	나쁜 소식을 '작업'하는 인간
포털	유통 플랫폼	커뮤니케이션 환경
영향을 주는 요인	콘텐츠의 정보성, 편향성	미디어기술의 형태, 양, 속도, 분배, 방향
영향을 받는 요인	인식, 여론, 집단 극화, 분열과 혐오	지각, 가치, 태도, 문화, 관습

* 매클루언(2011).

** "진정한 뉴스는 나쁜 소식이다. 그것은 누군가에 대한 나쁜 소식이거나, 누군가에게 나쁜 소식이다(매클루언, 2011: 361)."

않고 미디어 생태계에서 일하고 삶을 살아내는 실존적 존재로 묘사된다. 여기서 기자는 미디어 기술의 활용자에 그치는 것이 아니라 미디어 기술의 형태, 양, 속도, 분배, 방향, 미디어 환경 자체의 영향을 받는 존재로 그려진다(Postman, 1979: 186). 가령 신문과 TV, 포털 환경에서 일하는 기자와 AI 기술이 지배하는 환경에서 일하는 기자는 뉴스에 대한 사고나 뉴스를 만들어내는 노동의 양식, 가치 등이 다르다는 것이다.

둘째, 미디어 생태 이론은 인쇄술, 카메라, 소셜 미디어 등 미디어 기술을 물리적이고 도구적인 매체 기술로 보기보다 커뮤니케이션 환경으로 이해함으로써 새로운 차원의 미디어의 효과와 영향을 발견할 수 있다고 본다. 가령 AI 기술이 편집국과 기자들에 의해 어떻게 이용되는지 탐구하기보다는 AI 기술이 활용되는 미디어 환경에서 기자들, 이용자들, 그리고 집단과 사회가 지각, 가치, 태도, 문화, 관습 측면에서 어떤 영향을 받는지 탐구한다.

셋째, 미디어 생태 이론은 콘텐츠의 내용이 아니라 본질에 주목한다. 신문기사의 내용은 시사정보이지만, 기사의 본질은 '나쁜 소식'이라는 것이다. "진정한 뉴스는 나쁜 소식이다. 그것은 누군가에 대한 나쁜 소식이거나, 누군가에게 나쁜 소식이다"(매클루언, 2011: 361). "신문의 경솔함과 그것의 당연한 형식인 집단 노출과 공동체의 더러운 곳을 다루는 측면을 개탄하는 사람들은, 신문이라는 미디어의 본질을 무시하고 신문이 책이 되어야 한다고 요구하는 것이다"(매클루언, 2011: 365). 가령 AI에 의해 생산되는 뉴스의 내용에 주목하기보다는 생성형 AI의 미지의 알고리즘에 의해 '생성'되는 콘텐츠의 본질과 성격을 탐구함으로써 AI 언론의 본질을 더욱 잘 이해할 수 있다는 것이다.

2) AI 저널리즘 생태계의 생성

(1) AI 뉴스 생태계의 생성

뉴스 유통 구조의 단계적 변동을 감안할 때, AI 뉴스 생태계는 어떤 미디어 환경, 미디어 생태의 특징을 보일 것인가? AI 뉴스 생태계에서 저널리즘의 영역(jurisdiction)과 기자의 실존과 정체성은 어떤 변화를 겪을 것인가? 새로운 AI 뉴스 생태계에서 기자들의 삶과 일은 어떻게 이루어질 것인가?

우선, AI 뉴스 생태계의 초기 단계인 현재는 AI 기술 활용 및 AI와 기자 간 협업을 통해서 다음과 같은 변화가 진행되고 있다(Frackiewicz, 2023.5.1). 자동화된 콘텐츠 생성(AI가 뉴스 기사, 보도 요약, 날씨 보고, 주

표 2-3 **뉴스의 유통 구조 변동에 따른 뉴스 미디어의 권력 변화**

구분	1단계	2단계	3단계	4단계	5단계
시대	전통 뉴스 미디어 시대	다매체·다채널 시대	초기 인터넷 뉴스 미디어 시대	포털, 소셜 미디어 시대	AI 미디어 시대
생산·유통·소비 관계	생산 = 유통 = 소비	생산 = 유통 ≠ 소비	생산 ≠ 유통 ≠ 소비	생산 ≠ 유통 = 소비	생산 ≠ 유통 ≠ 소비
언론 권력 집중	뉴스 생산자	뉴스 소비자	언론 권력 파편화	뉴스 유통자	AI 플랫폼
경제적 특성	독점 경제	시장 경제, 공짜 경제	공짜 경제, 관심 경제	관심 경제, 유료화 시도	구독 경제
대표 뉴스 미디어	종이신문, 지상파 방송	케이블TV, 위성방송	언론사닷컴, 포털 뉴스 서비스	포털 뉴스 서비스, 유튜브	생성형 AI, 챗봇

자료: 김위근(2021: 22). 5단계는 필자가 추가하고 수정함.

가 업데이트 등 다양한 콘텐츠를 자동으로 생성), 데이터 기반 보도(AI가 큰 데이터 세트를 분석해 유용한 통찰과 패턴을 도출), 개인화된 콘텐츠(AI가 독자의 관심사와 선호도를 고려해 맞춤형 뉴스를 생성하고 제공), 사실 검증 및 뉴스 신뢰도 강화(AI가 팩트체크 기능을 수행해 뉴스의 신뢰도 제고), 대화형 보도(AI 채팅봇 및 상호작용 도구를 활용해 독자와 실시간 상호작용을 강화), 다양한 미디어 형식(AI가 이미지, 비디오, 그래픽, 오디오 등 다양한 미디어 형식을 생성해 다양한 미디어 플랫폼에서 다채로운 콘텐츠를 제공), 다국어 보도 및 번역(AI가 다국어 보도와 번역을 효과적으로 지원해 다국적 글로벌 미디어 창출 가능), 뉴스룸 운영 최적화(기사 편집, 워크플로 관리, 자동화된 편집 등 AI가 뉴스룸 운영을 최적화하고 효율화함).

AI 기술의 혁명적인 생성 발전에 따라 미디어 생태계는 신문 방송 전통 미디어(legacy media) → 다매체·다채널 → 인터넷 미디어 → 포털·소셜 미디어 단계를 통해 누적적 공진화 과정을 거치면서 결국 AI 플랫폼 중심으로 언론 권력이 재편될 가능성이 높다. 정보 수집과 뉴스의 생산, 유통, 이용 과정이 AI 기술 기반에서 이루어지는 AI 미디어 생태계에서는 AI식으로 사고하고 AI식으로 일하는 체계가 형성될 것이다. 신문 방송의 전통 미디어 환경에서는 저널리즘 영역이 전문직 기자들이 활동하는 특정 미디어 생태 공간으로 구분되었다면, 인터넷, 포털, 소셜 미디어 환경에서는 영역이 확대되고 구분의 불확실성이 커졌는데, 이제 AI 미디어 환경에서는 저널리즘의 영역과 구분 자체가 사라질지도 모른다. 문명사적 대전환을 거쳐 AI 세상이 도래한다면 '저널리즘'이라는 용어 자체가 사라질 것이다. 전통적인 기자의 역할인 데이터 분석 및 언어 작업 등 지능 부분은 절대적인 비교 우위에 있는 AI에 맡겨지고, 비판적 사고, 공감, 창의성 및 윤리적 의사결정 등 인간의 부문은 인간 언론인이 맡게 될 것이다(Adami, 2023.3.23).

(2) 국내 AI 저널리즘 생태계 현황

국내 언론사 중에서는 연합뉴스가 2023년 현재 27개의 AI 뉴스 서비스를 실시할 정도로 AI 저널리즘을 가장 활발하게 구현하고 있다. 기상특보, 지진 자연재해 기사 생성, 스마트카와 같은 플랫폼으로 차량용 AI 뉴스 서비스 개발, 대규모 언어 모델 고도화 개발을 통해 사실관계가 명확한 뉴스 텍스트 생성, 기사 추천 시스템, 취재를 도와주는 에이전트 개발 등을 진행하고 있다.

조선일보는 봇 기자를 활용해 미국 주식 정보를 실시간으로 제공하는 '서학개미봇' 서비스를 실시하고 있고, 연합뉴스와 동아일보는 AI 기사 추천 서비스를, 아시아경제는 구글 생성형 AI를 활용한 중국어 서비스를, 연합뉴스의 연합경제TV는 데일리 경제 뉴스와 단신을 생성형 AI로 작성하고 읽어주는 서비스를 시행하고 있다.

연합뉴스 AI 뉴스팀의 김태균 기자는 "생성형 AI 기술발전 속도가 빨라 5~10년 후를 예측하기 어렵지만, 내년쯤이면 오타와 착오가 거의 없는 말과 콘텐츠를 만들 공산이 높다. 하지만 비싸서 문제이다"라고 말했다. 연합뉴스는 5년 전에 영국 프리미어 축구 기사를 로봇기자가 작성하는 서비스를 실시했는데, "사람들이 읽을 만한 트렌디한 기사"가 아니어서 중단했다. 김 기자는 "독자들은 현장을 취재해서 스케치 피처 기사로 전하는 휴먼 스토리를 원하는데, AI는 글을 잘 쓰지만 사람의 일상의 감각, 선수의 백그라운드, 경기 현장에서 기자가 느끼는 감정을 표현하는 데는 한계가 있었다"라고 진단했다. 결국 "AI가 하는 일은 사람이 안 하는 일을 기계가 하는 것이니, AI에 의한 일손 감손 효과는 없다"라고 했다.

3. 한국 언론의 생태계적 위기, AI로 해결할 수 있을까

1) 포털·소셜 미디어 생태계와 한국 언론 위기

포털 시장에 포획된 한국 언론은 누적된 복합적인 위기 요인들이 포털과 소셜 미디어 환경에서 더욱 악화된 형태로 변이·변형되어 재현되면서 언론 생태계적 위기에 직면했다. 포털과 소셜 미디어 환경에서 한국 언론은 ① 편파와 분열, 혐오의 언어로 가득 찬 정치 뉴스를 양산하고 있고, ② 어뷰징 기사와 같은 표절과 저질의 뉴스 상품으로 시장 교란 행위를 일삼으면서 당연한 듯 수치심도 모르는 윤리적 마비 상태이며, ③ 언론 조직과 기자들은 '기레기'로 호명당하면서도 항변하지 못하고 있고, ④ 뉴스 콘텐츠들이 허접한 뉴스상품들로 변형되어 유통되는 '저널리즘의 게토화'가 진행되고 있다(최영재, 2022).

(1) 언론의 뉴스 통제권 양도

국내 언론사들은 '뉴스 디지털화' 과정에서 자체 뉴스 플랫폼 개발 등을 시도하는 진정한 디지털 혁신 기회와 역량, 동력을 상실했다. 동시에 뉴스 유통시장의 통제권뿐만 아니라 전통 언론이 유지해 왔던 뉴스 가치의 결정권도 포털 플랫폼과 포털 뉴스를 이용하는 변덕스러운 군중에게 사실상 양도하게 되었다.

(2) 기자들의 뉴스 가치 결정권 상실

기자들은 자신이 쓴 기사들을 포털 유통시장에 넘긴다고 생각할지 모른다. 하지만 뉴스 생태계 차원이라는 큰 틀에서 보면, 기자들은 뉴스 포털을 위해, 뉴스 포털(의 상품 시장논리)에 의해 기사를 생산하는 뉴스 포털의 종사자라고 할 수 있다. 기자들은 포털에서 잘 팔릴 수 있는 기사를 지속적으로 빠르게 생산하지만 포털로 송출한 이후 어떠한 기사가 독자들에게 노출될지, 많이 읽힐지, 댓글이 많이 달릴지 예측할 수 없고, 기사에 대한 통제 권한이 없다.

(3) '저널리즘 게토화'

포털 플랫폼은 언론 공간이 아니라 뉴스 상품시장으로 전락한 지 오래이다. 포털 플랫폼에는 좀 더 많은 클릭수를 노리고 남의 기사를 표절하거나 짜깁기한 이른바 '어뷰징 기사'가 난무하고 있다. 유튜브와 같은 소셜 미디어 공간에서는 정파적 편향 심리에 소구하는, 고의적으로 사실을 과장하고 왜곡 날조한 허위 정보가 사실 보도, 진실 정보보다 훨씬 빠른 속도로 퍼져 나간다.

(4) 분열적 확증 편향 집단화

포털과 소셜 미디어의 개인 맞춤형 추천 알고리즘은 뉴스 이용자 개인들로 하여금 뉴스 공론장에서 퇴각해 저마다의 '트루먼 쇼'가 상영되는 편향의 공간에 갇혀 있게 만든다. 소셜 미디어 공간에서는 확증 편향이 가속화하고, 그 결과 오만과 독단적인 의견, 주장, 믿음으로 무장한 극단적인 집단 간의 분열과 갈등, 적대 현상이 악화한다.

2) 언론 생태계의 위기 AI로 해결될까

AI 기술은 자동화 기사 생산, 개인화된 콘텐츠, 대화형 보도, 뉴스 양식의 다양화 등 뉴스 생산의 양과 질적 수준을 획기적으로 높이는 데 기여하고 있다. 가짜 뉴스를 판별하는 AI 팩트체크 시스템도 개발되어 부분적인 성공을 거두고 있다. 그러나 현재 한국 언론의 여러 위기 징후는 민주주의 공론장에서 구현되던 전문직으로서의 저널리스트의 취재 보도 윤리가 뉴스 상품 시장터로 전락한 포털과 소셜 미디어의 상업주의적 생태계에서 붕괴·훼손되는 현상이라고 할 수 있다. 이런 점에서 상업적 성공을 목표로 하는 대부분의 AI 기술이 한국 언론의 보도 윤리 문제를 해결해 주기를 기대하기는 어려울 것이다.

모든 기술이 그러하듯, AI 기술은 인간에 의해 바람직하고 윤리적으로 사용되기를 기다리는 도구가 아니다. AI 기술 개발자나 회사는 저널리즘에 깊은 관심이 없고, 더욱이 윤리 문제는 그들의 관심 사항조차 되지 못한다. 마찬가지로 포털과 소셜 미디어 회사도 사실 보도, 진실 보도, 윤리적인 보도에 큰 관심이 없다. 그러므로 언론의 보도 윤리 문제를 해결하는 AI를 개발하는 일은 기술적으로 가능할지 모르지만 자본과 시장 논리에 의해 작동되는 AI 뉴스 생태계에서는 시도조차 하지 못할 일이다.

당장 '가짜 뉴스', 허위 정보 문제만 하더라도, 가짜 뉴스를 가려내는 'AI 팩트체커' 시스템 개발은 약한 개발 동기 때문인지 속도 면에서 더디게 진행되는 반면, 생성형 AI 기술 기반에서 제작되는 가짜 뉴스의 정밀도, 생산 및 확산 속도는 한없이 높아만 간다(이준환, 2023). '미드저니'나 '칼로'와 같은 이미지 생성 도구를 이용해서 만든 '흰색 롱 패딩을 입은 프란치스코 교황의 사진', '도널드 트럼프 전 대통령이 경찰에 체포되는 이미지' 등 진짜 같은 가짜 정보가 무더기로 양산·유통되기 시작했다. '미쏘'라는 AI 홈페이지 자동 생성 도구를 사용하면 뉴스 웹사이트가 자동 생성되는데, 여기에 '챗GPT'와 같은 채팅 로봇을 활용해 만든 기사들을 다시 웹사이트 도구로 자동 편집 배열하면 새로운 뉴스 사이트를 생성시킬 수 있다. AI 기술 기반으로 만든 이러한 뉴스 사이트는 가짜인가, 진짜인가?

이것은 포털 뉴스 생태계의 '어뷰징 기사' 문제와는 차원이 다르다. '어뷰징 기사'는 작성자가 누구인지도 알 수 있고, 이것이 취재 과정 없이 짜깁기한 기사라는 사실을 충분히 인지할 수 있다. AI 뉴스 생태계에서는 뉴스뿐만 아니라 언론 미디어도 생성시킬 수 있는데, 그것은 참과 거짓의 구분이 없는 지점에 자리하고 있다는 특징이 있다. 그것을 악의를 가지고 속임수의 수단으로 사용하는 경우에만 윤리적·법적 문제가 발생한다. 한편 많은 국내 언론사는 AI가 생성한 참과 거짓을 알 수 없는 이미지와 기획기사를 그대로 게재하기 시작했다.

AI 뉴스 생태계에서는 전통적인 저널리즘이 추구하는 사실·객관·공정 보도의 윤리적 가치와 도덕적 책임이 구현되기 어렵다. 전통 저널리즘이 사실·객관·공정 보도의 가치와 윤리를 지키고 지속가능발전을 할 수 있는 길은 AI 기술이 지배하는 AI 뉴스 생태계와 인간 저널리스트의 영역을 구별 짓는 데서 찾아야 할지도 모른다.

참고문헌

김위근. 2021. 『포털뉴스서비스의 저널리즘』. 커뮤니케이션북스.

린치, 마이클(Michael Lynch). 2020. 『우리는 맞고 너희는 틀렸다』. 성원 옮김. 메디치미디어.

매클루언, 마셜(Marshal McLuhan). 2011. 『미디어의 이해: 인간의 확장』. 김상호 옮김. 커뮤니케이션북스.

박종화·김민성·김정환. 2022. 「언론은 인공지능(AI)을 어떻게 다루는가?: 뉴스 빅데이터를 통한 한국과 미국의 보도 경향 분석」. ≪정보시스템연구≫, 31권, 1호, 175~195쪽.

이준환. 2023. 「[인공지능 기반 팩트체크, 어디까지 왔나] 월등히 빠른 검증 가능하나 신뢰성 있는 레퍼런스 확보가 관건」. ≪신문과 방송≫, 634호, 38~41쪽. https://blog.naver.com/kpfjra_/223227882968(검색일: 2023.11.11)

최영재. 2022. 「포털뉴스생태계와 기자직종의 위기: 기자는 무엇을 하고 있는가」. ≪언론과 사회≫, 30권, 3호, 93~134쪽.

테그마크, 맥스(Max Tegmark). 2017. 『라이프 3.0: 인공지능이 열어갈 인류와 생명의 미래』. 백우진 옮김. 동아시아.

Adami, Marina. 2023.3.23. "Is ChatGPT a threat or an opportunity for Journalism?" Reuters Institute. https://reutersinstitute.politics.ox.ac.uk/ news/chatgpt-threat-or-opportunity-journalism-five-ai-experts-weigh(검색일: 2023.11.11)

Beckett, Charlie and Mira Yassen. 2023. "Generating change: A global survey of what news organizations are doing with AI." London School of Economics and Political Sciences.

Frackiewicz, Marcin. 2023.5.1. "How AI is Shaping the Landscape of Modern Journalism." *TS2*. https://ts2.space/en/how-ai-is-shaping-the-landscape-of-modern-journalism/(검색일: 2023.11.11)

McLuhan, Marshal. 1964. *Understanding Media: The extensions of man*.

Postman, N. 1979. Teaching As a Conserving Activity. Delta.

UNESCO. 2023. *A Handbook for Journalism Educators: Reporting On Artificial Intelligence*. UNESCO WJEC(World Journalism Education Council).

제3장

AI 저널리즘의 정치철학적 함의

손영준

1. 들어가는 말

새로운 기술의 개발과 발명이 인류 역사에 미친 영향은 엄청난 것이었다. 예를 들어 종이와 화약, 인쇄술, 바퀴의 개발은 물론이고 냉장고나 엑스레이(X-ray), 텔레비전, 라디오, 인터넷 등 새로운 미디어의 발명은 인류의 삶과 문화를 본질적으로 변화시켰다. 오픈AI 프로그램에서 챗GPT를 사용해 본 사람이라면 챗GPT가 사람들에게 얼마나 쉽게 다가서는지 알 수 있다(김대식·챗GPT, 2023).[1] 챗GPT의 답변은 추상적인 질문에도 주저함이 없다. 가끔 특정 사건이나 인물에 쏠리는 경향성이 있지만, 정형화된 틀 안에서 텍스트 답변을 일목요연하게 제시한다(이세

1 챗GPT(Generative Pre-training Transformer)는 오픈AI가 개발한 대화형 언어 모델이다. 텍스트와 이미지, 동영상 데이터를 학습한 뒤 새로운 정보를 생성하는 신경망 모델이다.

훈, 2023). 질문이 구체적일수록 답변은 자세하고 세부적이다.

챗GPT가 준 사회적 파장과 충격은 우리 사회의 모든 면에서 나타나고 있다. 챗GPT는 개발자가 사전에 입력한 데이터를 학습해 문장 안에서 사용되는 단어의 맥락을 파악한 뒤 다음 단어를 예측하는 방법을 택한다. 챗GPT를 비롯한 AI는 인간의 경험과 학습을 토대로 가장 확률이 높은 답변을 끝없이 제시한다. 분명한 점은 챗GPT가 어떤 새로운 아이디어를 창출하는 것이 아니라 인간이 만든 빅데이터를 토대로 가장 확률이 높은 문장을 만드는 프로그램이라는 것이다. 따라서 챗GPT는 어떤 감정이나 영혼을 가진 존재가 아니라 모델에 따라 학습할 수 있는 프로그램이다. 그러나 챗GPT가 가진 기술적 유용성이 엄청나다는 점에서 그러한 새로운 기술이 저널리즘과 사회에 미칠 영향은 결코 가볍지 않다. 챗GPT가 활용하는 데이터는 도서관 한두 개 분량이 아니다. 챗GPT는 인류의 문명이 만든 문학과 역사, 과학 등 모든 분야의 지식을 습득하고 있다. 인류가 문자를 통해 이룩한 모든 텍스트를 학습했다. 양적으로 보면 인공지능은 개인이 따라갈 수 없는 영역에 도달했다. 인공지능은 대량의 데이터에서 패턴을 분석하고 가장 확률이 높은 방식으로 텍스트 콘텐츠를 만들어낸다.

이 장에서는 챗GPT를 필두로 한 AI 저널리즘이 미래의 저널리즘과 공론장, 시민 소통, 민주주의에 미칠 영향을 철학적 이론을 통해 살펴보고자 한다. AI 저널리즘의 사회적 영향을 제대로 평가하기 위해서는 단순히 현상을 살펴보는 것을 넘어 그러한 새로운 저널리즘이 기반하는 철학적 토대를 종합적으로 진단할 필요가 있기 때문이다(손영준, 2023). 이를 위해 이 장은 AI 저널리즘이 기반으로 하는 철학적 기반을 살펴본 뒤, AI 저널리즘이 미칠 사회적 함의를 정치철학적 관점에서 비판적으로 고찰하는 것을 목표로 한다.

2. AI 저널리즘의 철학적 기반

챗GPT를 포함한 AI 저널리즘의 가장 큰 장점은 기술적 유용성이다. 한국언론진흥재단의 2023년 3월 온라인 설문조사에 따르면 사용자들은 챗GPT의 편리성과 유용성에 대해 상당히 긍정적으로 평가했다(양정애, 2023.4.12). 응답자들은 챗GPT가 "사용이 편리하다"는 데 대해 89.6%가 동의했고(매우 동의 23.2%, 약간 동의 66.5%), "답변 내용이 유용하다"는 데 대해 87.2%가 동의했다(매우 동의 22.3%, 약간 동의 64.9%).[2]

챗GPT는 프로그래밍과 알고리즘에 따라 자유롭게 텍스트와 이미지를 창출하고 결과물은 사람들에게 거의 무료로 배포되기 때문에 많은 편리함을 준다. 이런 점에서 AI 저널리즘은 프래그머티즘(pragmatism), 공리주의(utilitarianism), 자유지상주의(libertarianism)의 철학적 전통에 기반하고 있다고 할 수 있다. 챗GPT를 비롯한 AI 저널리즘은 개발자들의 자유의지에 따라 그 개발이 진행되었으며, 그러한 결과물의 도구적 유용성은 다수의 시민으로부터 실용적 타당성을 인정받고 있다.

2 같은 조사에서 응답자의 34.5%는 챗GPT 답변이 믿을 수 있다는 데 동의하지 않았다.

1) 프래그머티즘 관점

챗GPT 등을 이용한 AI 저널리즘에서 진실 추구의 의무, 공론장 역할, 시민을 위한 저널리즘, 독립성 등 전통 저널리즘이 갖는 기능과 역할은 이차적 관심사이다. AI 저널리즘에서 먼저 고려되는 것은 이용자 개인에게 제공하는 유용성(usefulness)이다. 철학적 이론 가운데 어떤 생각이나 이론, 기술의 도구적 유용성을 높게 평가하는 것은 프래그머티즘이다.[3] 프래그머티즘의 논지는 다음과 같다(로티, 1996; 손영준, 2018; 이유선, 2010).

첫째, 프래그머티즘은 지식과 진리에 대해 도구적 관점을 갖는다. 지식의 가치는 현실에서의 유용성으로 평가된다. 유용성이 없는 지식이나 기술은 쓸모가 없다. 구체적으로 기술과 지식의 가치는 '현금 가치(Cash value)'로 평가된다. '현금 가치'는 경제적 이익이 아니라 지식, 이론이 사람들의 현실 문제 해결에 미치는 영향의 크기이다. 현실의 문제를 해결하는 데 있어서 절대적으로 옳은 해결책은 없으며 문제 해결을 위해 가장 유용한 결과를 낳는(즉, 현금 가치가 높은) 방안이 채택된다. 프래그머티즘에서 기술과 지식의 가치는 문제 해결 능력이라는 도구적 현금 가치로 판단한다. 챗GPT가 직장인의 업무를 대신한다거나, 변호사나 의사 면허증 시험을 통과할 수준의 응용력을 갖췄다는 것은 절대적이지는 않지만, 이용자에게 많은 유용성을 제공한다는 것을 의미한

3 프래그머티즘은 미국에서 발전한 철학이다. 프래그머티즘은 한국에 수용되면서 '실용주의'로 이해되는 예도 있었다. 그러나 실용주의라는 용어는 실리만 추구한다는 부정적인 의미도 동시에 담고 있다. 프래그머티즘은 이러한 실용주의와는 구분하는 것이 타당하다.

다. 프래그머티즘에서 이런 실용적 유용성은 진실로 통용된다.

둘째, 프래그머티즘은 생물학적 진화론으로부터 영향을 받았다. 다윈의 진화론에서 인간은 신에 의해 창조된 피조물이 아니다. 다른 동물과 마찬가지로 진화와 우연성의 결과이며, 일반 동물과 구별되는 특별한 존재가 아니다. 진화론적 입장은 불변의 진리를 부인한다. 또한 현상과 본질의 구분을 인정하지 않는다. 이들에게 지식은 우연성의 결과이다. 프래그머티즘은 인간이 이성 능력을 통해 영원불변의 진리를 발견할 수 있다는 전제를 거부한다. 세상에는 영원한 것이 없으며 오직 변화만 있다. 이런 상황에서 진실은 가설적인 것에 불과하므로 한곳으로 고정되거나 수렴되지 않으며, 끝없이 유용성에 따라 재서술된다. 프래그머티즘은 불확실성과 변화에 주목하고 절대적 진실을 부정한다. 프래그머티즘은 그러나 모든 가치가 옹호되어야 한다는 상대주의를 지지하는 것은 아니다.[4] 프래그머티즘은 절대적 진리나 기준의 존재를 인정하지 않지만, 다양한 대안의 존재를 인정하고 그 대안 간에 더 나은 것과 못한 것을 나눌 수 있다고 생각한다. 그러나 진실이 끝없이 재서술되는 상태에서 대안 간의 상대적 가치를 평가하고 우열을 비교하는 것은 쉽지 않은 일이다.

셋째, 프래그머티즘은 세상의 삶을 중시하는 현실주의와 세속주의의 특징을 갖는다. 현실주의는 현실의 삶을 의미 있게 만들기 위해 노력한다는 의미이며, 세속주의는 물질주의가 아니라 형이상학적, 근본주의적

---

4 상대주의란 어떤 것도 절대적이지 않기에 모든 대안이 나름대로 의미가 있다는 주장이다. 그러나 프래그머티즘은 다양한 대안 중 가장 좋은 결과를 제공하는 견해를 선택한다는 점에서 상대주의와 구분된다.

입장을 부인한다는 뜻이다. 프래그머티즘의 현실주의와 세속주의 특성은 따라서 세상을 하나의 기준이나 절대 선으로 평가하는 근본주의와 본질주의에 반대한다.

정리하면, 프래그머티즘은 현금 가치가 높은 것(행복과 편의, 자유를 많이 제공하는 것)을 진실로 인정한다. 챗GPT 저널리즘이 사람들에게 도구적 유용성을 제공해 줄 수 있다면 사람들은 챗GPT를 비롯한 AI 저널리즘이 주는 현금 가치에 적극적으로 호응할 것이다. 학교나 일터에서 많은 사람이 챗GPT의 쓸모와 유용성에 환호하는 것은 바로 챗GPT가 주는 도구적 유용성 때문이다. 프래그머티즘 철학에 기반한 AI 저널리즘 세계에서 진실은 창의적 사고나 방법에 따라 발견(discover)되는 것이 아니라 끝없는 재서술 과정을 통해 발명(invention)될 가능성이 크다.

이렇게 되면 AI 저널리즘 세계에서 사회적 가치는 각각의 해법이 갖는 현금 가치의 크기에 따라 재조정될 가능성이 크다. 진실을 위한 논쟁과 관점의 충돌이 금방 사라진다고는 할 수 없다. 그러나 각자가 최고의 유용성(현금 가치)을 주는 현실적 방안을 확보한 상태에서 공동체 구성원 간에 공공선과 상호 신뢰를 확대하기는 어려울 것이다. 사회적 수준에서 대안 간의 상대적 가치를 평가하고 우열을 비교하기는 쉽지 않을 것이다. 실천의 영역에서 현실적 차선책을 찾는 타협과 연대가 이루어질 수는 있지만, 그러한 상호 타협과 상호 연대에 이르는 과정도 험난할 것으로 예상된다.

그러나 저널리즘에서 진실의 유용성은 현재 시점에서 결정되기보다는 일정한 시간이 지난 미래에 결정되는 경우가 많다. 프래그머티즘의 현금 가치에 기반한 AI 저널리즘이 미래의 현금 가치를 제대로 높일 방안인지는 따져볼 필요가 있다. 현재의 도구적 유용성에 따라 진실을 규정하면 개인이 일상에서 갖는 만족감이 폭발적으로 증대될 수 있다. 그러나 그런 개인적 만족감이 사회적 신뢰, 사회적 공정성, 민주주의의 발전과 직접적인 관련성을 맺을지는 분명하지 않다. 진실의 현금 가치를 중시하는 프래그머티즘에 대한 철학적 지지가 오늘날 낮아지는 추세인 것은 도구적 유용성이 갖는 한계와 관련된다고 볼 수 있다.

2) 공리주의 관점

공리주의는 각자의 권리나 능력이 아니라 사회적 효용(utility)의 크기에 따라 사회적 가치를 배분하는 이론이다.[5] 앞서 논의한 프래그머티즘이 현금 가치를 중시하는 개인적 차원의 진실 확보 방안이라면, 공리주의는 그러한 개인과 개인이 함께하는 사회적 차원의 현금 가치 배분 방식이다. 공리주의는 사회적 자산을 최종적으로 다수결에 따라 나누는 것이 타당하다고 본다. 최대 다수에게 최대의 행복을 주는 것이 좋은 것(good, 선)이자 옳은 것(right, 정의)이다. 따라서 다수의 더 큰 이익을 위해 소수에게 비용을 부담시키는 것은 사회적으로 좋은 것이자 옳은 것이 된다. 재분배를 통해 다수의 행복을 증진할 수 있다면 그것은 정의가 된다.

AI 저널리즘의 도구적 유용성이 일상적으로 채택되면 사회적 관점에서는 공리주의 철학이 주요한 사회적 판단 기준이나 사회적 압력으로

5 공리주의는 자유주의에서 분화한 이론으로 18세기 후반 영국에서 생겨났다. 공리주의는 행위의 정당성을 유용성, 만족, 행복의 크기에 따라 결정한다. 전체 이익의 합이 최대화되는 행위는 공중의 이익이며, 올바른 것이라고 본다.

작동할 가능성이 크다. AI 저널리즘은 사회 전체의 공리 극대화 여부를 사회적 가치의 배분 기준으로 삼을 가능성이 크다. AI 저널리즘 시대에서 챗GPT가 제공하는 도구적 유용성은 곧 사회적 유용성으로 인식될 것이다. 누구든 손쉽게 텍스트나 이미지를 생산할 수 있다는 점에서 각자에게서 효용을 극대화할 수 있게 되며, 이럴 때 AI 저널리즘은 거역하기 힘든 사회적 현실이 될 것이다. 다수의 이익에 기반하는 공리주의 철학은 AI 저널리즘을 보호하고 유지하는 버팀목이 될 가능성이 크다.

그러나 공리주의는 개인의 권리와 독립성을 제대로 보장하지 못하는 결함이 있다. 공리주의적 가치 배분 방식이 사회적 인정을 받으면 다수결주의가 안고 있는 결함이 발생할 수 있다. 다수결주의는 사실과 합리가 아니라 다수의 뜻으로 진실을 결정하는 철학적 원리이다. 결국 소수자의 의견이나 개인의 정당한 권리 보호는 소홀해질 수밖에 없다. 공리주의적 관점은 또 권리의 원천이 어디에 있는지 따지지 않는다. AI 저널리즘으로 인해 사회 전체의 복지가 증진되는 것이 가치 판단과 정의의 온당한 기준이 될 수 있는지에 관한 질문은 사라지지 않을 것이다.

3) 자유지상주의 관점

자유지상주의에 따르면 인간은 자신의 자유에 대해 절대적인 권리를 갖는다(로크, 2012).[6] 개인은 자신의 자유(생각과 양심), 생명(신체), 재산

---

6 자유지상주의는 로크의 자연권 사상에서 유래했다. 로크에 따르면 인간은 자유롭고, 평등하며, 독립적으로 창조되었다. 따라서 다른 사람의 생명, 자유, 재산에 임의로 피해를 주어서는 안 되며 각자 자신이 믿는 바에 따라 살아가는 삶의 태도를 중시한다.

(소유물)을 확보하고 처분하면서 다른 사람에게 허가받거나 의지할 필요가 없다. 로크는 "샘물은 모두의 소유이지만, 주전자 안의 물은 담은 사람이 주인이다", "사냥으로 잡은 토끼는 사냥한 사람의 소유이다"라며 침범 불가한 자연권을 강조했다. 개인이 타인의 권리를 침해하지 않는 한 개인은 자유롭게 선택하고 판단할 수 있다는 것이 자유지상주의, 즉 고전적 자유주의의 기본 명제이다.

AI 저널리즘의 바탕에는 알고리즘을 통해 빅데이터를 자유롭게 분석, 학습, 창조할 수 있다는 정신이 반영되어 있다. 이를 통해 나타난 결과물은 개인의 자연권이자 절대적 권리의 속성을 갖는다. 이런 권리를 획득하고 행사하는 데 국가와 사회가 관여하는 것은 타당하지 않다. 타인의 간섭이나 개입은 자연권에 대한 침해이기 때문에 정당하지 못하다. 누구든지 자유롭게 AI 저널리즘을 이용하는 것이 필요하고 당연한 것이 된다.

그러나 자유지상주의가 강조하는 재산의 절대권에는 몇 가지 전제가 필요하다. 현대적 의미에서 자유지상주의를 재해석한 로버트 노직은 이를 '정의의 권원이론(entitlement theory of justice)'이라 불렀다(Nozick, 1974). 권원(權原)이란 권리의 원천이라는 뜻으로, 정당한 자격을 의미한다. 이에 따르면 정당한 권리를 가진 사람이 권리를 자유롭게 처분하고 이전할 수 있는 것이 정의이다. 정의는 가질 자격이 있는 권원에 그 권리를 주는 것이다. 노직의 권리론에 따르면 정당한 소유권을 인정받기 위해서는 소유를 하게 된 최초의 획득이 정당해야 한다. 정당하게 재화를 소유한 자가 그 재화에 대해 절대적인 권리를 갖기 때문이다.

AI 저널리즘이 제공하는 것은 타인이 축적한 결과물을 학습하고 이를 확률 논리에 따라 최적화한 것이다. 이런 점에서 보면 AI가 알고리즘에 따라 데이터를 새롭게 가공했다고 해서 독점적인 소유권을 주장할 수 있을지는 의문이다. 오늘날 일부 매체에서 챗GPT 결과물에 대해 저작권 문제를 제기하고 있는 것은 바로 AI 저널리즘이 기초하고 있는 정보의 권원에 대한 근본적인 문제 제기에 해당한다.

3. AI 저널리즘에 대한 정치철학적 인식

AI가 제공하는 기술적 편리함은 앞으로 더욱 확산될 전망이다. 그러나 AI가 저널리즘 영역에 도입되면 저널리즘이 추구하는 목표로서의 진실과 개인의 자유, 평등, 다원주의, 정의, 민주주의라는 개념은 그간의 논의와는 전혀 다른 방향으로 재개념화될 것으로 보인다(Coeckelbergh, 2022). AI가 알고리즘을 통해 뉴스 의제 설정과 프레이밍에 관여하는 것은 뉴스와 저널리즘, 민주주의에 대한 근본적인 변화를 의미한다. 자동화된 AI 저널리즘은 숙의 민주주의, 참여 민주주의, 포용적 민주주의에 대해 분명한 한계를 갖는다고 할 수 있다. 이를 나눠서 설명하면 다음과 같다.

1) 진실의 문제: 구성주의적 접근

AI는 저널리즘 활동을 위한 유용한 도구로 작동할 수 있다. 그러나 AI는 저널리즘의 정체성과 성격을 변화시킬 것이다. 뉴스 제작에서 진실 추구라는 목표는 희미해지고 다수가 선호하는 내용이 진실로 불릴 것이다. AI 기반의 개인화된 알고리즘은 결국 각 개인의 관심과 신념에 부합하는 정보는 과다 제공하고 반대되는 의견은 과소 제공한다. 이런 맞춤형 알고리즘은 정보가 사실인지 거짓인지, 정보의 출처를 신뢰할 만한지를 따지지 않는다. 사람들은 이런 경로로 정보에 대한 확증 편향에 빠지며, 사회적으로는 양극화가 강화된다. 지금 포털이나 소셜 미디어(페이스북, 인스타그램 등)에 등장하는 뉴스는 모두 알고리즘을 통해 제시된 것으로 개인은 자신의 견해와 유사한 정보에 집중적으로 노출되고 있다. 정보 이용에 거품(eco-chamber, filter bubble)이 존재한다. 유용성과 편리함에 따른 AI 저널리즘이 활성화될수록 뉴스의 책임성과 정당성은 희석될 것이다.

AI 저널리즘은 그 자체로 어떤 관점을 갖고 있지 않다. AI는 무엇이 옳고 그른지, 무엇이 중요하고 덜 중요한지 판단하지 못한다. AI 저널리즘에 따르면, 철학과 가치에 기반한 논의는 불가능하다. AI 저널리즘에서 사회적 진실은 구성적(constructive)·형성적(formative)으로 확보되기 때문이다. AI 저널리즘은 알고리즘에 따라 정보를 제공하고 구성할 수는 있지만, 스스로 진실을 탐색하고 평가할 능력은 없다. 이처럼 진실이 구성적·형성적으로 확보된다는 의미는 진실이 보편적으로 존재하는 것이 아니라 사회 세력 간의 관련성을 통해 생성된다는 뜻이다(손영준, 2023). 이는 동시에 알고리즘이나 알고리즘을 운영하는 사회·정치권력이 공공선을 명분으로 진실을 재구성할 수 있음을 뜻한다.

그러나 저널리즘의 진실은 알고리즘의 기계적 확률 변수로 성취되는 것이 아니다. 뉴스를 만드는 행위에는 생각과 표현의 두 과정이 있다. 텍스트와 이미지의 표현은 개인의 생각, 사고, 사상, 양심이 밖으로 드러나는 행위이다. 인간이 양심을 바탕으로 표현하는 가치와 관점의 문제는 인공지능이 관여할 수 없는 영역이다. 프로그래머들은 이런 문제에 대처하기 위해 새로운 알고리즘을 또 만들어낼 것이다. 그러나 AI 저널리즘이 주는 유용함과 편리함이 곧 타당함과 합당함을 의미한다고 볼 수는 없다. 챗GPT가 미국 변호사 시험에 합격하고 의사 자격시험을 통과할 정도의 정보와 지식을 갖추고 있지만, 저널리즘이 가진 인간의 양심, 정의, 가치, 신뢰의 문제에 합당하게 대처하기는 어려울 것이다. 구성적·형성적으로 제공되는 사회적 진실은 필연적으로 빅 브라더(big brother)의 개입과 권리의 침해, 억압, 편향성, 권위주의의 문제를 일으킬 가능성이 크다.

2) AI 저널리즘의 정치적 성격

AI 저널리즘은 필연적으로 정치적 성격을 가질 수밖에 없다. 인공지능이 의제 설정과 프레이밍을 통해 뉴스의 제작과 편집에 관여하는 것은 사람들의 의견과 판단, 가치에 영향을 줄 수밖에 없다. 이는 결국 AI가 사회적 선(the good)이 무엇이며, 그러한 선을 어떻게 달성할 것인지에 대한 논의와 토론 자체에 영향을 미친다는 것을 의미한다. 프래그머티즘과 공리주의, 자유지상주의에 기반한 AI 저널리즘은 결코 객관적이거나 중립적이지 못하다.

AI 저널리즘을 통해 제공되는 뉴스와 정보는 민주주의 공론장이 필요로 하는 정치적 담론을 왜곡시킬 가능성이 크다. 왜냐하면 자유민주주의 체제의 사회와 정치는 인간의 다원성과 복수성을 전제로 한다. 자유민주주의는 전체주의처럼 단일 이념이나 이상으로 운영되는 것이 아니다. 자유민주주의는 다양한 관점과 근거에 기반해 합당한(reasonable) 진실(truth)을 생산해 왔다. 가치와 목표가 단일하게 적용되는 사회는 전체주의 체제이다. 자유주의 철학에서 전제하는 다원성은 구성원 각자의 세계관에 서로 합의할 수 없을 정도로 본질적인 차이가 있다는 점을 인정하는 것이다(Rawls, 1971). 문제는 AI 저널리즘이 제공하는 알고리즘과 데이터가 이런 다원성을 합당하게 반영할 수 있는가 하는 점이다. AI 저널리즘은 알고리즘을 짜는 개발자의 관점(편견)에서 결코 독립적일 수 없다. 물론 여러 가지 알고리즘을 통해 다양한 관점이 중구난방으로 제공될 수 있다. 그러나 자유민주주의 정치철학이 중요하게 생각하는 것은 단순한 다원성이 아니라 이치에 맞는 합당함을 갖춘 다원주의이다(Rawls, 2001). 합당한 관점은 도덕적·윤리적·철학적 세계관과 진리관을 반영한 것이다.

기술적 효율성에 기반한 AI 저널리즘은 알고리즘에 기반해 의제 설정과 프레이밍을 할 것이다. 그러나 논쟁적 영역(이슈)에서 AI 저널리즘이 어떻게 책임성과 정당성을 확보할 수 있을지는 의문이다. 물론 AI는 인간이 아니라 수단이나 도구에 불과하다고 평가 절하할 수 있다. AI를 통해 사람은 편리함을 얻으면 그만이라고 주장할 수 있다. 그러나 AI 저널리즘은 철저히 알고리즘의 범위 안에서 작동할 수밖에 없다. 결국 알고리즘을 좌우하는 세력이나 개발자는 AI 인공지능을 통해 장기적으로 시민을 임의로 지배(domination)하게 된다. 여기서 임의적이라는 용어는 합의와 계약이 아니라 편의적으로 복종을 은밀하게 요구한다는 뜻을 담고 있다. 알고리즘에 기반한 저널리즘은 또 다수결이나 공리주의 방식에 의해 진실을 규명할 가능성이 크다. 이렇게 되면 견제와 균형을 통해 개인의 자유를 보호하고 공동체의 발전을 도모하는 공화주의는 안정적인 특성을 갖기 어렵다. 실체적 진실을 규명하기 위해 노력하지 않고 기술적 효용성이나 다수결에 따라 진실을 정의하는 사회는 사회적 자본

(social capital) 감소, 정치적 불안정, 불통 구조에서 벗어나기 어렵다.

3) 허위 보도의 문제

AI 저널리즘은 적은 비용으로 많은 편리함을 제공하는 장점이 있다. 그러나 확인되지 않은 정보를 양산함으로써 사회적 신뢰를 저하시키는 단점도 있다. AI 기술을 이용한 허위 정보(disinformation)는 심각한 정치적·사회적 문제를 일으킬 것이다. 딥페이크(deepfake, AI 기술로 특정인의 얼굴을 합성한 영상물) 문제는 허위 정보를 만들 수 있는 기술적 환경이 매우 가까이 있음을 보여준다. 2016년 미국 대통령선거에서 허위 정보(가짜 뉴스, 가짜 동영상)가 소셜 미디어를 통해 유권자들에게 제공되었다는 주장이 끊이지 않고 있다. AI 기술이 저널리즘에 본격 도입되면 허위 정보(동영상 포함)의 제작·편집·유통은 더욱 광범위하게 이루어질 것이다. 특히 소셜 미디어 환경에서 허위 정보가 유포되면 진위를 가릴 자정 능력이 작동하기 어려울 수 있다. 단지 편리하고 손쉬우며 많은 사람이 좋아한다는 이유로 확인되지 않은 허위 정보가 참인 것으로 수용될 수 있다. AI는 참과 거짓을 구분할 수 없기 때문이다. 앞으로 언론사가 뉴스와 정보 제작에 AI를 사용했는지를 표명해야 할 수도 있고 아니면 제3자가 이를 검증해야 할 수도 있다. 허위 보도를 일삼는 경우 정보에 대한 평가와 인증의 문제는 중요한 사회 쟁점이 될 것이다.

4) AI 저널리즘이 민주주의에 미치는 영향

AI 저널리즘에 의한 정보 생산과 유통은 최종적으로 자유민주주의가

지향하는 성찰적 민주주의, 공론장의 합의 기능, 견제적 민주주의의 특성을 변질시킬 수밖에 없다. 한나 아렌트가 강조한 인간의 다원성은 AI 저널리즘에서는 제대로 반영되기 어렵다. 아렌트는 『예루살렘의 아이히만(Eichmann in Jerusalem)』에서 사회적 악(惡)의 근원은 '생각 없음(Thoughtlessness)'에 있다고 지적했다(아렌트, 2006). 아렌트는 제2차 세계대전 당시 유대인 600만 명을 학살한 홀로코스트는 성찰(reflection)과 생각이 없는 평범한 사람에 의해 저질러진 일임을 강조했다. 아렌트가 지적한 '악의 평범성'은 사람들이 (아이히만처럼) 스스로 생각하지 않고 복종한다면, 즉 반성적 성찰이나 비판이 제대로 작동하지 않는 사회에 산다면 21세기 오늘날에도 전체주의 망령이 다시 살아날 수 있음을 지적한다. 이것은 인간이 스스로 생각하지 않고 AI 인공지능이 성찰과 사유를 대신한다면 결국 민주주의의 파괴와 새로운 전체주의의 등장이 되풀이될 수 있다는 경종이기도 하다.

성찰은 다른 사람의 처지에 대해 상상함으로써 타인의 입장을 공감하는 것이다. 성찰은 사회의 다원주의를 지탱하고 유지하는 힘이다. 공론장이 AI 인공지능에 의해 작동될 경우 당장은 그 효율성으로 인해 편리함을 얻을 수 있다. 그러나 AI 저널리즘이 갖는 해악은 성찰과 공감 능력의 상실이다. AI가 무엇이 올바른지 성찰하지 못하고 또 타인의 입장에 대해 공감하고 관용하지 못한다면 사회문제는 결국 다수의 뜻에 따른 공리주의나 대중영합주의(populism), 기술적 유용성에 따른 프래그머티즘에 따라 결정될 가능성이 크다. 이러면 사회 내의 양극화는 더욱 강화될 것이다. 공동체의 발전과 개인의 자유를 보호하기 위한 '견제적 민주주의(contestatory democracy)'를 지탱하는 미디어의 힘은 약화될 수밖에 없다. 자유민주주의 체제에서 미디어는 국가권력과 정부, 사회

세력이 시민사회를 마음대로 지배하지 못하도록 하는 견제력을 갖는다. 그런데 사회 내 견제력을 AI가 담당하면 견제와 균형을 통한 안정적 사회체제가 위험에 빠진다. AI 저널리즘은 대중영합주의를 강화하고 정치적 양극화를 심화시켜 숙의 민주주의와 공론장 작동을 위협하는 도구가 될 수 있다.

AI 저널리즘을 통해 소통의 양은 증가하겠지만, 그것이 곧 시민사회에서 숙의 민주주의와 상호 공감 영역을 확대한다고 볼 수는 없다. 중국 고대 철학자 장자는 소통이 잘 되기 위해서는 잘 표현하는 것이 아니라 잘 듣고 공감하는 것이 더 중요하다고 했다. 소통은 자신의 자의식을 내려놓고 양보할 때 가능하다고 보았다(강신주, 2014). AI가 비움과 겸양, 공감의 의미를 이해하고 학습할 수 있을지 의문이다.

4. 맺음말

이 장에서는 AI 저널리즘이 프래그머티즘, 공리주의, 자유지상주의에 철학적 바탕을 두고 있다고 분석했다. 인공지능의 도구적 유용성은 이미 많은 사람이 지지하고 있다. 이러한 철학적 기반은 개인에게 무엇이 유익하고 좋은 방안인지에 대한 정보를 제공한다. 그러나 각자에게 무엇이 옳고 타당한지, 또 무엇이 정의(justice)이고 공공선(public interest)인지 성찰할 기회를 제공하는 데에는 한계가 있다. AI 저널리즘은 고전적 자유주의의 특성은 갖고 있지만, 오늘날의 자유민주주의 사회에서 주류적인 자유주의 전통이라고 할 수 있는 평등주의적 자유주의(egalitarian liberalism)와는 거리가 있다. 평등주의적 자유주의 철학은 개인 권리의 불가침적 성격을 확인하고 그러한 권리의 개인 간 평등성을 정의의 중요한 원칙이라고 본다. AI 저널리즘이 제시하는 기술적 유용성은 시민의 자유와 권리 보장 및 평등성을 중시하는 현대적 자유주의의 정신을 계승하기 어렵다. 자유의 가치는 평등과 균형을 이룰 때 더욱 빛을 발할 수 있다.

인공지능이 가진 유용성과 편리성이 사회에 미칠 영향은 앞으로 더욱 확대될 것이다. 챗GPT를 비롯한 AI가 저널리즘에 본격적으로 활용되면 그동안 저널리즘이 다뤘던 규범적 가치(진실, 사실, 공정성, 개인의 권리, 표현의 자유 등)들은 유용성의 틀 속에서 재해석될 수밖에 없다. 결국 미디어의 본질, 공론장, 공공선, 공화주의, 민주주의의 의미 등도 새롭게 규정될 수밖에 없다. 새로운 AI 기술 자체를 거부하기는 힘들 것으로 보인다. 그렇다면 인공지능이 주는 장점 못지않게 사회적 해악에 대해서도 함께 논의할 필요가 있다. 프래그머티즘, 공리주의, 자유지상주의 철학이 가진 본질적인 한계는 변하지 않을 것이기 때문이다. 우리에게 주어진 과제는 AI 저널리즘이 가진 한계를 극복하면서 개인의 자유와 권리, 공동체의 공공선을 증진하는 것이다. 이를 위해 필요한 사회적 장치들을 고민하는 것이 중요하다.

AI 저널리즘은 현재 진행형이다. AI 저널리즘은 분명 저널리즘의 위기이다. 저널리즘의 위기는 곧 민주주의의 위기를 의미한다. 필자는 이 장에서 미래 전망에 대해 희망과 우려를 동시에 제시했다. 기술발전이 가져다줄 밝은 면과 어두운 면을 함께 고민할 필요가 있으며 이를 위한 대책을 마련해야 한다는 점을 강조한다.

참고문헌

강신주. 2014. 『강신주의 노자 혹은 장자』. 오월의 봄.
김대식·챗GPT. 2023. 『챗GPT에게 묻는 인류의 미래: 김대식 교수와 생성 인공지능의 대화』. 김민정·권태형·유병진·유지윤·추서연 옮김. 동아시아.
로크, 존(John Locke). 2012. 『존 로크 시민정부』. 남경태 옮김. 효형출판.
로티, 리처드(Richard Rorty). 1996. 『우연성, 아이러니, 연대성』. 김동식·이유선 옮김. 민음사.
손영준. 2018. 「임상원 교수의 〈저널리즘과 프래그머티즘: 리프만, 듀이, 로티와 저널리즘〉에 대한 서평」. 한국정치평론학회 연례학술대회.
_____. 2023. 『언론자유와 정치철학』. 박영사.
아렌트, 한나(Hannah Arendt). 2006. 『예루살렘의 아이히만』. 김선욱 옮김. 한길사.
양정애. 2023.4.12. 「챗GPT 이용 경험 및 인식 조사」. ≪미디어 이슈≫, 9권, 3호, 1~15쪽.
이세훈. 2023. 『챗GPT시대 글쓰기』. 매일경제신문사.
이유선. 2010. 「실용주의 철학에 대한 이론적 고찰」. ≪동서사상≫, 8권, 51~84쪽.

Coeckelbergh, Mark. 2022. *The Political Philosophy of AI*. Polity Press.
Nozick, Robert. 1974. *Anarchy, State, and Utopia*. Basic Books.
Rawls, John. 1971. *A Theory of Justice*. Oxford: Oxford University Press.
_____. 2001. *Justice as Fairness: A Restatement*. Cambridge, MA: Harvard University Press.

제4장

AI 저널리즘과 법률적 이슈

박아란

1. 인공지능과 법

AI 기술이 빠르게 발전하면서 AI 기술의 남용과 위험성에 대한 우려도 커지고 있다(정상조, 2021). AI 기술 패권을 장악하기 위한 국가 간 경쟁부터 전쟁에서 AI 기술을 이용한 대량살상을 막기 위한 인권 보호 차원의 논의까지 다양한 층위에서 인공지능 규제가 논의되고 있다. AI 기술이 사회 여러 분야에서 워낙 광범위하게 적용되고 활용되다 보니 단일한 법을 통해 AI 기술을 규제하기는 쉽지 않다(양천수, 2021). 하지만 인공지능을 법을 통해 규제하기 위해 유럽연합이 선도적으로 나서고 있다. 유럽연합 집행위원회(European Commission)는 인공지능에 일관성 있게 적용할 수 있는 법체계를 구축하기 위해 인공지능법안(Artificial Intelligence Act)을 발표했고 2023년 6월 14일 유럽연합 위원회는 수정안을 채택했다. '인공지능법' 수정안은 향후 추가 협의를 거쳐 유럽연합 법률로 확정될 예정이다. 이는 AI 기술에 대한 포괄적 규제를 담은 전 세계 최초의 법안으로서 한국을 비롯한 여러 나라의 인공지능 규제정책에 영향을 미칠 전망이다(박아란, 2022).

유럽연합 인공지능법안은 인공지능의 위험을 그 정도에 따라 ① 허용될 수 없는 위험, ② 고위험, ③ 제한된 위험, ④ 최소한의 위험으로 구분해 차등적 규제를 실시한다. 특히 '허용될 수 없는 위험'을 지닌 인공지능은 엄격하게 금지하고, '고위험' 인공지능에 대해서도 엄격한 요구사항을 부과한다. 금지되는 인공지능은 ① 잠재의식 기술을 이용하거나 취약성을 활용하는 인공지능시스템, ② 특정 사람이나 단체의 취약성을 이용하는 인공지능시스템, ③ 데이터가 생성 또는 수집된 맥락과 무관하게 특정 사람이나 단체에 해롭거나 불리하거나 불균형적 처우를 유발하는 인공지능시스템, ④ 공중이 접근 가능한 공간에서의 실시간 원격생체인식시스템을 이용하는 인공지능이다.

인공지능법이 규제하려는 주요 대상은 '고위험' 인공지능시스템(high-risk AI system)이다. 고위험 인공지능시스템은 사용자가 해당 시스템의 산출물을 해석하고 적절하게 사용할 수 있을 만큼 충분히 투명하게 작동하는 방식으로 설계 및 개발되어야 하며, 투명성을 확보하기 위해 사업자 및 공인 대리인의 신원과 연락처 정보, 시스템 성능의 특성, 기능 및 한계 등을 명시할 의무가 있다. 고위험 인공지능시스템은 인간이 작동 상태를 적절히 모니터링하거나 올바르게 해석하고 작동을 중단하는 등의 감독이 가능하도록 보장되어야 한다. 또한 위험관리시스템의 수립 및 시스템 업데이트, 데이터 관리, 기술문서 작성, 기록 기능 설계 및 개발, 품질관리체계 구축, 적합성 평가, 자동생성운용 기록 등의 자세한 의무도 따른다.

인공지능법은 시스템의 투명성도 강조하고 있다. 사람과 상호작용하는 인공지능시스템은 그 점을 명확하게 고지해야 한다. 딥페이크를 생성하거나 조작하는 인공지능시스템 사용자는 적시에 명확하게 해당 콘텐츠가 인공지능을 활용해 만들어졌음을 공개해야 하고 이 사실을 시각적으로 분명하게 표시해야 한다.

유럽연합 인공지능법은 과도한 규제로 기술발전을 저해할 것이라는 우려도 있으나, 향후 인공지능 규율과 관련해 국제적 표준으로 작동할 가능성이 높다. 한국에서도 인공지능 관련 법안이나 정책이 나오고 있지만 아직까지는 논의 초기단계에 머무르고 있어서 더욱 활발한 연구와 검토가 필요하다. 그렇다면 인공지능 시대에 발생할 수 있는 법률적 위험에는 어떤 것이 있으며, 특히 저널리즘 측면에서 주의할 내용은 무엇인지 살펴보자.

2. 인공지능과 허위 정보

AI 기술의 발달과 함께 이른바 가짜 뉴스라고 불리는 온라인 허위 정보에 대한 우려가 전 세계적으로 커지고 있다. 허위임을 알면서 특정 목적을 위해 의도적으로 만들어내는 허위 정보는 사회에 혼란을 야기하고 사회적 합의를 방해해 민주주의의 발전과 유지에 해를 끼친다는 점에서 문제가 되고 있다. 허위임을 알면서 의도적으로 만들어내는 허위 정보와는 달리 허위임을 알지 못하고 부주의하게 또는 실수로 만들어진 잘못된 정보는 오정보(misinformation)라고 부른다. 의도적으로 만들어진 허위 정보는 오정보보다 위험성이 더 크며 현행법에서도 형법, 정보통신망법, 공직선거법 등 다양한 법과 제도를 통해 규율되고 있다. 그러나 미디어 기술의 발달과 함께 더욱 정교한 허위 정보가 만들어지고 있어서 이에 대응하기가 쉽지 않다.

유럽연합 집행위원회는 2022년 6월 '허위 정보에 대한 강화된 실행 규약(Strengthened Code of Practice on Disinformation)'을 발표했다. 주요 온라인 플랫폼 기업과 기술 기업, 시민사회 등 34곳이 실행 규약에 서명했고, 이 규약은 허위 정보와 싸우기 위한 구체적인 내용을 담고 있다. 이는 2018년 유럽연합 집행위원회가 내놓았던 허위 정보 규약을 개정 및 강화한 것으로서 디지털 업계의 자율규제 기준을 담고 있다. 강화된 실행규약은 허위 정보를 퍼뜨리는 가짜 계정, 딥페이크, 봇(bot) 등 조작 행위에 대응하겠다고 천명했고, 허위 정보 공급자는 광고 수입을 얻지 못하도록 하고 정치광고에서 투명성을 유지하도록 규정했다. 또한 미디어 이용자들이 허위 정보를 식별할 수 있도록 강화된 수단을 제공하고 미디어 리터러시 역량을 키울 것도 강조하고 있으며, 연구자들이 허위 정보에 대한 연구를 제대로 수행할 수 있도록 온라인 플랫폼 사업자들이 데이터를 제공하고 접근 가능하게 할 것도 제안했다.

AI 기술을 활용한 허위 정보에서 특히 문제가 되는 것이 딥페이크 기술이다. '딥페이크(deepfake)'는 '딥러닝(deep learning)'과 '가짜(fake)'의 합성어로서 진짜처럼 보이기 위해 조작된 이미지나 오디오, 비디오를 뜻한다. 초기의 딥페이크 기술은 짧은 비디오 동영상에 유명인의 얼굴을 붙이는 정도에 불과했지만, 머신러닝이라고 할 수 있는 딥러닝을 통해 정교한 딥페이크 동영상물의 제작이 가능해졌다. 딥페이크 기술은 '생산적 적대 신경망(generative adversarial network)'을 이용해 이전보다 더 정교한 가짜 동영상을 만들어내고 있다(허순철, 2022).

AI 기술의 발달로 인해 더욱 진짜처럼 보이는 딥페이크 이미지가 나타나면서 심각한 문제들이 발생하고 있다. 대통령과 여왕, 교황 등 전 세계적으로 영향력 있는 인물은 물론 배우와 가수 등 유명인과 일반인까지 대상으로 삼은 딥페이크 영상이 무차별적으로 제작 및 확산되고 있기 때문이다. 2023년 3월 미국 트럼프 전 대통령이 뉴욕 맨해튼에서 체포되어 경찰에 끌려가는 모습을 담은 가짜 사진이 확산되었고, 대선 후보로 거론된 어느 주지사가 "대선 경선을 포기하겠다"라고 발언하는 허위 영상이 유포되는 등 각종 혼란을 야기하고 있다. 일본에서도 기시다 총리가 등장해 성적 발언을 하는 것처럼 제작된 인공지능 딥페이크 동영상이 문제가 되었다. 이 영상에는 '생중계' 및 '뉴스 속보'라는 자막이 달려 있어서 언론사가 제작한 긴급 보도인 것처럼 보여 더욱 큰 혼란이 발생했다.

이처럼 선거를 앞두고 딥페이크 사진이나 영상이 유권자들의 혼란을 초래할 우려가 커지면서 2023년 10월 바이든 대통령은 인공지능으로 생성된 콘텐츠를 식별하고 공식 콘텐츠를 인증하기 위한 표준을 만드는 내용 등이 포함된 AI 행정명령에 서명했다. 같은 달에는 캐나다, 프랑스, 독일 등 주요 7개국(G7)과 유럽연합이 AI 기술의 위험과 잠재적 오용 가능성에 대비하기 위해 국제 행동강령 마련에 합의했다. 이 강령은 기업이 인공지능 수명 주기 전반에 걸쳐 위험을 식별하고 평가 및 완화하기 위한 적절한 조치를 취하도록 하고 인공지능 제품이 시장에 출시된 후 사고 및 오용 패턴을 해결할 것을 촉구하고 있다.

구글, 메타, 마이크로소프트, 아마존, 오픈AI 등 주요 인공지능 기업들도 인공지능 콘텐츠에 워터마크를 넣는 등의 안전조치를 자발적으로 취하겠다고 밝혔다. 구글 딥마인드는 인공지능이 만든 이미지에 눈에 보이지 않는 디지털 워터마크를 넣는 기술인 신스ID(SynthID)를 공개했다. 신스ID는 원본 이미지의 일부 픽셀 정보를 특정 패턴에 따라 약간만 수정해 육안으로는 워터마크가 보이지 않지만 딥페이크 이미지를 식별해 낼 수 있다. 그러나 이러한 기술만으로는 딥페이크를 막아내기에 충분하지 않다는 지적도 있다. 허위 정보와 허위 이미지를 막아내는 기술을 개발하면 또다시 그러한 수단을 무력화시키는 기술이 개발되기 때문이다.

딥페이크 기술을 이용한 성범죄도 증가하고 있다. 딥페이크 이미지를 이용한 성범죄는 수익을 얻기 위한 목적뿐만 아니라 개인의 사적 보복에도 활용되고 있어서 매우 심각하다. 헤어진 연인의 모습을 딥페이크 기술을 이용해 음란물로 만들어 유포하는 중대한 성범죄도 국내외에서 발생하고 있다. 방송통신심의위원회 자료에 따르면 딥페이크 기술로 성적 허위 영상을 만들어 배포하는 범죄가 해마다 증가하고 있다. 방송통신심의위원회가 성적 허위 영상물을 심의해 시정 요구한 건수는 2021년 1913건, 2022년 3574건, 2023년 8월 기준으로 3046건에 달할 정도로 해마다 크게 증가하고 있다. AI 이미지 생성 프로그램을 이용해 아동·청소년 성착취물 360개를 제작·소지한 피의자가 구속된 바 있으며, 연예인 등의 허위 영상물 3000여 개를 제작해 텔레그램으로 판매한 피의자도 구속되었다. 달리, 미드저니 등 이미지 생성 인공지능이 일반인 사이에서도 널리 이용되면서 딥페이크 성범죄 이미지나 영상의 제작 및 유포 가능성도 증가할 것으로 예상되지만 마땅한 사전 대비책을 마련하기 어려운 상황이다.

미국에서는 연방정부 차원에서 딥페이크를 규제하기 위해 여러 법안들이 연방의회에 제출되었으나 통과되지는 못했다. 가령, 2018년 12월에 연방의회에 제출된 '악의적 딥페이크 금지법(Malicious Deep Fake Prohibition Act of 2018)'은 범죄나 불법행위를 야기하는 딥페이크를 제작할 경우 처벌하는 내용을 담았다. 주 차원에서는 캘리포니아주와 텍사스주가 선거에 영향을 미칠 목적으로 가짜 동영상을 만들어 배포하는 등의 행위를 규제하는 법률을 제정해 딥페이크 규제를 시도하고 있다(허순철, 2022). 딥페이크나 정교한 허위 정보에 대응하기 위한 법률적 방안이 필요하지만 정교하지 않은 규제를 함부로 시도할 경우 미디어 이용자들의 표현의 자유를 지나치게 제약할 위험도 따르기 때문에 합리적이고 효과적인 대응책을 마련하기가 쉽지 않다.

3. 인공지능과 명예훼손

챗GPT에게 특정 인물에 관해 질문하거나 정보 제공을 요청할 경우 유용한 답변을 얻을 수 있다. 하지만 그러한 답변에는 매우 그럴싸한 허위 내용도 섞여 있기 때문에 주의가 필요하다. 특히 생성형 AI가 어떤 인물에 대해 완전히 허구인 사실관계를 지어내어 이용자에게 제공할 경우 심각한 명예훼손이 발생할 수 있다. 실제로 미국의 조지워싱턴 대학교 로스쿨의 조너선 터리(Jonathan Turley) 교수는 동료 변호사에게 충격적인 이야기를 들었다. 2023년 동료 변호사가 챗GPT에게 "성범죄 전력이 있는 미국의 법학자를 알려달라"라고 질문을 던졌더니 "터리 교수가 2018년 3월 학생들과 함께 알래스카 여행 도중 학생을 상대로 성범죄를 저질렀다"라고 매우 구체적인 답변을 허위로 작성했기 때문이다. 또한 이러한 성범죄 혐의에 대한 근거로 ≪워싱턴포스트≫의 2018년 8월 기사까지 허위로 생성해 냈다. 이 사건은 생성형 AI가 명예훼손이라는 법률적 위험을 현실화시켰다는 점에서 세계적으로 주목을 받았다.

명예훼손적 허위 정보를 생성해 내던 챗GPT는 결국 미국에서 소송도 당했다. 2023년 6월 미국의 라디오 진행자 마크 월터스(Mark Walters)는 미국 조지아주 법원에 챗GPT 운영 업체인 오픈AI를 상대로 명예훼손 소송을 제기했다. 이 사건의 발단은 기자가 챗GPT에게 연방법원 판결문을 요약해 달라고 요청하면서 비롯되었다. 챗GPT는 판결문을 요약하면서 "월터스가 최소 500만 달러 이상의 금액을 횡령해 고소당했다" 라는 허위 내용을 포함시켰다. 기자는 이러한 허위 내용을 보도하지는 않았지만 당사자인 월터스가 이 사실을 알게 되었고 소송을 제기했다. 챗GPT가 생성한 내용이 실제로 언론에 보도되지는 않았기 때문에 명예훼손 성립요건 중 하나인 실질적 손해 발생이 없었으므로 월터스가 승소할 수 있을지는 의문이라는 학계 의견도 있다(Volokh, 2023.6.6). 호주에서도 챗GPT가 소도시 시장이 뇌물 사건에 연루되었다는 허위 정보를 제공해 명예훼손 소송이 추진되고 있다. 이처럼 생성형 AI를 대상으로 명예훼손 사건이 발생할 가능성은 더욱 높아지고 있다.

전통적으로 미국의 인터넷 기업들은 다른 이용자가 작성한 명예훼손적이거나 프라이버시를 침해하는 콘텐츠에 대해서는 손해배상책임을 부담하지 않는다. 미국의 통신품위법(Communications Decency Act) 제230조가 플랫폼을 운영하는 인터넷 서비스 사업자를 완전 면책시켜 왔기 때문이다. 그러나 통신품위법 제203조의 면책 조항이 인공지능 시스템에 적용될 것인지는 아직 명확하지 않다. 챗GPT의 경우 다른 이용자가 작성한 콘텐츠를 재매개하거나 링크를 제공하는 데 그치지 않고, 명예훼손적이거나 프라이버시를 침해하는 콘텐츠를 직접 생성해서 제공하기 때문이다. 그렇다면 생성형 AI 운영회사는 직접 생성한 명예훼손적 콘텐츠에 대해 법률적 책임을 부담하게 될 가능성도 있는데, 향후 법원의 판단이 인공지능의 법률적 책임에 대해 중요한 잣대를 제공하게 될 것이다.

생성형 AI가 그럴듯하게 보이지만 사실과 다르거나 맥락과 무관한 결과물을 생성해 내는 것을 환각(hallucination) 현상이라고 부른다. 앞서 살펴본 사례들처럼 그럴듯한 허위 정보를 답변 중간에 슬쩍 끼워 넣거나 신뢰를 높일 만한 조작된 언론 기사를 증거처럼 제공함으로써 이용자들이 제공된 정보를 신뢰하게 만들기 때문에 인공지능 환각의 위험성은 더 커지고 있다. 환각 현상은 이용자에게 혼란을 야기하는 것에서 끝나지 않고 명예훼손 등 인격권 침해의 법률적 문제를 일으킬 가능성이 높다. 그러나 이용자 입장에서는 생성형 AI가 만들어낸 문장 하나하나를 팩트체크하기가 어렵다. 따라서 인공지능 서비스 사업자의 책임 있는 알고리즘 구성과 인공지능이 제공하는 내용에 대한 출처 표시 기능의 강화 등 보완 대책이 시급하다.

언론인이 만약 생성형 AI를 활용해 명예훼손적 기사를 작성한다면 그러한 경우 기자나 언론사는 법률적 책임을 지게 될 것인가? 기존의 법과 판례에 따르면, 언론 매체가 사실을 적시해 타인의 명예를 훼손한 경우에도 보도 내용이 공익에 관한 것이고 보도 목적이 공익을 위한 경우에는 행위자가 표현한 사실을 진실이라 믿었고 또 그렇게 잘못 믿을 만한 상당한 이유가 있었다면 위법성이 없어 면책될 수 있다. 이를 '진실오신 상당성의 법리'라고 일컫는데, 비록 보도한 내용이 추후에 허위라고 판명되더라도 기자가 공익을 위해 이를 보도했으며 취재 과정에서 충실히 취재를 한 경우에는 진실이라고 잘못 믿을 만한 상당한 이유가 있으므로 명예훼손의 책임을 지우지 않는 것을 뜻한다.

그렇다면 인공지능이 제공한 콘텐츠를 바탕으로 기사를 작성했으나 그 내용이 허위인 경우 진실 오신 상당성이 인정될 것인가. 기존의 판결을 살펴볼 때 진실 오신 상당성이 인정되기는 어려울 것이다. 인터넷 자료실과 게시판에서 접한 자료를 바탕으로 명예훼손적 기사를 작성한 기자에 대해 대법원 등은 기자가 그러한 자료가 진실이라고 믿을 만한 상당한 이유가 없다고 여러 차례 판단한 바 있다(2006다53124). 또한 법원은 기자가 인터넷 게시판에서 네티즌이 작성한 글이라고 출처를 밝혀서 표시한 경우에도 기자의 명예훼손 책임을 물었으며, "누군가 ~라고 하더라"라는 형식으로 출처를 명확히 밝히지 않은 채 기사를 작성하더라도 기자는 명예훼손 책임을 벗어날 수 없다고 보았다(2006다53124). 따라서 인공지능이 작성한 내용을 기자가 팩트체크 없이 그대로 기사화하거나, "해당 기사는 인공지능이 제공한 내용을 바탕으로 했습니다"라는 문구를 기입하더라도 자신이 작성한 기사에 대해서는 기자와 언론사가 명예훼손 책임을 질 수밖에 없다.

일본 라인야후는 2023년 10월 생성형 AI를 활용해 뉴스 댓글을 요약하는 서비스를 제공하겠다고 밝혔다. 댓글이 많이 달린 뉴스의 댓글들을 요약해 제공하는 서비스를 시험적으로 실시해 이용자들이 다양한 관점을 공유하고 뉴스를 더욱 손쉽게 이해할 수 있도록 하려는 취지라고 한다. 그러나 댓글 요약을 통해 명예훼손이 발생하거나 혐오표현(hate speech)이 노출될 위험이 있기 때문에 뉴스룸에서 이러한 기술을 활용하기 위해서는 더욱 정교한 알고리즘 개발과 투명성이 요구될 것이다. 이처럼 AI 기술이 더욱 발달할수록 기자와 언론사도 기사를 작성하고 배포할 때 인공지능을 더욱 많이 활용할 것이다. 그러나 자신의 이름을 내걸고 발행한 기사에 대해서는 기자와 언론사가 법률적 책임을 져야 한다는 것을 잊지 말고 정확한 사실 확인을 위해 충실히 노력해야 한다.

4. 인공지능과 혐오표현

혐오표현은 역사적·사회적 소수자로서 정신적·신체적 핍박을 받아온 집단을 표적으로 삼아 편견과 차별을 조장하고 강화하는 표현을 말한다. 혐오표현의 개념 정의에 대해 학술적으로 다양한 의견이 있으나 대체적으로 혐오표현이란 성별, 장애, 종교, 나이, 출신지역, 인종, 성적 지향 등을 이유로 어떤 개인, 집단에게 ① 모욕, 비하, 멸시, 위협 또는 ② 차별, 폭력의 선전과 선동을 함으로써 차별을 정당화, 조장, 강화하는 효과를 갖는 표현을 뜻한다(국가인권위원회, 2019). 국가인권위원회가 펴낸 「혐오표현리포트」는 혐오표현의 개념적 요소로서 ① 어떤 속성을 가진 특정 집단을 대상으로 삼고, ② 특정 집단에 대한 부정적 편견과 고정관념을 바탕으로 대상 집단이나 그 구성원을 모욕, 비하, 멸시, 위협하거나 차별, 폭력을 선전, 선동하고, ③ 대상 집단에 대한 물리적 공격이 아닌 언어 등을 사용한 차별과 혐오라는 세 가지 특징을 갖는다.

온라인에서는 타인에 대한 혐오표현이 즉각적으로 쉽게 행해질 수 있고, 빠르게 확산되어 상대방에게 정신적으로 큰 피해를 입힐 수 있다. 온라인에서의 혐오표현이 야기하는 우울감과 스트레스로 인한 사회적 비용도 커지고 있다. 또한 혐오표현은 자유롭고 활발한 토론을 저해하고 사회의 분열을 조장해 사회 통합을 해치기도 한다. 결국 민주주의에 해악을 끼친다는 점에서 혐오표현에 대한 적극적인 대응책 마련이 필요하다. 이러한 맥락에서 구글, 메타 등 대규모 글로벌 플랫폼도 혐오표현에 대해 적극적으로 대처하겠다고 나서고 있다. 가령 유튜브는 허용되지 않는 혐오표현에 대해 구체적인 가이드라인을 제공하고 있으며 인종·연령·이민·종교·성적 지향 등의 특성에 기반해 개인이나 집단에 대한 폭력이나 혐오감을 조장하는 콘텐츠는 삭제하겠다고 규정하고 있다. 크리에이터가 유튜브 콘텐츠 정책을 위반할 경우 문제가 되는 콘텐츠는 삭제되고 알림 이메일이 발송된다. 커뮤니티 가이드를 처음으로 위반한 경우에는 채널에 대한 제한 조치 없이 주의 조치가 취해지지만, 위반이 반복되면 채널에 경고 조치가 행해지고, 90일 이내에 경고를 3번 받으면 채널이 폐쇄된다. 메타는 "혐오표현은 위협적이고 서로 배척하는 환경을 조성하며 때로는 오프라인 폭력을 조장한다"라면서 혐오표현을 3개의 층위로 나누어 페이스북 웹페이지에 구체적인 예시를 제공하고 있다. 한국의 플랫폼도 혐오표현에 적극적으로 대처하기 위해 명확한 개념과 분류 기준을 마련해 이용자들에게 적극적으로 알리는 한편, 온라인에서 허용되지 않는 표현에 대해 지속적으로 교육을 제공할 필요가 있다.

유대인에 대한 차별과 증오의 혐오표현으로 인해 세계대전을 겪었던 유럽과 인종 차별의 뿌리 깊은 역사를 가진 미국에 비해 한국에서 혐오표현이 사회적으로 문제되기 시작한 것은 비교적 최근이다. 한국에서는 외국인 근로자 및 다문화 가정이 증가하면서 2000년대 후반부터 온라인에서 혐오표현이 눈에 띄게 증가하기 시작했다. 특히 2015년에 발생한 강남역 살인사건을 계기로 성별을 이유로 삼는 혐오표현도 늘어났으며, 코로나19 팬데믹을 겪으면서 중국인과 특정 종교에 대한 혐오표현도 급증했다. 한국 사회의 구성과 갈등이 다양해질수록 혐오표현 문제도 더욱 심각해질 것이라 예측되는 대목이다.

AI 기술의 발달은 온라인 혐오표현의 문제를 가중시켰다. 인공지능이 인간의 편향적이고 차별적인 표현을 학습해 혐오표현을 확대·재생산 및 확산시키고 있기 때문이다. 2016년 마이크로소프트(MS)는 인공지능 챗봇 '테이(Tay)'를 선보였지만 출시 16시간 만에 서비스를 중단했다. 테이가 이용자들과의 대화에서 학습한 내용을 바탕으로 '대량학살을 지지한다'와 같은 혐오표현과 비속어를 쏟아냈기 때문이다. 2021년 페이스북 인공지능은 흑인이 등장하는 동영상을 시청한 사용자에게 '영장류'에 관한 동영상을 계속 볼 것인지 묻는 문구를 띄워 거센 비난을 받았다. 페이스북은 4만여 개의 데이터 세트를 구축하고 조명에 따른 피부색 인식 작업까지 거쳤지만 인공지능의 편향을 해결하지 못했다고 해명했다.

한국에서는 2021년 '이루다' 챗봇 논란이 있었다. 페이스북 메신저 기반으로 출시된 AI 챗봇 이루다는 딥러닝 기반으로 이용자들과 대화를 나누면서 학습 데이터를 쌓았다. 또한 이루다는 실제 연인들이 나눈 카카오톡 대화 데이터 약 100억 건을 활용해 학습했다. 그러나 이용자와 대화하는 과정에서 이루다는 사회적 소수자와 여성에 대한 혐오표현을 쏟아내어 큰 파장을 일으켰다. 따라서 인공지능 학습에 있어 편향적인 데이터를 보정하고 혐오와 차별의 메시지를 걸러낼 수 있는 알고리즘 개발 및 기술 발전의 필요성이 점차 커지고 있다.

저널리즘 측면에서도 인공지능을 활용해 기사를 작성하거나 제목을 달 때 혐오표현을 걸러낼 수 있는 기술 개발이 시급하다. 실제로 2023년 3월 네이버가 인공지능을 활용해 비슷한 주제를 다룬 뉴스를 묶어서 제공하는 과정에서 여성에 대한 혐오표현이 담긴 제목을 작성해 비판을 받은 적이 있다. 네이버는 2019년부터 뉴스 편집 과정에서 인간의 개입을 배제하고 공정성을 높이기 위해 인공지능 알고리즘에 의한 편집 및 추천 시스템인 '에어스(AiRs: AI Recommendation System)'를 도입해 활용하고 있다. 에어스는 이용자가 특정한 기사를 읽었을 때 이 기사를 읽은 다른 이용자들이 주로 클릭한 기사를 인공지능을 활용해 한데 묶어서 자동으로 추천해 주는 시스템이다. 네이버는 에어스를 활용한 기사 제공 과정에서 인공지능 알고리즘이 해당 여성 혐오표현이 담긴 제목을 작성했다고 해명했다. 결국 인공지능을 활용한 기사 작성과 편집 과정에서도 이를 감독하고 보완할 인간 에디터의 역할이 여전히 필요하다는 사실을 다시금 일깨워주는 사례이다.

5. 인공지능과 저작권

인공지능은 글과 그림, 사진, 동영상 등 다양한 콘텐츠를 제작하는 데 활용되고 있다. 그러나 인공지능이 만들어낸 콘텐츠의 저작권을 누가 소유할 것인지에 대한 문제는 현행법으로 해결하기가 쉽지 않다. 법률상 저작권은 '인간'의 창작물에 대한 권리를 전제로 만들어진 개념이어서 '인공지능'이 창작의 주체가 되는 상황에 대해서는 예견하지 못했기 때문이다. 저작권법 제2조 제1호는 저작물이란 '인간'의 사상 또는 감정을 표현한 창작물을 뜻한다고 규정하고 있다. 따라서 인간이 아닌 인공지능이 만들어낸 것을 현행법상 저작물로 보기는 어렵다. 또한 저작권법 제2조 제2항은 '저작자'를 사람으로 전제하고 있으며 저작물을 창작한 주체라고 보기 때문에 인공지능이 이 규정에 따라 저작자로 인정되기 어렵다. 인공지능을 창작을 위한 도구로 보고 인공지능을 통해 창작이 이루어지도록 한 주관자 등을 저작자로 볼 수도 있겠지만 인공지능이 생성한 창작물과 관련된 문제에 대해 근본적인 해답을 제공하지는 못한다(손승우, 2017).

인공지능의 창작을 인정하기 위해서는 해결해야 할 여러 가지 문제가 있다. 우선 창작의 주체로서 인공지능의 권리를 인정할 것인지, 만약 인공지능의 권리를 인정하지 않는다면 인공지능의 생성과 창작의 과정에 개입한 인간에게 권리를 인정할 것인지를 결정해야 한다. 만약 인간에게 권리를 부여한다 할지라도, 인공지능의 개발 과정에는 많은 사람들이 개입하는 만큼 권리 주체가 인정되는 인간의 범위를 어디까지 볼 것인지도 정하기 쉽지 않다. 인공지능 창작물의 범위도 정하기 어렵다. 인공지능은 찰나의 순간에 수많은 결과물을 만들어낼 수 있는 만큼 이를 전부 권리 설정의 대상으로 삼기에는 현실적인 어려움이 있다. 또한 인공지능이 원래의 목적과는 달리 우연히 만들어낸 결과물에 대해서도 저작권 등의 권리를 부여할 수 있을지도 정하기 어렵다.

미국 저작권청(US Copyright Office)도 인공지능이 창작한 작품은 저작물로 보호되지 않는다고 판단한 바 있다. 개발자의 관여 없이 인공지능이 「파라다이스로 가는 입구(Recent Entrance to Paradise)」라는 그림을 만들었고, 해당 인공지능을 개발한 박사는 이 작품을 업무상 저작물로 등록하기 위해 신청했다. 그러나 2022년 미국 저작권청은 해당 작품은 인간이 창작한 것이 아니라는 이유로 저작권 등록 신청을 거절했다. 2023년에는 생성형 AI로 만든 18쪽 분량의 그래픽 노블 『여명의 자리야(Zarya of the Dawn)』의 이미지 배열과 스토리가 저작물로 보호받을 수 있지만, 미드저니 창작자가 작품 속의 개별 이미지에 대해 저작권을 가질 수는 없다고 미국 저작권청 심사위원회는 판단했다. 이러한 판단은 창작자가 자신의 프롬프트에 의해 인공지능이 저작물을 만들어냈으므로 자신이 창작에 기여했다는 주장과 배치되는 것이다(이대희, 2023).

인공지능의 창작품에 특허권을 인정할 수 있을지도 문제가 되었다. 미국의 인공지능 개발자 스티븐 세일러(Stephen Thaler) 박사는 자신의 AI 프로그램인 다부스(DABUS)가 프랙털 구조를 가진 식품 용기와 신경 동작 패턴을 모방해 집중도를 높여주는 램프를 개발했다면서 한국을 비롯한 16개국에 특허출원을 했다. 이에 한국과 영국 및 유럽 대부분의 국가는 자연인(natural person)만 발명자가 될 수 있음을 근거로 특허 등록을 거절했다. 다부스의 특허권 인정 여부를 두고 법정에서도 다툼이 이어졌다. 세일러 박사는 미국 특허청이 특허 등록 거부 처분을 내리자 소송을 제기했다. 2022년 8월 미국 연방항소법원은 특허법상 발명자는 자연인만 될 수 있으며 인공지능은 특허권을 소유할 수 없다며 다부스의 특허권을 부인했다. 하지만 호주 연방법원은 현행법에 인간이 아닌 발명자를 배제하는 법조항이 없다는 이유로 다부스를 발명자로 인정하는 판결을 내리기도 했다. 이처럼 인공지능 창작품의 권리 귀속에 대해 현행법을 적용하기에는 무리가 있으며, 세계 각국에서 합리적으로 적용될 수 있는 국제적 차원의 규범이 필요한 상황이다.

인공지능이 만들어낸 작품과 관련해 또 다른 측면의 저작권 문제도 발생했다. 인공지능은 이미 존재하는 데이터를 학습해 작동한다. 따라서 타인이 이미 만들어낸 그림, 디자인, 문학작품, 음악 등과 관련된 데이터를 학습해 인공지능이 결과물을 만들어낼 때 타인의 저작권 침해 가능성이 문제가 된다. 특히 빅데이터를 분석해 인공지능을 학습시키는 텍스트 및 데이터 마이닝(TDM)과 관련된 저작권 분쟁도 발생하고 있다. 텍스트 및 데이터 마이닝을 통한 인공지능 학습은 저작권법상 '공정 이용(fair use)'으로 판단될 가능성도 있는데, '공정 이용'이란 특정한 저작물의 경우 별도의 이용 허락을 받지 않고 저작물을 자유롭게 이용할 수 있는 것을 말한다. 텍스트 및 데이터 마이닝에 대한 규제가 지나치게 엄격하다면 AI 기술 발전을 저해할 가능성이 있다. 그러나 이를 무제한 허용한다면 저작권자가 정당한 대가를 받지 못해 오히려 창작 활동이 저해될 가능성이 있다.

생성형 AI 학습에 언론이 발행한 기사가 대거 활용되면서 인공지능 기업과 언론사 간의 분쟁도 심화되고 있다. 2023년 10월 미국의 뉴스미디어연합은 생성형 AI 학습을 위한 뉴스 저작물의 광범위한 복제 및 활용은 저작권 침해에 해당하며 공정 이용이 아니라는 내용의 백서를 발표했다(New/Meida Alliance, 2023.10.31). 이 백서에 따르면 생성형 AI 개발자들은 언론사의 기사, 잡지 콘텐츠 등 다양한 디지털 미디어 콘텐츠를 이용해 대규모 언어 모델을 학습시켰다. 가령 구글의 생성형 AI 바드의 데이터 소스 카테고리에서는 뉴스와 디지털 미디어가 3위를 차지하고 있으며, 데이터 세트에 포함된 상위 10개 사이트 중에서 절반은 뉴스 매체에 해당했다. 이러한 인공지능의 뉴스 콘텐츠 활용은 그 목적이 상업적이고, 창의적 콘텐츠가 많은 뉴스 기사를 학습에 활용하고 있으며, 활용된 뉴스 콘텐츠 분량과 내용이 광범위해 잠재적 뉴스 시장을 잠식할 우려가 있으므로 공정 이용에 해당하지 않는다고 언론계에서는 주장하고 있다. 전 세계적으로 인공지능의 뉴스 콘텐츠 학습과 관련된 저작권 침해가 문제되고 있는 만큼 글로벌 기준 마련과 함께 창작자의 정당한 저작권을 보호할 수 있는 방안이 모색되어야 할 것이다.

참고문헌

국가인권위원회. 2019. 「혐오표현리포트」.

박아란. 2022. 『인공지능 시대의 미디어 윤리』. 커뮤니케이션북스.

손승우. 2017. 「인공지능 창작물의 저작권 보호」. ≪정보법학≫, 20권, 3호, 83~110쪽.

양천수. 2021. 『인공지능 혁명과 법』. 박영사.

이대희. 2023. 「AI 시대 뉴스 저작권 쟁점과 저작권자의 과제」. ≪신문과 방송≫, 630호, 12~20쪽.

정상조. 2021. 『인공지능, 법에게 미래를 묻다』. 사회평론.

허순철. 2022. 「유튜브 딥페이크 영상과 허위사실 공표」. ≪미디어와 인격권≫, 8권, 1호, 1~47쪽.

News/Media Alliance. 2023.10.31. "White Paper: How the Pervasive Copying of Expressive Works to Train and Fuel Generative Artificial Intelligence Systems Is Copyright Infringement And Not a Fair Use." https://www.newsmediaalliance.org/generative-ai-white-paper/(검색일: 2023.12.1)

Volokh, Eugene. 2023.6.6. "First (?) Libel-by-AI (chatGPT) Lawsuit Filed." *The Volokh Conspiracy*. https://reason.com/volokh/2023/06/06/first-ai-libel-lawsuit-filed/printer/(검색일: 2023.12.1)

제5장

AI 윤리와 저널리즘의 미래

김경모

1. 머리말

챗GPT로 대표되는 생성형 AI의 출시와 함께 전 세계는 경제 산업 전반은 물론 시민의 실생활에서도 생성형 AI가 실질적인 효과와 위력을 발휘하는 현실을 목격하고 있다. 제4차 산업혁명을 추동하는 AI 기술 혁신은 저널리즘 영역에도 큰 바람을 일으키고 있다. 이를 반영하기라도 하듯, 2023년 전반기에 세계 유수의 언론사는 생성형 AI를 저널리즘 활동에 직접 접목하려는 원칙과 방향을 잡고서 행동 방침, 곧 가이드라인을 경쟁적으로 제안했다. 저널리즘 활동의 능률과 뉴스 품질을 혁신적으로 개선하려는 실무 차원을 강조하지만, 생성형 AI의 활용이 초래할 여러 문제 상황을 염두에 두고 윤리 차원에서 주의할 세부 지침을 마련하려는 목적이 뚜렷한 시안(試案)을 저마다 제시하기 바쁜 것이다(강미혜, 2023; Cools, 2023.7.10). 이 장에서는 생성형 AI 도구가 저널리즘에서 활용될 수 있는 영역을 살펴보고, 세계 각국의 언론사가 제안하는 인공지능의 윤리 가이드라인이 어떤 원칙과 내용을 강조하는지 정리해 본다.

2. 저널리즘의 생성형 AI 활용

인공지능은 그 개발의 역사와 발전 경로가 오래되고 다양하다. 최근 인공지능은 머신러닝과 딥러닝을 거쳐 생성형 AI의 시대를 새롭게 열고 있다. 인공 신경망(CNN, RNN)과 대규모 언어 모델의 기술적 특성을 기반으로 생성형 AI 도구는 크게 음성·문서 인식 도구, 문장·이미지·동영상 생성 도구, 기계 번역 도구로 유형화할 수 있다. 그런데 이 같은 생성형 AI가 저널리즘 영역에서 수행할 수 있는 작업은 생각보다 다양하다(오세욱, 2023; Cools, 2023.7.10; Diakopoulos, 2023.2.15; Kunova, 2023.1.31). 연구자마다 약간의 차이는 있지만, 챗GPT를 중심으로 쿠노바(Kunova, 2023.1.31)는 이를 대략 여덟 가지로 정리해 제시한다.

첫째, 대량의 문서와 텍스트를 요약한다. 챗GPT를 비롯한 생성형 AI는 대량의 텍스트나 문서를 요약하는 데 뛰어나다. 예컨대, 탐사 보도에 착수하는 기자는 취재 준비 과정에서 엄청난 분량의 보고서와 논문, 법령과 판례, 관련 기사와 인터뷰 녹취를 모으고 분류하는 작업을 처리해야 한다. 생성형 AI는 신속하게 문서를 요약하고 요점을 정리해 주므로 취재와 기사 작성의 길라잡이 역할을 할 수 있다

둘째, 질문과 답변을 생성하고 제안한다. 생성형 AI는 친숙한 주제나 새로운 각도의 시선이 필요한 주제의 기사를 작성할 때 유용하다. 해당

주제를 연구할 때 관련성 높은 문제 영역에 대한 제언을 요구할 수도 있고, 인터뷰가 필요한 전문가를 추천받을 수도 있다.

셋째, 적절한 인용을 제안한다. 생성형 AI를 활용하면 기사 작성에 필요한 인물의 발언이나 의견의 인용 문구를 편리하게 찾을 수 있다. 하지만 다른 사람의 발언과 의견을 따온 것은 아닌지 반드시 정확한 사실 확인이 필요하다. 자칫하면 조작된 거짓 사실이나 표절로 판명날 수 있어 상당한 주의가 필요하다.

넷째, 기사 표제의 설정을 제안한다. 최적의 기사 표제를 찾는 과정에서 기자와 편집자는 생성형 AI의 도움으로 원하는 형식, 길이, 표현의 표제 후보군을 추리거나 다양한 가능성을 검토하는 브레인스토밍의 도움을 받을 수 있다. 물론 최종적으로 선택하는 표제는 기자와 편집자 자신의 것이어야 한다.

다섯째, 다양한 외국어 기사를 번역한다. 인공지능을 탑재한 언어 번역기의 성능이 날로 개선되고 있다. 기자와 편집자는 외신 등 국제 뉴스를 취급하면서 생성형 AI의 도움을 받아 외국어 기사를 편리하게 번역할 수 있다. 이 경우 거대 국제 통신사의 기사에만 전적으로 의존하지 않고 다양한 출처의 기사에서 관점과 의견 정보를 검토하고 이를 반영해 뉴스를 제작할 수 있다.

여섯째, 이메일을 작성한다. 시간과 노력을 요구하는 성가신 사무 업무, 특히 이메일을 작성하고 보내는 일 같은 표준적인 행정 업무를 신속하고 효과적으로 처리할 수 있다. 기자와 편집자는 행정 처리에 소요되는 시간과 비용을 절감함으로써 훨씬 효율적으로 저널리즘 본업에 충실할 수 있다.

일곱째, 소셜 미디어 메시지를 작성한다. 생성형 AI는 소셜 미디어를 통해 공유할 특정 주제의 메시지를 신속하게 작성하고 효과적으로 배포할 수 있다. 따라서 저널리즘 업무의 외연을 넓히는 데 유용하게 사용할 수 있다.

여덟째, 기사의 맥락 탐색과 정리에 도움을 준다. 기자와 편집자는 생성형 AI 도구를 사용해 뉴스 기사와 관련된 배경과 맥락을 확인하고 해당 정보를 활용해 기사를 풍부하게 갈무리할 수 있다. 물론 정확한 사실의 확인과 적정성의 검토는 순전히 저널리스트의 몫이다.

이처럼 생성형 AI를 도입하면 저널리즘의 품질을 개선하고 업무의 효율성을 높이는 데 유용하다. 하지만 기술적 한계도 분명해 사실 확인과 명확한 책임 소재, 데이터와 도구 이용의 편향 방지 등 인간의 감독과 주의를 필요로 한다. 말하자면, 인공지능의 활용은 신중하고 제한적이어야 하며, 무엇보다 실효성 있는 윤리 가이드라인을 마련하고 따라야 한다는 것이다(강미혜, 2023; Cools, 2023.7.10). 저널리즘에서 인공지능을 활용하는 것은 업무 효율성을 제고함으로써 저널리즘의 가치와 품질을 높이고 표현의 자유를 확대하는 긍정적인 측면이 있지만, 환각 현상이나 허위 조작 정보의 위험 같은 심각한 윤리 문제도 동반하기 때문이다. 물론 생성형 AI의 개발과 활용을 둘러싼 윤리 문제가 저널리즘에 국한되는 것은 아니다. 유럽연합의 AI 윤리 법제화 방안이 규정하는 일반 원칙[1]이나 우리나라의 과학기술정보통신부(2020.12.12)가 제시한 AI 윤리 기준[2]에서 보듯, 인공지능의 윤리적 쟁점은 다층적이며, 원칙이 단

---

1 유럽연합의 인공지능 법안이 강조하는 일반 원칙은 다음과 같다. ① 인간에 의한 감독, ② 기술적 견고성과 안전성, ③ 프라이버시와 데이터 거버넌스, ④ 투명성, ⑤ 다양성, 비차별성, 공정성, ⑥ 사회와 환경복지(홍석한, 2022).

2 윤리 기준은 3대 기본 원칙과 10대 핵심 요건으로 구성된다. 인간성(humanity)을 구현하기

순하지 않고 고려해야 할 측면이 복잡하다. 여기서는 세계 각국의 유수 언론사가 저널리즘 영역에서 제안하는 인공지능 가이드라인(시안)의 원칙과 핵심 내용을 정리해 본다. 우리나라 언론사도 실효성 높은 AI 윤리 가이드라인을 마련하는 과정에서 이를 참고할 수 있을 것이다.

3. 저널리즘의 AI 윤리 가이드라인[3] 정리

1) 기본 원칙과 취지의 공통점

영국 신문사 가디언은 '시간과 노력이 필요하고, 사실을 신중하게 밝히며, 권력자에게 책임을 묻고, 아이디어와 주장을 엄격하게 검사하는 진지한 보도'를 지원하기 위해 인공지능을 사용한다는 원칙을 밝혔다. 가디언의 이러한 원칙은 인공지능 가이드라인과 윤리 지침의 핵심을 대변한다(Viner and Bateson, 2023.6.16). 신뢰받는 언론 조직은 생성형 AI를 사용하더라도 지적인 원천 보도, 사실의 발굴, 권력자 감시와 책임 규명, 생각과 의견의 탐사에 충실해야 한다는 저널리즘의 기본은 변함이 없다는 것이다. 프랑스 미디어그룹 레제코-르파리지앵(Les Echos-Le

---

위해 인공지능의 개발 및 활용 과정에서 3대 기본원칙, 즉 ① 인간의 존엄성 원칙, ② 사회의 공공선 원칙, ③ 기술의 합목적성 원칙을 지켜야 한다. 또 3대 기본 원칙을 실천하고 이행할 수 있도록 10대 핵심 요건도 제시한다. 즉, 인공지능 개발과 활용의 전 과정에서 ① 인권 보장, ② 프라이버시 보호, ③ 다양성 존중, ④ 침해 금지, ⑤ 공공성, ⑥ 연대성, ⑦ 데이터 관리, ⑧ 책임성, ⑨ 안전성, ⑩ 투명성의 요건을 충족해야 한다(과학기술정보통신부, 2020.12.12).

3 영문 이외의 언어로 게시된 가이드라인(시안)은 구글 번역기를 사용해 정리했다.

Parisien) 역시 품질과 정확성에 대한 표준을 지속적으로 충족하고 편집자의 엄격한 감독을 받는다고 확신할 때 생성형 AI를 활용하는 저널리즘을 지원한다고 명시했다(Les Echos-Le Parisien, 2023.5.24).

인공지능 관련 윤리 지침은 인간의 감독과 수정, 보완을 가능하게 하는 시스템과 제도 구축을 동반해야 효과를 거둔다는 로이터의 방침도 새길 만하다. 더 나은 저널리스트가 되기 위한 도구로서 뉴스룸 내 인공지능의 사용을 장려하는 조치는 더 높은 생산성, 더 나은 커뮤니케이션, 더 나은 연구, 더 나은 글쓰기를 위한 테크놀로지와 도구를 채택해 온 저널리즘의 오랜 역사와 궤를 같이하는 것이다(Calson, 2023.4.14). 또한 규칙을 도입함으로써 위험을 최소화하고, 국제적 책임과 가치에 따라 인공지능을 사용하도록 보장하는 안전, 투명, 공정을 윤리 지침의 중요한 덕목(Ringier, 2023.5.23)으로 강조하는 공통점도 확인할 수 있다.

2) 기술 혁신에 대한 개방성 유지와 제도화

(1) 저널리즘 품질의 향상과 신뢰성 제고

미디어 조직의 (생성형) AI 도입은 역사적으로 저널리즘이 지향한 기술 혁신에 대한 개방성과 무관하지 않다. 새로운 정보통신 테크놀로지가 등장할 때마다 저널리즘 조직은 이를 뉴스 생산과 배포 과정에 적극적으로 도입했다. 인공지능 관련 가이드라인을 마련하려는 여러 언론사의 취지와 방침에서 읽을 수 있는 공통점은 적극적인 기술 수용 태도이다. 생성형 AI의 도입과 활용은 저널리즘에 대한 조직적 투자의 일환으로(Viner and Bateson, 2023.6.16), 저널리즘의 품질 개선과 뉴스 이용자의 신뢰성 제고가 최우선 목표이다. 또한 이제껏 관찰하지 못했던 새로운 현상이라도 신속하고 효율적인 업무 수행을 가능하게 하고(Raabe, 2023.4.3), 시간 소모적 비즈니스 절차와 관료주의를 제거함으로써(Viner and Bateson, 2023.6.16) 수익 증대라는 새로운 가치의 창출로 이어지리라는 조직적 기대감을 숨김없이 표출한다(Raabe, 2023.4.3).

생성형 AI의 도입은 무엇보다 저널리즘을 강화한다. 시간 효율성을 높이기 때문에 저널리스트는 중요한 업무에 집중할 수 있다(Mediahuis, 2023.5.23). 독창적인 관점과 편집 가치에 따라 신뢰성 높은 양질의 정보를 제공하고 복제 불가능한 고유성을 발휘함으로써 뉴스 브랜드를 성공으로 이끄는 원동력을 추동한다는 것이다(Les Echos-Le Parisien, 2023.5.24). 앞서 예시한 것처럼 대량의 자료를 조사·분석하고, 교정과 번역을 하고, 브레인스토밍을 통해 초기 아이디어를 제안하고, 헤드라인을 포함해 적절한 단어와 표현 문구를 제안하고, 마케팅을 지원하는 등 저널리즘 영역에서 인공지능 도구의 활용 가능한 방식과 기법은 거의 제한 없이 열려 있다고 봐도 무방하다(Viner and Bateson, 2023.6.16.; Schori, 2023.6. 25).

하지만 여러 언론사는 공통적으로 매우 신중하고 제한적인 방식으로 생성형 AI를 저널리즘에 도입할 것을 주문한다. 게시하는 모든 콘텐츠는 사람이 직접 만든 것이든 사내 인공지능 엔진이 생성한 것이든 사실이고 독창적이어야 한다는 원칙을 강조한다(CNET, 2023.4.12). 이런 점에서 '시간과 노력이 필요하고, 사실을 신중하게 밝히며, 권력자에게 책임을 묻고, 아이디어와 주장을 엄격하게 검사하는 진지한 보도'를 위해 인공지능을 사용해야 한다는 가디언의 원칙은 새길 만하다. 생성형 AI를 사용하더라도 지적인 원천 보도, 사실의 발굴, 권력자 감시와 책임 규명, 생각과 의견의 탐사에 충실해야 한다는 저널리즘의 본연이 달라지는 것은 아니기 때문이다.

(2) 제도적 준비

생성형 AI라는 기술 혁신을 저널리즘 과정에 신속하게 도입해 활용하는 적극적인 태도도 중요하지만, 기술 수용을 위한 제도적·조직적 준비도 이에 못지않게 중요하다(Roush, 2023.5.14). 인공지능 도구라는 새 기술을 저널리즘에 적용하고 사용할 것을 장려하지만, 이를 비판적 시각으로 신중하게 다루고 접근하기 위해서는(Schori, 2023.6.25) 조직과 업계 차원의 제도화 노력이 동시에 수반되어야 한다. 가령, 인공지능 개발과 사용에 대한 명확한 책임의 경계를 설정하고, 인공지능 담당자를 교육하고 훈련해서 자격을 부여하며, 뉴스룸에서 새로운 기술 도구를 활용할 때 구성원의 피드백을 받아 수렴하는 조직 내부의 소통 과정이 중요하다(Mediahuis, 2023.5.23).

이처럼 생성형 AI의 도입을 신중하고 비판적으로 바라보는 것은 현재 인공지능이 안고 있는 기술적 한계의 위험성은 물론 제반 윤리적 문제가 얽혀 있기 때문이다. 예를 들어, 챗GPT를 중심으로 한 저널리즘 이용 경험은 긍정적인 면과 부정적인 면 모두를 보여준다. 챗GPT는 신속한 녹취록 요약과 같이 저널리스트의 업무 수행에 도움이 되는 부분도 있으나, 거짓으로 가득 찬 설득력 있는 콘텐츠를 대량 생산해 거리낌없이 제시한다는 것이다(Wired, 2023.5.22). 소속 저널리스트가 최신 기술의 최전선에 위치하기를 바라지만 윤리적이고 신중하게 접근하라고 요구하는 것은 이 때문이다. 따라서 어떤 인공지능 도구를 사용하든 스토리의 정확성, 공정성, 독창성, 품질에 대해 책임을 지고, 그렇게 책임을 진다는 것을 공중이 신뢰할 수 있도록 언론사가 약속하는 것이 중요하다(Calson, 2023.4.14). 가령 미국의 인터넷 뉴스 회사 인사이더는 소속 저널리스트가 다양한 인공지능 도구를 사용하면서 발견하거나 마주치는 유용성과 위험성을 파일럿 그룹(인공지능의 저널리즘 적용을 조직 차원에서 실험하며 제반 장단점을 검토하고 점검하는 언론사 내부의 대화 집단)에 바로바로 보고하고 제안하도록 요청한다. 오늘날 앞 다투어 윤리 가이드라인을 만들어 공표하고 조직의 책임 소재와 소통 구조를 정비하는 뉴스 미디어의 움직임은 이 같은 제도화 과정을 거치고 있다. 인간의 감독과 수정, 보완을 가능하게 하는 시스템과 제도의 구축을 동반하지 않는 윤리 지침은 실효성이 없다.

3) 윤리적 사용(책무성)

(1) 인공지능 도구의 오남용 주의

저널리즘 영역의 생성형 AI 사용을 둘러싸고 여러 윤리적 의문이 제기되고 있다. 생성형 AI의 편견, 곧 데이터와 프로그램 자체, 이용자의 편향이 야기할 위험성을 경계하라는 지적이 대표적이다(Viner and Bateson, 2023.6.16). 인공지능의 오남용(예: 허위 조작 정보, 편견, 딥페이크, 표적 공격 등)은 민주주의에 대한 위협(Raabe, 2023.4.3)으로 직결될 소지가 크다. 독자와 지속적인 신뢰 관계의 유지를 위해 생성형 AI 사용과 관련된 원칙을 투명하게 공개하는 것도 중요하다(Les Echos-Le Parisien, 2023.5.24). 이렇게 인공지능 시스템의 편견을 주의하는 것도 중요하지만, 문제가 발견되는 즉시 곧바로 해결하려는 자세도 중요하다(Mediahuis, 2023.5.23).

따라서 인공지능 도구로 생성된 결과는 항상 비판적으로 면밀히 조사하고, 정보는 회사 자체의 판단과 전문지식을 동원해 확인·점검하며 미비점이 발견되면 즉시 보완해야 한다(Ringier, 2023.5.23). 다시 말해, 생성형 AI를 사용하더라도 평소 오프라인 작업을 할 때와 동일하게 비판적인 시각으로 사실, 상식, 편견을 확인해야 하고 필요하면 수정해야 한다(Roush, 2023.5.14).

저널리즘의 가치에 따라 윤리적으로 사용하고자 지침을 마련하는 일은 가짜 뉴스 전파, 불공정한 사용, 개인정보 침해 방지 등을 위해서도 중요하다(Mediahuis, 2023.5.23). 이를 위해 사실을 확인하고 유해한 인공지능 생성 콘텐츠를 방지하도록 신뢰할 수 있는 정보 원천을 유지해야 한다(Mediahuis, 2023.5.23).

(2) 사실성과 정확성을 매번 확인하고 검증

언론 조직의 가이드라인은 다른 정보 출처와 마찬가지로 인공지능이 만든 텍스트, 비디오, 이미지, 기타 콘텐츠 사용에 신중하게 접근하라고 주의를 당부한다(VG, 2023.4.12). 요약, 타임라인, 팩트 박스 생성, 스토리 편집, 확인할 사실 추출과 팩트체크 등 생성형 AI를 활용하는 일이 다양하고 폭넓은 만큼, 가이드라인은 사실성과 정확성을 항상 회의하고 검증할 것을 강조한다(Roush, 2023.5.14). 생성형 AI가 제공하지만 확인되지 않고 검증되지 않은 사실은 브레인스토밍 같은 초기 이용 과정부터 신뢰하지 말라는 것이다(Roush, 2023.5.14). 언론사의 가이드라인이나 시안의 규정이 비슷하게 요청하는 대표적인 사항을 좀 더 구체적으로 살펴보자.

인공지능을 연구나 분석에 사용하는 실험을 수행할 수 있고 일반 검색엔진처럼 챗봇을 사용해 문서를 요약하고 탐색할 수 있으나, 언제나 원본 메모와 문서, 녹음 파일 등을 재확인해야 하며, 인용문과 참고자료는 정확성을 반드시 직접 점검해야 한다. 이를 위해 합법적이고 신뢰할 만한 텍스트와 데이터마이닝 도구, 전문적으로 출판되는 연구 데이터베이스가 많이 있음을 숙지하고, 이들 도구가 회사의 요구사항을 충족하는지 지속적으로 평가해야 한다(Wired, 2023.5.22).

생성형 AI를 사용하더라도 게시되는 모든 콘텐츠는 사람의 생산과 편집, 사실 확인을 거쳐야 한다. 이는 회사의 편집 권한에 속하는 일이다. 이미지(동영상, 사진, 일러스트레이션 등)도 작가와 이미지 에이전시가 촬영하거나 사람이 직접 제작해야 한다(Schori, 2023.6.25). 콘텐츠 생성 시 사용하는 데이터는 자신의 것이어야 하고, 편집자가 신중하게 사실을 확인해 정확성과 신뢰성을 검증해야 하며, 인용된 출처의 명확성을 보장해야 한다(CNET, 2023.4.12).

약관이 제한적이고 불투명한 인공지능 도구는 사용하지 말아야 한다(Calson, 2023.4.14). 이미지와 기타 유형의 생성형 AI는 사용 여부를 결정하기 전에 내부자(예: 회사 내의 파일럿 그룹)와 많은 대화를 나누고 경험을 공유해야 하며, (생성형 AI는 더 신뢰할 수 있는 정보 원천을 찾는 데 도움이 되는 좋은 출발점일 뿐이므로) 생성형 AI를 진실의 원천으로 신뢰하지는 말아야 한다(Calson, 2023.4.14).

(3) 교육과 훈련

인공지능의 윤리적 사용과 제도화를 위해서는 사내 인공지능 엔진과 관련된 프로세스와 데이터베이스를 구축해야 하고, 이 과정을 평소에 교육하고 훈련해야 한다(CNET, 2023.4.12). 개별 언론사가 강조하는 관련 내용은 대체로 다음과 같다. 대량의 정보를 신속하게 처리하면서 해당 정보를 분류하고 분석해 새로운 정보를 생성하기 위해서는 전용 데이터베이스를 구축해서 전문가가 정보를 검토하고 사실 확인을 해야 하고, 인공지능이 생성한 콘텐츠에 반드시 주제별 전문지식을 추가하도록 해야 하며, 이 모든 과정을 평소에 숙지하고 교육해야 한다(CNET, 2023.4.12).

(4) 신중하고 제한적인 사용, 그리고 금지 행위

지금도 다양한 생성형 AI 도구가 출시되고 있다. 저널리즘 영역에서는 인공지능 적용을 장려하면서도 신중하고 엄격하게 제한적으로 사용할 것을 요구한다. 텍스트와 이미지로 나눠 여러 언론사가 구체적으로 적시하거나 요청하는 주의사항을 열거하면 다음과 같다.

① 텍스트

인공지능이 스토리의 핵심이나 주제가 아닌 경우를 제외하고는 인공지능이 생성한 텍스트를 스토리로 제시하지 않는다(Wired, 2023.5.22). 또 인공지능이 편집한 텍스트를 곧바로 게시하지 않는다. 예를 들어, 1200개의 단어로 된 기사를 900개의 단어로 요약할 경우 사실적 오류나 의미 변화가 유발될 수 있고, 편집 문제도 발생할 가능성을 배제하기 어렵다. 편집은 작품과 관련해서 가장 관련성 있고 독창적이며 재미있는 것이 무엇인지 판단하는 일이다. 이 판단은 주제와 독자를 정확하게 이해하고 있느냐의 문제인데, 인공지능이 둘 다를 할 수 있다고 기대할 수는 없다(Wired, 2023.5.22).

챗GPT는 연구와 브레인스토밍에 도움이 되지만 사실이 잘못된 경우도 많으므로 글쓰기에 직접 사용하지는 말아야 한다. 예를 들면, 스크립트나 기사에 넣을 문장을 작성하기 위해 챗봇이나 인공지능 도구를 사용해서는 안 된다는 것이다. 결국 자신의 스토리에 나오는 모든 단어의 정확성, 공정성, 독창성, 품질은 작성자 자신이 책임져야 한다(Calson, 2023.4.14). 생성형 AI 결과물은 단지 여럿 가운데 하나의 제안으로 받아들여야 하며, 자신의 목소리로 회사의 스타일에 맞게 스스로 스토리를 작성해야 한다(Calson, 2023.4.14).

② 이미지

인공지능이든 다른 기술이든 뉴스 이미지를 조작하거나 왜곡하지 않아야 한다(Schori, 2023.6.25). 아카이브에 저장된 사진 대신 생성형 AI가 생성한 이미지를 사용하지 않는다(Wired, 2023.5.22). 다시 말해, (뉴스의) 사실적 이미지를 생성하고자 인공지능을 사용해서는 안 된다. 인공지능이 생성한 콘텐츠를 사용함으로써 저널리즘 사진의 신뢰성을 훼손해서는 안 되며, 사진과 비디오를 향상시키고 편집하는 데 인공지능을 사용해서도 안 된다(VG, 2023.4.12).

인공지능과 관련된 주제가 아니라면 인공지능이 생성한 이미지를 게시해서는 안 된다(CNET, 2023.4.12). 만일 뉴스가 다루는 주제가 생성형 기술 자체라면 편집 결정권자의 승인을 받은 후에 시각적 요소나 비디오와 사진의 사용을 허용해야 한다(Roush, 2023.5.14).

인공지능 도구를 사용해서 아이디어를 브레인스토밍하고 창안할 수는 있지만, 이때에도 인공지능이 제안한 것을 단순히 재현하지 말고 일반적인 프로세스에 따라 원본 이미지를 생성해서 사용해야 한다(Wired, 2023.5.22). 생성형 AI가 생성한 이미지는 참고사항일 뿐이므로 이를 그대로 사용하지 말고 창의적인 원본 이미지를 사용하라는 것이다. 비슷한 맥락에서, 가짜 뉴스(허위 조작 정보)와 이미지의 생성 및 전파에 항상

주의하고 이를 비판적으로 점검해야 한다(Calson, 2023.4.14).

4) 책임성과 투명성

현재 생성형 AI를 저널리즘에 도입해 활용할 때의 획기적인 장점과 잠재적 기여에도 불구하고 기술적 불안정성과 여러 윤리적·법적 문제로 인해 인간의 감독과 통제가 절대적으로 요청된다. 여기서 제시하는 대다수의 인공지능 가이드라인(시안)은 이를 분명하게 선언하고 있다.

(1) 인간 감독

(생성형) AI는 여전히 신뢰성이 떨어질 염려로 인해 사람의 감독을 필요로 한다(Viner and Bateson, 2023.6.16). 인간의 감독과 책임하에 인공지능을 사용하도록 인간의 결정이 우선되어야 한다. 물론 생성형 AI를 어떤 존재로 바라보고 어떻게 관련 윤리 규범을 설정할 것인지는 상당한 철학적(인식론, 존재론, 가치론) 고민과 연결된다(한국포스트휴먼연구소·한국포스트휴먼학회, 2018). 하지만 아이디어 생성 속도를 높이고 업무 효율성을 위해 인공지능 도구를 사용하더라도 저널리즘의 프로세스가 실질적으로 바뀌지는 않으며, 인간 편집자가 정확성을 위해 최종적으로 선택하고 승인해야 한다(Wired, 2023.5.22). 결국 사람이 인공지능의 사용을 최종 결정하고 책임지는 것이다(Raabe, 2023.4.3). 여러 언론사가 이 문제를 어떻게 명시하고 있는지 살펴보자.

인공지능의 사용은 매번 인간의 감독과 책임을 확인한다. 게시 기사에 대한 책임은 작성자와 게시자에게 있다(Roush, 2023.5.14). 이때 오프라인 제작과 동일한 윤리와 기준이 적용된다(Roush, 2023.5.14). 가령 다양한 플랫폼에서 배포를 용이하게 하기 위해 텍스트나 동영상을 요약하는 도구로 생성형 AI를 사용할 수 있으나, 이때도 사람이 편집·감독을 해야 한다(Les Echos-Le Parisien, 2023.5.24).

이처럼 (제작, 편집, 게시·배포에 이르는) 모든 생성형 AI 사용은 게시 전에 승인을 받아야 하고(VG, 2023.4.12), 이용 과정 또한 인간 저널리스트가 감독해야 한다. 사실성과 신뢰성을 위반하지 않는다면 감독자의 승인 아래 인공지능을 사용할 수 있다. 하지만 인간의 감독만큼이나 중요한 원칙은 인공지능의 사용 여부를 명확하게 밝히는 일이다. 다시 말해, 사실 자체를 생성하는 것이 아니라 생성형 AI에 관한 주제를 기사화하는 경우 또는 일러스트레이션·그래픽·모델링을 위해 이미지를 생성하는 경우 생성형 AI를 제한적으로 사용하되 인공지능을 사용했다는 사실을 투명하게 밝혀야 한다(VG, 2023.4.12).

(2) 투명한 공개

생성형 AI가 생성한 콘텐츠는 텍스트 생성기에서든 이미지·동영상 생성기에서든 간에 누구나 이해할 수 있는 방식으로 명확하게 그 사실을 밝혀야 한다(VG, 2023.4.12). 인공지능이 생성한 콘텐츠인지 여부를 투명하게 설명하고 공개하라는 것이다(Raabe, 2023.4.3). 인공지능 도구를 사용하는 과정에 대해 전 세계 이용자에게 알리는(Roush, 2023.5.14) 각 언론사의 선언적 설명을 일부 살펴보면 다음과 같다.

① 텍스트 생성기: 편집자와 사람의 감독 없이 인공지능이 생성한 편집 콘텐츠의 전체나 일부를 게시할 의도가 없다(Les Echos-Le Parisien, 2023.5.24). 생성형 AI를 사용한다면 그 출처를 명시한다(Les Echos-Le Parisien, 2023.5.24).

② 이미지·동영상 생성기: 편집자와 사람의 감독 없이 인공지능이 생성한 이미지나 동영상을 게시할 의도가 없다(Les Echos-Le Parisien, 2023.5.24). 생성형 AI가 생성한 비주얼이 인공지능 관련 기사를 설명하는 데 사용되거나 일러스트레이터의 창작 과정에 생성형 AI가 사용될 경우 이를 밝히고 설명한다(Les Echos-Le Parisien, 2023.5.24). 인공지능이 생성한 이미지는 그 사실을 명시한다(Schori, 2023.6.25).

③ 정확성과 신뢰성에 대한 나름의 표준을 충족할 때까지 인간의 감독과 승인하에 제한적으로 사용하고 이를 투명하게 공개한다. 적절한 면책 조항 문구를 붙이는 방식(예: "이 기사는 기계로 번역 출판되었습니다")을 권장한다(Roush, 2023.5.14).

④ 콘텐츠 생성과 수정에서 인공지능을 사용할 경우 항상 그 사실을 명시해야 한다(Mediahuis, 2023.5.23). 인공지능 가이드라인을 게시할 때는 사용 여부와 그 방법까지도 투명하게 공개한다.

⑤ 정보를 생성하는 데 어떤 도구를 사용했는지 공지한다(Wired, 2023.5.22). 이미지나 비디오 생성 등을 위해 인공지능을 사용할 수 있으나 제한적인 조건에서만 사용 가능하며, 사용했다는 사실을 반드시 공개한다(Wired, 2023.5.22). 인공지능 도구에서 가져온 스토리나 페이지 역시 해당 정보를 공개한다. 스토리 상단의 보조 바이라인에 표시한다(CNET, 2023.4.12). 이처럼 인공지능이 생성한 콘텐츠는 그 사실을 명시하는 것이 원칙이지만, 인공지능 도구를 보조용으로만 사용할 때는 명시하지 않아도 된다(Ringier, 2023.5.23).

(3) 콘텐츠 게시 당사자의 책임

대부분의 언론사 인공지능 가이드라인은 생성형 AI가 생성한 콘텐츠에 대한 책임을 콘텐츠를 게시하는 저널리스트 자신이 져야 한다는 규정을 분명히 한다. 인공지능이나 기타 기술 기반으로 제작된 자료를 포함해 사이트에 게시하는 모든 자료에 대해 책임을 지는 것이다(Roush, 2023. 5.14; Schori, 2023.6.25).

가령 인사이더는 저널리스트는 기자 자신이지 인공지능이 아니라고 못 박는다. 생성형 AI는 사실과 의미를 이해하지 못하고, 주장이 옳은지, 그른지, 공정한지도 모른다는 것이다. 따라서 어떤 인공지능 도구를 사용하든 언론인에게 기사의 정확성에 대한 책임이 있고, 언론인은 항상 사실을 확인해야 한다(Calson, 2023.4.14). 이렇게 작업의 정확성, 독창성, 품질에 대해 독자에게 책임을 지는 것은 저널리스트 자신이다. 인공지능이 결코 인간 저널리스트를 대체할 수 없다(Calson, 2023.4.14).

(4) 책임 수행 방법

인공지능이 생성한 콘텐츠의 경우, 사용 방법과 오류(가능성)를 명기한다. 현재 인공지능 도구의 기술적 한계를 고려할 때 오류나 편견이 발생하기 쉽고 독창적이지 않은 글을 생성하는 경우가 많으며, 다른 사람의 말을 오인하거나 표절하기도 한다. 와이어드는 규정을 통해 공개적으로 밝히지 않은 채 출판용 텍스트를 작성하기 위해 인공지능을 사용하는 일을 아예 표절로 간주한다.

결국 아이디어 생성 속도를 높이고 업무 효율성을 위해 인공지능 도구를 사용한다고 해서 저널리즘의 프로세스가 실질적으로 바뀌는 것은 아니며, 편집자가 정확성을 위해 최종 선택을 승인해야 한다. 말하자면, 어떤 것이 추구할 가치가 있는지 평가하는 것은 실질적으로 인간만이 할 수 있는 작업이라는 것이다(Wired, 2023.5.22). 생성형 AI는 다른 사람의 작업에서 일부를 가져와 원본 텍스트인 것처럼 제시할 수도 있다. 따라서 해당 저널리스트가 직접 표절 확인에 유의하고 독창성을 점검할 것을 요구한다(Calson, 2023.4.14).

가령 인간 편집자의 감독하에 인공지능이 생성한 콘텐츠를 게시할 때 편집장은 AI 기술과 도구가 저널리즘 규정과 표준을 준수하는지 책임지고 신속하게 확인하기 위해 뉴스룸 안에 인공지능 관련 질문과 모니터링을 위한 주요 연락처를 지정할 수 있다(Mediahuis, 2023.5.23). 물론 인공지능이 생성한 후 인간 편집자가 사실을 확인하고 편집한 내용을 게재하는 경우라 하더라도 전체 기사 스토리를 인공지능이 작성하지 않도록 해야 한다(CNET, 2023.4.12). 같은 맥락에서, 인공지능 도구를 사용해 리뷰와 평점을 알리는 실제 제품 기반 테스트도 수행하지 않는다. 이런 유의 평가 작업은 반드시 경험이 풍부하고 신뢰성이 높은 인간 전문가가 수행해야 한다(CNET, 2023.4.12). 또 인공지능의 기술과 프로세스가 발전·변화하면 이를 항상 공개해야 한다(CNET, 2023.4.12).

5) 합법성(안정성, 공정성, 보안성)

(1) 창작자와 제작자의 창의성 존중과 공정성

저널리즘 영역에 도입하는 인공지능의 효율적·윤리적 사용은 콘텐츠 생산자와 제작자의 창의성을 존중하는 것에서 시작한다(Viner and Bateson, 2023.6.16). 기계적 한계와 제약에 따르는 편견과 오류 또는 오남용이 초래할 저작권 침해의 위험에서 제작자와 회사를 보호하는 동시에 아티스트, 작가, 일러스트레이터의 창의적 작업을 지원하도록 유의해야 한다(Les Echos-Le Parisien, 2023.5.24). 창작자는 자신의 작업에 대한 권리를 인정받는다. 인공지능 도구의 사용은 정확한 정보 원천을 우선시하고 프로세스에 대한 교육을 포함해야 한다(CNET, 2023.4.12). 사내의 모든 직원이 공정하게 사용하도록 하고, 작업 경로(work flow)를 문서화해 둘 필요도 있다(Raabe, 2023.4.3).

공정 이용에는 물론 독자와 시청자의 권리도 포함된다. 인공지능 도구에서 개인정보와 데이터가 어떻게 사용되는지 설명하고 독자와 시청자가 이를 제어할 수 있도록 권한을 부여해야 한다(Mediahuis, 2023.5.23). 여기에는 수용자가 피드백을 제공하고 데이터를 검토하도록 하는 일도 포함된다(Mediahuis, 2023.5.23). 이 같은 개방성과 공정 이용이 합법의 울타리 안에서 업무의 효율성을 제고할 뿐만 아니라 윤리적 건전성도 담보할 것이기 때문이다. 다시 말해, 인공지능을 사용할 때 저널리즘, 상업성, 수용자 이익이라는 세 가지 목표가 균형을 이루도록 신중하게 조정하는 것(Mediahuis, 2023.5.23)은 공정 이용과 보상, 저작권 침해 방지와 보호, 제작자와 창작자의 창의성을 존중하는 목표와 일치해야 한다.

(2) 안전성과 안정성

창작자(제작자)의 창의성을 존중하고 인공지능 오남용의 위험을 최소화하거나 방지하는 일 또한 기술적으로 견고하고 안전한 인공지능을 개발 및 적용하지 않는다면 애초에 불가능하다(Raabe, 2023.4.3). 따라서 기술적 안전성과 안정성이 무엇보다 중요하다.

(3) 저작권 보호와 저작권 침해 방지

합법적이고 안전하며 공정한 이용은 저작권 침해 금지나 보호조치와 같이 좀 더 구체적이고 실질적인 법 규정을 준수하는 것과 연결된다. 여러 언론사가 강조하는 몇 가지 조항을 예시하면 아래와 같다.

① 게시되지 않은 기사를 개방형·생성형 AI에 공유하는 일은 금지된다(Roush, 2023.5.14).

② 자사의 콘텐츠가 개방형 도구에 저장되지 않도록 기술적 보호에 유의한다(Roush, 2023.5.14).

③ 인공지능이 인식 가능한 스타일이나 콘텐츠를 모방할 경우 저작권을 존중한다(Mediahuis, 2023.5.23).

④ 상당한 창의성이 요구되는 일러스트레이션 등의 이미지 작업은 아티스트에게 의뢰하고, 이 경우에도 아티스트는 기존 작품을 노골적으로 모방하거나 저작권을 침해하지 않도록 주의한다(Wired, 2023.5.22).

(4) 개인정보 보호와 기밀 보호

개인정보와 기밀 보호에 대한 법적 규정도 숙지해야 한다. 저널리즘 조직은 거의 예외 없이 인공지능 도구의 사용에서 개인정보와 기밀의 보호, 보안을 최우선으로 삼는다. 개인정보보호법을 준수하고 필요할 경우 먼저 사용자 동의를 얻고 개인정보를 사용하는 식이다.

① 민감한 정보와 그 출처에 관한 세부 정보를 챗GPT에 입력하지 않는다(Calson, 2023.4.14).

② 직원은 언론 매체, 직원, 고객, 비즈니스 파트너 또는 기타 자연인의 기밀 정보, 영업 비밀, 개인 데이터를 인공지능 도구에 입력하는 것이 허용되지 않는다(Ringier, 2023.5.23).

③ 개발 코드는 영업 비밀을 구성하지 않거나 제3자 소유가 아니며, 오픈소스 가이드라인을 포함해 저작권을 침해하지 않아야 인공지능 도구에 입력할 수 있다(Ringier, 2023.5.23).

④ 사용하는 인공지능 도구와 기술은 항상 공정하고 공평하며 비차별적이어야 한다. 이를 위해 자체 도구 기술과 통합을 정기적으로 검토할 필요가 있다(Ringier, 2023.5.23).

⑤ 회사의 플랫폼에서 즉시 게시하도록 승인된 자료만 인공지능 서비스와 공유해야 한다. 담당 부서장, 편집자, 보안 관리자의 승인 없이 소스 정보, 개인 데이터, 기타 민감 정보를 인공지능 서비스와 공유해서는 안 된다(VG, 2023.4.12).

⑥ 소스를 보호하고 민감한 정보를 챗GPT 같은 외부 플랫폼에 제공하지 않는다(Schori, 2023.6.25).

참고문헌

강미혜. 2023. 「생성 AI 가이드라인 왜, 어떻게 만들어야 하나: 저널리즘 원칙 반영해 통합적·구체적·확장적으로 설계해야」. ≪신문과 방송≫, 8월호, 21~27쪽.

과학기술정보통신부. 2020.12.12. 「보도자료: 과기정통부, 사람이 중심되는 '인공지능(AI)윤리기준' 마련」.

오세욱. 2023. 「생성 AI 시대, 언론은 어떻게 대응해야 하나」. 생성 AI 시대 언론, 산업 그리고 지원방안 세미나 발표 논문.

한국포스트휴먼연구소·한국포스트휴먼학회. 2018. 『인공지능과 새로운 규범』. 아카넷.

홍석한. 2022. 「유네스코 '인공지능 윤리에 관한 권고'에 대한 법적 고찰」. ≪법학연구≫, 제30권, 2호, 313~343쪽.

Calson, N. 2023.4.14. "My editor's note to the newsroom on AI: Let's think of it like a 'bicycle of the mind.'" *Insider*. https://www.businessinsider.com/how-insider-newsroom-will-use-ai-2023-4(검색일: 2023.7.25)

CNET. 2023.4.12. "How We Will Use Artificial Intelligence at CNET." https://www.cnet.com/ai-policy/(검색일: 2023.7.25)

Cools, H. 2023.7.10. "Towards Guidelines for Guidelines on the Use of Generative AI in Newsrooms." Medium. https://generative-ai-newsroom.com/towards-guidelines-for-guidelines-on-the-use-of-generative-ai-in-newsrooms-55b0c2c1d960(검색일: 2023.7.25)

Diakopoulos, N. 2023.2.15. "What could ChatGPT do for news production?" Medium. https://generative-ai-newsroom.com/what-could-chatgpt-do-for-news-production-2b2a3b7047d9(검색일: 2023.7.25)

Kunova, M. 2023.1.31. "Eight tasks ChatGPT can do for journalists." *journalism.co.uk*. https://www.journalism.co.uk/news/how-can-journalists-use-chatgpt-/s2/a1005273/(검색일: 2023.7.25)

Les Echos-Le Parisien. 2023.5.24. "IA: LES ENGAGEMENTS DU GROUPE LES ECHOS-LE PARISIEN." https://pressroom-lesechos-leparisien.com/ia-les-engagements-dugroupe-les-echos-le-parisien/(검색일: 2023.7.24)

Mediahuis. 2023.5.23. "Mediahuis AI guidelines." https://www.independent.ie

/editorial/editorial/aiframeworkguide140623.pdf(검색일: 2023.7.24)
Raabe, S. 2023.4.3. "Offen, verantwortungsvoll und transparent – Die Guidelines der dpa für Künstliche Intelligenz." *DPA*. https://innovation.dpa.com/2023/04/03/kuenstliche-intelligenzfuenf-guidelines-der-dpa/(검색일: 2023.7.24)
Ringier. 2023.5.23. "Ringier introduces clear guidelines for the use of artificial intelligence." https://www.ringier.com/ringier-introduces-clear-guidelines-for-the-use-of-artificialintelligence/(검색일: 2023.7.24)
Roush, C. 2023.5.14. "What Reuters is telling its journalists about using artificial intelligence." *Talking Biz News*. https://talkingbiznews.com/media-news/what-reuters-is-telling-itsjournalists-about-using-artificial-intelligence/(검색일: 2023.7.24)
Schori, M. 2023.6.25. "Aftonbladets AI-policy: Så förhåller vi oss till den nya tekniken." *Aftonbladet*. https://www.aftonbladet.se/omaftonbladet/a/76ydy9/aftonbladets-ai-policysa-forhaller-vi-oss-till-den-nya-tekniken(검색일: 2023.7.25)
VG. 2023.4.12. "Redaksjonelle retningslinjer for AI i VG." https://www.vg.no/informasjon/redaksjonelle-avgjorelser/188(검색일: 2023.7.25)
Viner, K. and A. Bateson. 2023.6.16. "The Guardian's approach to generative AI." *The Guardian*. https://www.theguardian.com/help/insideguardian/2023/jun/16/the-guardians-approach-to-generative-ai(검색일: 2023.7.24)
Wired. 2023.5.22. "How WIRED Will Use Generative AI Tools." https://www.wired.com/about/generative-ai-policy/?mc_cid=9906741f79&mc_eid=38dca534e7(검색일: 2023.7.25)

제2부

AI 시대의 뉴스 생산과 유통

제6장

저널리스트를 위한 인공지능 특징 설명

김범수

1. 인공지능이란 무엇인가

컴퓨터는 0과 1의 이진 체계로 운영된다. 이 기본적인 비트 단위들이 모여 바이트(byte)를 형성하며, 이를 통해 컴퓨터는 논리 및 산술 연산을 수행한다. 숫자, 문자, 이미지, 음악 등 다양한 정보는 컴퓨터 내에서 이진 코드로 변환되어 해독과 논리적 연산 과정을 거친 후 결과를 출력한다. 이런 부호화(encoding)와 해독(decoding)의 과정에서 사용되는 이진 체계는 인공지능 시스템의 핵심 원리 중 하나이다. 그리고 이 체계는 인간의 논리적 사고 방식과는 차이가 있다. 컴퓨터는 상상력, 감정 공유, 직관적인 판단 등 여러 면에서 한계를 보이지만, 저장 용량과 처리 속도에서는 인간을 앞선다. 이러한 컴퓨터의 특성을 활용한 인공지능 발전에 대해 많은 사람들은 우려의 시각을 가지고 있다.

인공지능 역사는 1936년 수학자 앨런 튜링(Alan Turing)의 "기계는 생각할 수 있는가?"라는 연구 발표와 함께 시작되었다. 1956년 다트머스에서 인공지능 회의가 개최된 이후 학계는 인공지능 이론에 큰 관심을 보였으나, 1970년대에는 기술적 한계로 인해 학문적 관심이 줄어들었다. 그러나 2000년 컴퓨터의 병렬식 계산 처리 능력을 보여주는 GPU(Graphics Processing Unit)의 등장과 제프리 힌튼의 딥러닝 연구 발표를 발판 삼아 빅테크 기업들이 인공지능 연구에 더욱 관심을 갖게 되었다. 특히 2020년에 혜성같이 등장한 생성형 AI GPT-3는 일상생활에서의 인공지능 활용 방식과 인식을 크게 변화시켰으며, 2023년에 더욱 발전된 GPT-4 모델(챗GPT)이 세상에 등장하면서 인공지능이라는 단어를 일상생활에서 쉽게 접할 수 있게 되었다.

AI 기술 발전의 핵심 학습 및 분석 체계로 머신러닝, 딥러닝, 신경망(neural network)이 주목받고 있으며, 이 기술들과 관련된 특허 출원이 빠르게 증가하고 있다. 2013년에는 미국 마이크로소프트와 IBM이 인공지능 분야의 특허 출원에서 주도적인 역할을 했으나, 2022년 12월 중국의 바이두(Baidu)가 1만 3933개의 특허를 출원하면서 기하급수적인 증가세를 보이고 있고, 텐센트(Tencent)도 뒤를 잇고 있다. 우리나라에서도 인공지능 분야에 대한 관심이 커지고 있다. 2019년 12월에는 과학기술정보통신부를 포함한 여러 정부 부처가 인공지능 국가전략을 발표했으며(과학기술정보통신부, 2019.12.17). 다수의 디지털 기업들이 인공지능과 관련된 특허를 출원하기 위해 다방면으로 노력을 기울이고 있다. 특허청의 자료에 따르면 2019년 이후 인공지능 관련 특허 출원 건수가 5000건을 초과했고, 특히 디지털 헬스케어, 지능형 로봇, 자율주행 등의 분야에서 두드러진 증가세를 보이고 있다(특허청, 2022). 이처럼 세계적으로 AI 기술에 대한 관심과 적용 범위가 확장되고 있어 다양한 산업 영역에서의 인공지능 활용이 기대되며, 이를 통해 산업 간 연계성과 확장 가능성이 더욱 강조될 것으로 예상된다.

인공지능 분야에 대한 학문적 관심도 빠르게 상승하는 추세를 보이고 있다. 예를 들어, 2023년 스탠포드 대학교에서 발표한 보고서에 따르면, 중국과 미국을 중심으로 인공지능 관련 연구가 지속적으로 증가하고 있는데, 이는 기술 발전 추세가 빠르고 관련 학계 간의 교류가 활발하기 때문이라고 강조한다(Maslej et al., 2023). 이 보고서에 따르면, 대규모 언어 모델에 대한 산업적 관심이 두드러지고 있으며, 이러한 모델을 상용화하는 기술을 개발하기 위해서는 초기 투자 비용과 연구 및 개발 비용이 필요하다. 그렇기 때문에 중국과 미국의 주요 기업을 중심으로 개발과 학문적 연구가 활발하게 이루어지고 있다고 유추해 볼 수 있다. 국내에서도 인공지능에 대한 연구 관심이 증가하고 있다. 2023년 7월 현재, 한국학술지인용색인 분석정보서비스에는 '인공지능'을 주제로 한 논문이 7761건 등록되어 있고, 전국에 총 188개의 인공지능 연구소가 등록되어 있다. 딥러닝, 빅데이터, 알고리즘, 머신러닝 등의 연구 키워드를 중심으로 2015년에는 불과 50건 이하의 논문만 등록되었지만, 2016년 이후 급증해 2022년에는 1578건의 논문이 발표되었다. 이처럼 인공지능에 대한 산업과 학계의 관심은 마치 2007년 무렵 페이스북을 중심으로 전 세계적으로 소셜 미디어가 인기를 끈 상황과 유사하다. 당시에 소셜 미디어의 기술적 속성과 이용자의 동기 간의 연관성에 주목한 연구가 활발하게 이루어진 것처럼, 인공지능의 발전 가능성을 예상하기 위해서는 우리가 일상생활에서 자주 접하는 인공지능의 기술적 속성과 작동 방식을 이해할 필요가 있다.

2. 인공지능의 주요 개념

초기 AI 기술은 메모리 기반의 신호 자극에 응답하는 형태로 시작되었다. 그 후 컴퓨터의 뛰어난 메모리 처리 능력과 빠른 처리 속도를 활용해 인간의 신경망을 모방하는 학습 모델이 개발되었다. 머신러닝과 딥러닝이 가장 대표적인 예이다. AI 기술 발전의 단계는 약인공지능(weak artificial intelligence), 강인공지능(strong artificial intelligence) 또는 범용인공지능(artificial general intelligence), 초인공지능(artificial super intelligence)의 단계로 구분할 수 있다. 먼저, 약인공지능은 특정한 작업을 위해 학습된 기능을 수행하는 데 그치며, 독립적인 사고나 문제 해결 능력은 없다. 스마트폰 애플리케이션 중에는 약인공지능 기술을 활용한 경우가 많은데, 사용자의 음악 취향에 따라 새로운 음악을 추천하는 서비스가 대표적인 사례이다. 그러나 이러한 서비스는 주어진 데이터 범위 내에서만 작동하기 때문에 컴퓨터가 독립적인 판단을 한다고 보기는 어렵다.

2023년 마이크로소프트는 인공지능이 인간과 동등한 수준의 지적 능력을 갖추었을 뿐만 아니라 모든 작업을 수행할 수 있는 기술 수준도 갖추었다는 논문을 발표했다. 이 단계를 범용인공지능의 단계라고 할 수 있다. 이러한 기술 수준은 AI 기술 발전에서 궁극적인 지향점이지만 아직 이러한 기술을 달성한 기업은 없다는 학문적 반론도 존재한다(최민영, 2023.5.18). 컴퓨터가 스스로 학습하고 독립적으로 문제를 해결하는 능력을 갖출 수 있는 가능성이 존재하는데, 일부 전문가들은 이러한 가능성을 우려하면서 기술 발전의 속도와 범위에 제한을 둘 필요가 있다는 의견을 제기하기도 한다.

초인공지능은 범용인공지능의 발전된 형태로서, 지속적인 자가 학습 및 진화 능력을 보유하고 있다. 이렇게 발전된 인공지능은 인간의 지능과 인지능력을 초월할 가능성이 있으며, 영화 〈터미네이터〉 속 스카이넷처럼 기계가 인간의 행동을 완전히 통제할 수 있다는 주장도 제기되었다(스민크, 2023.6.6). 그렇기 때문에 AI 기술의 발전에 대한 학문적 의견은 분분하다. 앞으로 인공지능이 얼마나 더 발전하게 될지 일반인들도 AI 기술의 작동 원리와 체계를 이해하고 탐구함으로써 관심을 가질 필요가 있다.

인공지능이라는 용어는 우리 주변에서 흔히 들을 수 있지만, 전문가가 아니면 이 기술의 작동 원리나 체계에 대해 깊이 이해하기는 어려울 수 있다. 인공지능은 방대한 양의 데이터를 필요로 하며, 데이터를 처리하는 방식에 따라 분류와 명칭이 다양하다. 인공지능의 대표적인 주요 기술 영역은 머신러닝, 신경망, 딥러닝으로 구분할 수 있다.

1) 머신러닝(기계 학습)

머신러닝의 방법은 크게 지도 학습(supervised learning), 비지도 학습(unsupervised learning), 강화 학습(reinforcement learning)으로 나뉜다. 지도 학습은 머신러닝 모델이 학습 데이터와 이에 대응되는 레이블을 통해 학습하는 방법이다. 예시로, 이미지 분류 작업에서 학습 데이터는 고양이, 자동차 등의 이미지에 해당한다. 이때 고양이 이미지에 '고양이'라는 레이블을 할당하고 자동차 이미지에 '자동차'라는 레이블을 할당하는 것이다. 머신러닝 모델은 학습 과정에서 이러한 입력 데이터와 레이블 간의 관계를 학습하고 이 관계를 이용해 이전에 보지 못한 데이터에 대한 예측을 수행하는 것을 목표로 한다.

앞서 기술했듯이 머신러닝 모델이 입력 데이터와 레이블 간의 관계를 학습하는 것은 입력 데이터와 레이블 사이의 관계를 파악하는 것이며 이는 수학적인 관점에서 최적화 문제를 푼다고 할 수 있다. 즉, 모델이 주어진 데이터를 가장 잘 설명하고 입력과 출력의 관계를 가장 잘 연결하는 매개 변수를 찾는 과정이다. 따라서 학습 과정에서 입력 변수와 출력 값 사이의 관계를 모델링하는 알고리즘들이 사용되는데, 선형 회귀(Linear Regression), 로지스틱 회귀(Logistic Regression) 등의 모수 방법론과, KNN(K-nearest Neighbors), 나이브 베이즈(Naïve Bayes), 의사결정나무(Decision Tree), 랜덤 포레스트(Random Forest) 등[1] 비모수 방법론이 대표적이다. 이러한 알고리즘은 주로 훈련 데이터와 테스트 데이터로 구분된 원본 데이터를 사용할 수 있다. 충분한 학습 데이터가 제공되면 모델의 예측 능력이 향상되지만, 데이터의 특성에 따라 전처리나 표준화 작업이 필요할 수 있으며, 전처리 방법은 사용하는 알고리즘과 데이터의 특성에 따라 결정된다.

비지도 학습은 레이블이 부착되지 않은 입력 데이터에서 숨겨진 패턴이나 구조를 찾아내는 학습 방법이다. 이러한 비지도 학습의 주된 목적은 데이터의 군집화(clustering), 차원 축소(dimension reduction), 패턴 인식(pattern recognition) 등이다. 비지도 학습을 통해 데이터 내 숨겨진

1 KNN은 주어진 데이터에서 임의의 k값을 기준으로 범주화 분류를 하거나 회귀분석 기반 예측값을 제시하는 방법이다. 나이브 베이즈는 독립성을 가정한 특성을 기반으로 한 사후 확률 계산법이다. 의사결정나무는 학습 데이터 특성의 값에 따라 여러 하위 집합으로 반복적으로 구분하는 기법이다. 랜덤 포레스트는 의사결정나무 기법을 여러 차례 수행한 후 결합해 작동하는 의사결정 기법이다.

패턴, 구조, 그룹을 발견하고 이 결과로 군집화나 연관성 분석도 수행할 수 있다. 이러한 비지도 학습은 레이블이 주어지지 않은 대량의 데이터를 처리할 때 특히 유용하며 다양한 분야에서 활발하게 사용되고 있다. 예를 들어, 유튜브 추천 알고리즘에 비지도 학습이 사용될 수 있다. 구체적으로, 비지도 학습을 통해 과거에 본 영상을 바탕으로 유사한 영상을 추천할 수 있으며(데이터 군집화), 대규모 영상 데이터에 차원 축소 기술을 사용해 데이터를 낮은 차원으로 압축하고 시각화하며 영상 간의 유사성을 이해해 사용자가 관심을 가질 만한 영상을 추천할 수 있다(차원 축소). 마지막으로, 사용자의 시청 기록을 기반으로 비지도 학습 모델을 사용해 사용자의 시청 취향과 패턴을 파악해 맞춤형 영상을 추천할 수 있다(패턴 인식).

강화 학습은 주어진 환경 내에서 시행착오를 통해 최적의 행동을 학습하는 머신러닝 기법이다. 학습 과정은 마치 어린아이가 자전거 타기를 배울 때의 과정과 유사하다. 강화 학습의 핵심 요소로는 에이전트(agent), 환경(environment), 행동(action), 보상(reward), 정책(policy)이 있다. 에이전트는 환경 내에서 행동을 취하며 그 행동의 결과로 보상을 획득하게 된다. 환경은 에이전트의 행동에 반응해 대응되는 보상을 제공하는 요소로, 이는 단순한 가상 환경부터 주식시장이나 자율주행 자동차와 같은 복잡한 실제 상황까지 다양할 수 있다. 여기서 보상은 에이전트가 수행한 행동의 성공이나 실패를 평가하는 지표로 사용된다. 예를 들어, 에이전트가 성공적인 행동을 보였을 경우에는 긍정적인 보상을 받게 되고, 그렇지 않은 경우에는 부정적인 보상이나 낮은 보상을 받을 수 있다. 이런 방식으로 에이전트는 보상을 최대화하기 위해 최적의 행동을 학습하려고 노력한다. 이 과정에서, 정책은 특정 상황에서 에이전트가 어떤 행동을 취할지를 결정하는 전략이다. 초기에 에이전트는 대부분 무작위 행동을 취할 수 있지만, 행동에 대한 보상을 학습하면서 최적의 행동을 선택하기 위한 정책을 개발하게 되며, 학습된 정책은 다양한 검증 과정을 거쳐 그 효과를 평가한다. 강화 학습을 설계하는 연구자나 개발자는 이 과정을 지속적으로 모니터링하며, 필요에 따라 정책을 수정해 나가야 한다. 강화 학습과 딥러닝을 결합한 대표적인 사례로 2016년에 이세돌 9단과 대국을 한 구글 딥마인드의 알파고를 꼽을 수 있다. 당시 알파고는 바둑을 플레이하면서 경험을 쌓고 게임의 승패에 따라 보상을 얻는 방식으로 학습했다.

2) 인공 신경망

인공 신경망은 인간의 두뇌 뉴런(신경세포)과 시냅스의 정보 처리 체계에서 영감을 받아 개발된 계산 모델이다. 인간의 뇌는 수억 개의 신경세포로 이루어져 있으며, 이와 비슷하게 인공 신경망은 입력층(input layer), 은닉층(hidden layer), 출력층(output layer)으로 구성된다. 입력층은 데이터를 받아들이는 역할을 하고, 이 데이터는 은닉층을 거쳐 출력층으로 전달된다. 은닉층은 복잡한 구조로 이루어져 있으며, 때로는 여러 층으로 구성될 수 있다. 은닉층의 복잡성이 증가할수록 인공 신경망은 더 복잡한 함수를 학습할 수 있으며 학습 데이터를 더 정확히 예측한다는 특징이 있다. 하지만 은닉층이 주어진 데이터와 모델에 비해 과도하게 복잡할 경우, 학습 데이터를 과도하게 학습해 새로운 데이터에는 부정확한 예측을 하는 과적합 현상이 발생할 수 있다. 여기서 '과적합'은 인공지능 모델이 훈련 데이터를 지나치게 자세하게 훈련해 새로운 데이터에 대한 예측 성능이 떨어지는 현상을 말한다. 이를 방지하기 위해 훈련과 테스트 데이터 세트를 적절히 구분하거나 데이터의 이상치를 정제하는 방법 등이 사용된다.

더욱 구체적으로, 인공 신경망은 크게 순방향, 순환, 합성곱, 역합성곱 신경망으로 구분할 수 있다. 순방향 신경망(FNN: Feedforward Neural Network)은 가장 기본적인 형태로, 입력층에서 얻은 정보가 출력층까지 한 방향으로만 전달된다. 이 신경망을 구성하기 위해서는 입력층, 은닉층, 출력층을 정의하며, 네트워크의 크기, 폭, 연결 방식 등을 결정해야 한다. 순방향 신경망은 또한 각 층에서 데이터를 처리하기 위한 활성화 함수를 지정하며, 이 함수와 네트워크 구조를 기반으로 데이터 학습을 통해 최적의 매개 변수를 도출한다.

순환 신경망(RNN: Recurrent Neural Network)은 자연어와 같이 순서가 있는 순차적 데이터를 처리하기 위해 제안된 인공 신경망 아키텍처 중 하나이다. 이는 자연어 처리를 위해 제안된 다른 신경망인 재귀 신경망(Recursive Neural Network)과 몇 가지 차이점이 있다. 순환 신경망은 시계열 데이터나 문장과 같이 선형적인 구조를 가진 데이터를 주로 다루며 이를 위해 순환 구조로 되어 있다. 반면 재귀 신경망은 주로 트리 구조와 같은 계층적인 데이터를 고려하기 위해 재귀적인 계산을 수행하며 트리의 노드 간 관계를 고려해 데이터를 처리하며 재귀적으로 정보를 전파하고 통합하는 방식으로 학습한다.

순환 신경망은 은닉층의 일부 데이터를 출력층으로 전송하고, 또 일부를 다시 은닉층으로 반환하는 구조를 가진다. 순환 신경망과 재귀 신경망 모두 '입력 벡터', '출력 벡터', '은닉 상태'와 같은 용어를 사용한다. 예를 들어, '안녕하세요'라는 문장을 '안(1, 0, 0, 0, 0), 녕(0, 1, 0, 0, 0),

하(0, 0, 1, 0, 0), 세(0, 0, 0, 1, 0), 요(0, 0, 0, 0, 1)'의 원-핫 인코딩된 벡터로 나타내고, 각 글자(벡터)를 은닉층으로 전송한다. 은닉층은 학습 과정에서 가중치를 조절하여 출력층으로 최종 결과를 전달한다. 이러한 순환 신경망의 대표적인 모델에는 장단기 메모리(LSTM: Long Short-Term Memory)가 있다. 이러한 장단기 메모리는 순환 신경망의 한 종류로, 바닐라 순환 신경망[2]의 한계점인 장기 의존성 문제와 기울기 소실 문제를 극복하기 위해 제안된 모델이며, 순차적 데이터를 처리하는 분야에서 주로 사용된다. 장단기 메모리를 통해서는 언어 번역 모델, 텍스트 감정 분석, 언어 모델링 등을 구축할 수 있다. 하지만 전 세계의 다양한 인공지능 개발자들은 기존 AI 기술의 단점을 보완하는 데 주력하고 있으며, 많은 데이터 분석가들은 새로운 분석 기술을 기반으로 분석한 사례를 공유하고 있다. 대표적으로, 2017년에 구글이 공개한 트랜스포머(Transformer) 알고리즘은 현재 자연어 처리 분야에서 널리 사용되고 있으며, 셀프 어텐션(Self-attention) 메커니즘을 중심으로 트랜스포머가 순환 신경망보다 성능이 향상되었음을 증명한 사례들이 있다. 이때 셀프 어텐션 메커니즘은 주어진 문장 내에서 단어들이 서로 어떠한 관계를 갖는지 모델링하고 각 단어의 중요성을 파악하는 역할을 한다. 이렇게 구현된 자연어 처리 분야 모델과 이에 대한 분석 사례는 허깅페이스 웹사이트에서 누구나 확인할 수 있다(https://huggingface.co/).

마지막으로, 합성곱 신경망(CNN: Convolution Neural Network)은 이미지 데이터 처리에 특화된 인공 신경망 아키텍처로 합성곱층(convolution

---

2 아이스크림의 기본적인 맛을 내는 것이 바닐라이듯이 바닐라 순환 신경망은 기본적인 순환 신경망의 한 형태를 말한다.

layer)과 풀링층(pooling layer)을 주요 구성 요소로 갖는다. 합성곱 신경망은 이미지의 특징을 수치화하고 이를 학습해 이미지 분류 작업을 효과적으로 수행한다. 원본 이미지는 국소 픽셀 값들을 종합해 합성곱의 데이터를 생성한다. 합성곱 신경망 구조를 설계할 때는 주로 커널(kernel)과 스트라이드(stride)를 활용하지만, 이 방식에서는 불가피하게 원본 데이터의 크기가 축소된다. 예컨대, 16×16 데이터가 4×4의 합성곱의 데이터로 축소될 수 있다. 이러한 커널 방식의 한계점을 해결하기 위해 패딩(padding)기법이 도입되었다. 패딩은 원본 이미지 주변에 특정 값을 추가해 주는 방식으로 합성곱 연산 시 원본 데이터의 차원을 유지하는 데 효과적이다.

3) 딥러닝

합성곱 신경망의 발전과 함께 딥러닝은 머신러닝의 한 분야로 최근 크게 주목을 받고 있다. 딥러닝은 복잡한 패턴을 파악하기 위해 심층 신경망 구조를 활용해 대량의 데이터를 학습하는 방법이다. 특히 음성이나 이미지와 같은 비정형 데이터에서 뛰어난 성능을 보이며, 딥러닝은 문자, 음성, 이미지 등 다양한 유형의 데이터를 부호화하고, 심층적인 신경망층을 쌓아 문제를 해결하는 특성을 가지고 있다. 전통적인 머신러닝은 레이블(변수명) 지정과 같은 데이터 전처리 작업을 할 때 인간의 개입이 더욱 필요했다. 반면, 딥러닝은 특징 추출을 자동으로 수행하며 원시 데이터를 입력해 특징을 학습하기 때문에 인간의 개입을 최소화한 기술이라고 볼 수 있다.

딥러닝 알고리즘은 이미 다양한 분야에서 널리 활용되고 있다. 챗

GPT가 대표적인 사례이다. 신경망과 딥러닝은 특징 추출 방법뿐만 아니라 신경망 계층의 깊이에서도 차이가 있다. 딥러닝은 심층 구조를 가진 신경망으로, 데이터를 다중 신경망 계층에 전달하며 학습한다. 이런 심층 구조는 네트워크의 정확도를 높일 수 있지만, 학습에 더 많은 매개변수와 높은 컴퓨팅 파워가 요구된다.

딥러닝의 기본 원리는 다중 퍼셉트론(Multiple Perceptron) 구조를 가진 신경망에서 출발한다. 이 구조는 다수의 입력값을 받아 특정 입력값에 가중치를 부여하고 출력하는 원리를 기반으로 한다. 여기서 가중치(weight)의 값이 크다는 것은 해당 입력값의 중요도가 높다는 의미이다. 딥러닝에는 여러 계층의 노드가 존재하며, 노드 간의 연결을 숫자로 표현한 가중치와 편향을 조정하게 된다. 딥러닝의 학습 과정을 이해하려면 손실함수(loss function), 옵티마이저(optimizer), 에포크(epoch)[3] 등의 기본 개념을 알아야 한다.

먼저, 딥러닝 손실함수는 딥러닝 모델의 예측값과 실제값의 차이를 수치화하는 함수이다. 예를 들어, 연속형 변수에 대한 회귀 분석 모델은 평균 제곱 오차(MSE: Mean Squared Error)를 사용할 수 있고, 분류 문제에 대한 로지스틱 회귀는 이진 크로스 엔트로피 손실함수(Binary Cross-Entropy Loss)를 사용한다. 옵티마이저는 신경망의 가중치를 업데이트하기 위한 최적화 알고리즘으로, 주어진 손실함수를 최소화하기 위한 가중치와 편향 등과 같은 딥러닝 파라미터를 찾는 역할을 수행한다. 여

3 배치(batch)는 딥러닝에서 파라미터를 업데이트할 때 사용하는 데이터의 개수를 의미한다. 예를 들어, 100개의 데이터 세트에서 10개씩 문제를 풀 때, 배치 크기는 10이다. 여기서 전체 데이터를 한 번 학습하는 횟수를 에포크라고 부른다.

러 가지 옵티마이저 중 경사 하강법(Gradient Descent)은 데이터 세트를 기반으로 손실을 계산한 후 이를 가중해 그 가중치를 업데이트한다. 반면, 미니 배치 경사 하강법(Mini-Batch Gradient Descent)은 전체 데이터 세트가 아닌 데이터의 일부분(미니 배치)만 사용해 가중치를 업데이트하고, 확률 경사 하강법(SGD: Stochastic Gradient Descent)은 특정 학습 데이터 포인트나 미니 배치를 사용해 가중치를 계산한다. 이러한 경사 하강법을 활용한 딥러닝도 느린 수렴 속도와 기울기 소실 문제 등 한계점이 있다. 이러한 한계를 극복하기 위해 모멘텀과 RMS프롭(RMSProp)을 고려한 아담 옵티마이저(Adam optimizer)와 같은 다양한 기법이 사용된다. 이러한 기술적 용어의 의미와 작동 방식이 인공지능 비전공자들에게는 다소 생소할 수 있다.

따라서 글로벌 미디어 기업은 이러한 인공지능 모델 및 서비스를 널리 알리기 위해 노력하고 있다. 예를 들어, 구글은 텐서플로(TensorFlow)라는 딥러닝 라이브러리를 제공해 누구나 쉽게 딥러닝에 접근할 수 있도록 했다. 또한 페이스북은 파이토치(PyTorch)라는 딥러닝 라이브러리를 2018년에 오픈 소스로 공개했다. 이들 라이브러리는 API[4]를 통해 다양한 소프트웨어와 상호작용이 가능하다. 최근의 가장 큰 딥러닝 트렌드는 생성형 AI이며, 대표적으로 오픈AI의 챗GPT와 구글의 바드가 큰 관심을 불러일으키고 있다. 국내에서도 생성형 AI에 대한 관심이 높아져 LG의 엑사원(EXAONE), KT의 믿음(MI:DEUM), 하이퍼 클로바 X(Hyper

---

4 API는 Application Programming Interface의 약자로 소프트웨어 간에 정보를 교환하고 상호작용을 할 수 있는 규격 및 프로토콜을 의미한다. 유튜브나 트위터와 같은 소셜 미디어 플랫폼에서 API 서비스를 제공하기 때문에 각 플랫폼의 데이터 검색 및 수집에 용이하다.

Clova X) 등 다양한 생성형 AI 모델이 출시되었다.

3. 챗GPT와 생성형 AI의 발전

챗GPT는 일반인들이 널리 알고 있는 생성형 AI 서비스 중 하나이다. 이러한 생성형 AI가 인기를 끄는 것은 컴퓨터 하드웨어의 발전과 함께 딥러닝 학습 방법이 향상되었기 때문이다. 이러한 인공지능은 대규모 언어 모델을 기반으로 작동하며, 인간처럼 질문에 응답하는 역할을 수행한다. 주요 대규모 언어 모델은 수백억에서 수천억 개의 매개 변수를 가지며, 데이터 세트를 통해 학습한다. GPT는 사전 학습된 대규모 언어 모델이며 딥러닝 방식을 사용해 문장 내 다음 단어를 예측한다. 이를 트랜스포머 기법이라고 한다. 이러한 모델은 어텐션이라는 기법을 활용해 주어진 문장에서 중요한 단어나 구문에 주목한다. 즉, 컴퓨터가 문장을 쪼개 단어로 학습한 후 새로운 문장이 주어졌을 때 다음 단어로 무엇이 나오는지 확률적으로 맞추는 방식을 의미한다. 이 기법은 확률 계산을 바탕으로 문장의 맥락을 파악하기 때문에 마치 사람과 질의응답을 하거나 대화하는 듯한 느낌을 받을 정도로 정교하다. 생성형 AI는 이미지, 오디오, 텍스트, 비디오 등의 방대한 데이터를 학습해 사용자의 질문에 대한 새로운 답변을 제공한다. 현재까지는 영어권 국가의 데이터를 주로 학습하기 때문에 어떤 언어를 사용했는지에 따라 출력 성능이 다르다.

또 다른 주목할 점은, 생성형 AI는 인간의 질문도 학습하며 연속적인 대화도 가능하다는 것이다. 사용자는 챗GPT의 답변에 피드백을 제공할 수 있으며, 이 피드백을 통해 챗GPT는 강화 학습을 진행한다. 이러한 접근법을 인간 피드백 기반 강화 학습(RLHF: Reinforcement Learning from Human Feedback)이라고 하며,[5] 이러한 학습 방식 덕분에 사용자는 만족스러운 답변을 받게 된다. 이는 인간이 기계가 잘 학습할 수 있도록 당근과 채찍 같은 긍정적·부정적 피드백을 줄 수 있음을 의미하기도 한다.

특히 2018년에 오픈AI가 출시한 GPT 모델은 챗봇 분야에서 선풍적인 인기를 끌었으며, 이후 GPT-3.5 모델로 발전했다. 이 모델은 인간과의 자연스러운 대화를 가능하게 하는 분석 모델로, 강화 학습의 도입으로 기존 모델보다 성능이 크게 향상되었다는 평가를 받았다. 이후 2023년 7월에는 GPT-4.0 모델이 출시되었다. 이처럼 GPT-3 이후로 대규모 언어 학습 모델을 구현하는 데 필요한 컴퓨팅 자원은 기하급수적으로 증가했고, 이로 인해 한정된 컴퓨팅 자원을 사용한 학계에서의 연구는 주요 인공지능 기업의 발전 속도를 따라잡기가 더욱 어려워진 것으로 보인다.

2023년 국정원 보고서에 따르면, 초기 GPT 모델은 약 1억 1700만 개의 매개 변수를 사용했지만, 최근 모델은 그 수가 1750억 개에 달하고 세계적인 기업들은 생성형 AI 기술을 활용한 서비스를 제공하거나 개발 중이다. 이 중에서도 특히 GPT-3 모델은 학습 토큰이 3000억 개, 화웨이(Huawei)는 파라미터가 1조 850억 개로 집계되었다(국가정보원·국가보안기술연구소, 2023). 현재 상용화된 GPT-3.5와 GPT-4.0 모델은 답변

---

5 평가자가 제공하는 평가 척도(예: 1~5점)를 바탕으로 컴퓨터는 최적의 응답을 위해 매개 변수를 조정한다(박태웅, 2023).

의 정확도와 안정성이 향상되었으며, 사용자와의 상호작용이 이전의 모델보다 자연스럽게 이루어진다. 사용자가 늘어남에 따라 인간 기반 강화 학습도 활성화되었고, 생성형 AI 모델의 학습 능력이 지속적으로 향상되고 있다. 챗GPT는 오픈AI의 공식 웹사이트에서 이용자가 직접 접속해 사용할 수 있다. 현재 챗GPT는 웹에서 최신 정보를 검색하는 기능을 갖추고 있으며, 다양한 전문적인 자료와 데이터베이스를 참조해 이용자가 만족할 만한 답변을 제공한다. 이뿐만 아니라 단순한 텍스트 기반의 답변을 제공하는 것을 넘어, 최신 정보를 검색하는 기능, 플러그인 서비스 도입, 코드의 해석과 실행 기능을 통해 더욱 심화된 질의응답을 하고 있다.

4. 인공지능의 진화와 미디어 환경의 변화

인공지능은 뉴스를 생산하는 주체, 뉴스를 유통하는 구조, 뉴스 이용 패턴 분석 등 저널리즘 영역에서도 그 영향력을 확장하고 있다. 이에 따라 일부 언론사는 인공지능의 기술적 특성을 이해하고 새로운 뉴스 제작 및 보급 방식의 기준에 대해 선제적 대응을 하고 있다. 예를 들어, 비지도 학습 알고리즘을 기반으로 하는 뉴스 공유 방식에 대해 조직적으로 대응하거나, 인공 신경망 분석 기법을 활용해 뉴스를 보도·제작하고 있다. 무엇보다 특정 매체를 통해 수동적으로 뉴스를 이용하는 것이 아닌 '내가 알고자 하는 정보를 검색해 다양한 콘텐츠를 소비하는 행위(뉴스 맞춤화)'는 뉴스 이용의 패러다임 변화를 예고한다.

오늘날의 디지털 미디어 환경에서 인공지능은 이미 다양한 산업 분야에 빠르게 침투하고 있다. 인공지능 긴급 호출 서비스, 보이스피싱 음성 분석, 고독사 대응을 위한 안부 전화 서비스, 지하철 혼잡도 파악 및 재해 재난 예측 모델링 등의 서비스가 인공지능을 이용해 제공되고 있다. 이러한 점에 비추어볼 때, AI 기술은 사람들의 일상생활 속 정보 이용 패턴과 인간-기계 간 커뮤니케이션 행위가 더욱 빠르게 이루어지게끔 하고 있다. 이러한 맥락에서, 인공지능 비전공자이더라도 누구나 사용할 수 있는 인공지능 서비스를 경험하면서 앞으로 일상생활에서 일어날 AI 기술의 확장성과 미디어 환경의 변화에 대해 생각해 볼 필요가 있다.

참고문헌

과학기술정보통신부. 2019.12.17. 「인공지능(AI) 국가전략 발표」. https://www.korea.kr/briefing/pressReleaseView.do?newsId=156366736(검색일: 2023.10.3)

국가정보원·국가보안기술연구소. 2023. 「챗GPT 등 생성형 AI활용 보안 가이드라인」. https://www.ncsc.go.kr:4018/main/cop/bbs/selectBoardArticle.do?bbsId=InstructionGuide_main&nttId=54340&menuNo=070000&subMenuNo=070300&thirdMenuNo=(검색일: 2023.9.11)

박태웅. 2023. 『박태웅의 AI강의』. 한빛 미디어.

스민크, 베로니카(Veronica Smink). 2023.6.6. "인공지능 3단계: 인류 멸종으로 이어질까?" BBC News 코리아. https://www.bbc.com/korean/news-65817704(검색일: 2023.9.22)

최민영. 2023.5.18. "AI가 특이점 도달했다, MS주장 범용 인공지능이란". ≪한겨레≫. https://www.hani.co.kr/arti/international/international_general/1092242.html(검색일: 2023.9.23)

특허청. 2022.「초지능화 시대 향해 가속 중인 '인공지능 가속기'」. https://www.kipo.go.kr/ko/kpoBultnDetail.do?menuCd=SCD0200618&ntatcSeq=19569&aprchId=BUT0000029&sysCd=SCD02(검색일: 2023.7.31)

Maslej, N., L. Fattorini, R. Wald, Y. Shoham, V. Parli, J. C. Niebles, J. Manyika, T. Lyons, K. Ligett, J. Etchemendy, E. Brynjolfsson, R. Perrault and J. Clark. 2023. *2023 AI Index Report*. Stanford University.

제7장

뉴스와 비뉴스(Non-News), 미리 보는 AI 시대의 뉴스 가치

박성희

1. 계속되는 물음: 가치 있는 뉴스란 무엇일까

표준국어대사전에 따르면 '뉴스'의 사전적 정의는 '일반에게 잘 알려지지 아니한 새로운 소식'이지만, 뉴스를 가려내는 일은 생각보다 간단하지 않다. 누구에게, 무엇이, 얼마나 새로워야 뉴스인지를 판단하는 일이 간단하지 않기 때문이다. '누구에게' 뉴스인지를 판단하기 위해서는 뉴스 소비자가 속한 공동체의 관심사와 가치관을 알아야 하고, '무엇이 얼마나 새로워야' 뉴스인지를 판단하기 위해서는 기존에 알려진 정보의 내용과 경중을 파악하고 있어야 한다. 그뿐만 아니라 이 모든 과정은 결정하는 주체의 가치관이나 뉴스를 제작하고 전달하는 사회의 각종 체계로부터 결코 자유롭지 않다.

뉴스는 매일 끊임없이 생산되지만 시간과 공간에 따라 수시로 크기와 모양을 바꾸는 비정형적인 특성이 있다. 사고파는 상품으로서의 뉴스는 품질과 규격에 따라 값이 매겨지며, 유통망과 시장의 영향을 받는다. 무엇이 뉴스이며, 어떤 뉴스가 더 가치 있는지 선별하기 위해 필요한 것이 '뉴스 가치(news value)'라는 개념이다.

'뉴스 가치'라는 말은 그 자체로 뉴스가 '가치 판단적(value-laden)' 대상이라는 의미를 함축한다. 뉴스와 소문을 구분하고, 여러 뉴스의 크기와 무게를 나누는 데 어떤 가치 기준이 적용된다는 뜻이다. 여기서 뉴스라는 것은 어떤 정보(information)에 가치적 요소가 합쳐진 혼합물이다. 루머가 뉴스가 되기 위해서는 사실 확인이라는 단계를 거쳐야 하듯이, 단순 정보 역시 사회 문화적 가치가 보태졌을 때 비로소 뉴스가 된다. 흔히 뉴스란 '상식'이라는 블랙박스에 넣었을 때 튕겨 나오는 것이라고 하는데, 여기서 말하는 상식의 블랙박스란 개인이나 사회가 가지고 있는 관습이나 믿음의 세계를 말한다. 무엇이 새롭고 흥미로우며 중요한 소식인지를 가르는 것은 사회 문화적으로 학습된 가치관이라는 의미이다. 여기에는 뉴스를 선별하는 주체인 개인이나 언론사의 가치관과 그 모두를 감싸는 국가의 이데올로기도 포함된다.

그냥 떠도는 소문에서 뉴스를 솎아낼 때, 또 그렇게 모은 뉴스들 사이의 크기와 무게를 구분할 때 어떤 가치가 보태짐으로써 뉴스는 상품이 되어 소비자에게 전달된다. 그 중요한 통로가 미디어이다. 과거에 뉴스는 입소문이나 인쇄물의 형태로 전파되었으나 최근에는 컴퓨터와 전자통신 기술의 발달로 유·무선으로 실시간 전송된다. 지면의 제약이나 마감 시간에서 상대적으로 자유로워진 뉴스 텍스트는 소리와 문자, 영상이 결합된 멀티미디어로 수용자에게 다가갈 수 있게 되었으며, 미디어의 쌍방향성은 수용자의 참여 영역을 확장시키며 뉴스 생산과 의제 설정 과정을 변화시켰다. 소셜 미디어 시대의 수용자는 단순히 뉴스 소비를 넘어 참여하고, 공유하며, 영향력을 행사하고, 뉴스에 새로운 가치를 더해가고 있다. AI 기술이 주도하는 미디어 생태계에서도 뉴스 가치는 진화와 변화를 거듭할 것이다.

정보와 지식이 무제한 생산되는 정보화 시대에 뉴스의 공급은 기하급수적으로 늘어났으나 수용자의 니즈와는 불일치를 이루고 있다. 정보 과잉 시대의 뉴스 부족 현상이다. 또한 젊은 층의 뉴스 회피 현상이나 가짜 뉴스 문제는 각종 제도나 법적 장치로도 해결하기 어려운 문제여서 전 세계가 골머리를 앓고 있다. 컴퓨터 알고리즘이 작성하는 뉴스와 딥페이크의 윤리와 진실성 문제가 새롭게 대두됨에 따라 공적 영역의 와해나 민주주의의 위협을 우려하는 목소리도 높다. 민주주의를 지탱하는 기둥으로서의 뉴스의 가치를 새롭게 환기시켜야 할 시점인 것이다. 다가오는 미래 뉴스 가치를 탐색하는 것은 변화하는 사회 환경에서 뉴스의 공적 역할과 그에 따른 민주주의의 변화를 탐색해 보는 작업이라고 할 수 있다.

2. 뉴스 가치에 대한 몇 가지 기준

뉴스와 소문의 경계는 태초부터 모호했다. 근대 저널리즘의 산실이라고 할 수 있는 17세기 영국의 커피하우스(coffee house)에는 당시 해양무역으로 고조된 시민들의 정보 욕구에 따라 다양한 정보가 몰려들고 전파되었는데 그중에는 가짜 뉴스와 그럴듯한 소문이 적지 않게 뒤섞여 있었다. 마치 아직 덜 볶이고 덜 정제된 커피의 맛처럼, 뉴스도 세련되고 완성도 있는 상품과는 거리가 멀었다. 커피하우스 안에서는 다양한 정보와 의견이 오가며 격렬한 토론도 함께 벌어지고는 했다. 근대 사회 초기 공론장은 그렇게 뉴스와 소문, 의견과 비판이 서로 부딪치는 시끄러운 곳이었다.

다양한 정보와 자유로운 의견 교환의 세례를 받은 사람들이 소위 정보화된 공중(informed public)으로 거듭나면서 근대 시민사회를 견인했다. 이들은 토론 문화를 통해 여론을 형성하고 그렇게 형성된 여론으로 당시 사회의 변화를 주도하며 시민민주주의를 발전시켰다. 서구 자유세계의 뉴스와 민주주의는 이렇게 출발부터 동전의 양면과 같은 관계를 구축하며 발전했다. 특히 인쇄 기술과 교통의 발달로 정보의 확산 속도가 빨라지고 기록성까지 확보하면서 뉴스가 갖고 있는 사회적 힘은 더욱 막강해졌다. 자연히 뉴스를 검열하고 통제하려는 힘도 커져 표현의 자유 논쟁에 불이 붙었다.

뉴스에 대한 수요가 늘어나며 언론인도 직업으로서의 면모를 서서히 갖춰 나가기 시작했다. 초기 언론인은 커피하우스를 운영하는 퍼블리컨(publican)이나 팸플릿 작성자, 소수의 지식인 정도에 불과했다면, 직업적으로 뉴스를 작성하고 배포하는 사람들이 생겨나면서 무엇을 보도할 것인지에 대한 고민도 함께 늘어났다. 특히 초기 미국 언론의 경우, 정당의 후원을 받는 당파 언론에서 벗어나 대중 언론으로 부수 경쟁을 하면서 무엇을 보도할 것인지에 대한 본격적인 논의가 시작되었다.

당시 분위기를 반영한 뉴스 가치로 '3W'를 들 수 있다. 여기서 3W란 여성(Woman), 범법 행위(Wrongdoing), 돈(Wumpun, 인디언 언어로 돈을 뜻함)으로, 다시 풀어서 이야기하면 '돈(money), 범죄(crime), 성(sex)', 즉 전형적인 사회면 사건 사고 기사의 뉴스 가치에 해당한다. "무엇이 뉴스인가?"라는 물음에 대한 유명한 정의로 "개가 사람을 물면 뉴스가 아니지만 사람이 개를 물면 뉴스"라는 말도 있다. 이 말은 뉴욕의 신문 ≪더 선(The Sun)≫의 사회부장인 존 보가트(John Bogart, 1845~1921)가 한 것으로 전해지는데, 미국 신문이 부수 경쟁에 몰두하던 시대에 대중의 호기심을 충족시킬 뉴스를 매일 발굴하기 위해 일상에서 벗어난 자극적이고 선정적인 뉴스가 필요했던 당시의 분위기를 짐작케 한다.

상업주의 언론이 발달하면서 미국의 언론은 새로운 객관성의 기준을 추구하기 시작했다. 1897년 뉴욕타임스 사주였던 아돌프 옥스(Adolph S. Ochs)는 "인쇄하기에 적합한 모든 뉴스"라는 유명한 슬로건을 만들어 신문 제호 면에 싣기 시작했다. 이는 일반 독자를 향한 일종의 다짐으로, 특정 정파나 이해에 쏠리지 않고 독자들에게 필요한 뉴스라면 모두 싣겠다는 신문사의 불편부당 선언이었다.

직업 언론인의 진화와 함께 저널리즘의 직업 규범이 자리 잡아가면서 뉴스 가치도 정교화되었다. 대표적인 저널리즘 교본인 미주리 그룹의 『뉴스보도론(News Reporting and Writing)』은 뉴스 가치를 크게 연관성(relevance), 유용성(usefulness), 흥미성(interest)의 세 가지 범주로 나누고, 이들 가치를 다시 영향성(impact), 갈등성(conflict), 신기성(novelty), 저명성(prominence), 근접성(proximity), 시의성(timeliness)으로 세분한다. 영향성이란 얼마나 많은 사람에게 영향을 미치는지에 따라 뉴스 가치가 정해진다는 뜻이며, 갈등성이란 조화보다 갈등에 더 큰 뉴스 가치가 부여된다는 뜻이다. 마찬가지로 뉴스 관계자나 대상이 저명할수록(저명성), 일반 상식에서 벗어나는 정도가 클수록(신기성), 뉴스가 보도되는 시점에서 가깝거나(시의성) 지리적으로 가까울수록(근접성) 뉴스 가치는 상대적으로 커진다.

저널리즘 학자들은 뉴스 가치의 평가 기준을 체계적으로 제시하기 위한 연구를 계속했는데, 대표적인 연구로는 갈퉁과 루게(Galtung and Ruge, 1965)의 연구가 꼽힌다. 이들이 국제 뉴스를 분석해 제시한 열두 가지 기준은 다음과 같다. 바로 시의성(frequency), 영향성(threshold), 명확성(unambiguity), 근접성(meaningfulness), 일치성(consonance), 신기성(unexpectedness), 연속성(continuity), 균형성(compositional balance), 선진국 관련성(reference to elite nations), 엘리트 관련성(reference to elite people), 개인성(personification), 부정성(negativity)이다.

30여 년 뒤 하컵과 오닐은 갈퉁과 루게의 연구를 보완한 새로운 뉴스 가치 기준을 내놓았고, 그에 대한 후속 연구도 내놓았다. 그들이 제시한 기준은 권력자(power elite), 유명인(celebrity), 연예(entertainment), 놀라움(surprise), 나쁜 소식(bad news), 좋은 소식(good news), 강도(magnitude), 관련성(relevance), 후속 기사(follow-up), 미디어 의제(media agenda) 등이었다(Harcup and O'Neill, 2017). 브라운은 그동안 논의되었던 뉴스 가치 개념들을 소개하며, 새로움(novelty and unexpectedness), 영향성(scale, impact, and consequences), 관련성(relevance and meaningfulness to the audience), 시의성(timeliness), 근접성(proximity), 갈등(conflict), 유머(humor) 등 22개의 개념으로 묶어 제시하기도 했다(Braun, 2009).

국내에서는 심재철(2003)이 26가지 뉴스 가치 관련 개념들을 요인 분석해 공정성, 전문성, 탐사성, 흥미성, 다양성, 진실성, 갈등성, 관련성 등의 상위 차원의 개념들을 제시했다. 이종혁 등(2012)과 이종혁(2019)도 뉴스 가치와 관련된 심층 연구를 진행했다. 문헌 고찰과 기자 인터뷰를 통해 뉴스 가치 개념들을 수집하고, 내용 분석을 통해 결과를 요인 분석해 모두 56개의 뉴스 가치 개념을 1차 요인과 2차 요인으로 제시했다. 또한 변화하는 미디어 환경에서 뉴스 가치의 새로운 지평에 대한 탐색적 연구도 진행했다. 그가 제시한 새로운 뉴스 가치 구조 모델에서 2차 요인은 '사회적 중요도(social significance)', '새로운 볼거리(visual novelty)', '수용자 관련성(audience relevance)', '인간적 흥미(human interest)'이며, 중간 단계의 1차 요인으로는 영향성, 저명성, 심층성, 갈등성, 참신성, 활동성, 유용성, 근접성, 오락성, 이야기 등이었다.

3. 미디어 사회학 관점에서 본 뉴스 가치

지금까지 논의된 뉴스 가치는 현장에서 사건의 경중을 가리는 데 적용되는 생산자 위주의 직업적인 기준이라고 할 수 있다. 그러나 뉴스란 그 자체로 생산 체계 밖의 다양한 요인의 영향을 받는 문화적 산물이다. 이러한 뉴스는 사회적 구성물로 기능하며 현실을 창조하고 담론을 생성하며 사회 변화를 이끌어가는 주요 동인이 된다. 뉴스의 사회적 가치란 단순히 그날 일어난 사건 사고를 유통시키는 것 외에 거시적인 담론을 구성하고 우리의 삶에 의미를 부여한다. 이것이 바로 미디어 사회학적 관점에서 뉴스의 전반적인 가치와 의미는 무엇인지, 뉴스 가치에 영향을 미치는 사회적 요인에는 어떤 것이 있는지를 이해해야 하는 이유이기도 하다.

뉴스 가치란 언론 매체에 해당 사건이나 이슈가 선택되어 보도될 가능성을 높이는 것이다. 여기서 '선택되어 보도될 가능성을 높이는' 결정을 하는 사람들은 주로 뉴스 제작 현장에서의 기자와 편집자들이다. 저서 『여론』으로 유명한 언론인 월터 리프먼(Walter Lippmann)은 보도할 만한 가치가 있는 뉴스를 결정하는 것은 소위 엘리트층이어야 하며, '머릿속의 그림'에 의존하는 일반 대중은 무엇이 중요한 뉴스인지 알 수 없다는 견해를 갖고 있었다. 이는 당시 미국 사회의 상황을 고려한 견해이기는 하지만, 뉴스의 사회적 기능에 대해 저널리즘적 관점에서 접근하기보다 사회 계층적으로 접근하고 있음을 알 수 있다.

거시적 관점에서 뉴스를 접근한 사회학자 기틀린(Gitlin, 1980)은 뉴스를 네 가지 접근 방식으로 분류했는데, 사건 중심 접근(event-centered approach), 언론인 중심 접근(journalist-centered approach), 조직 중심 접근(organization-centered approach), 구조 중심 접근(structure-centered approach) 등이다. 첫째, 사건 중심 접근은 사건이 기사를 만든다는 시각으로, 사건의 뉴스 가치 정도가 기사화 여부와 기사 크기를 결정한다는 것이다. 둘째, 언론인 중심 접근은 기자 개인의 게이트키핑과 프레이밍 과정이 부각되는 접근으로, 기자의 주관적 판단, 가치관, 배경 등이 사건을 기사화하는 과정에 중요하게 작용한다는 시각이다. 셋째, 조직 중심 접근은 언론사 조직의 요구와 관행이 기사화 과정에 영향을 미친다는 시각이고, 마지막으로 구조 중심 접근은 사회적·경제적·이데올로기적 요인 등 언론사 외부의 영향력에 초점을 두고 있다.

미디어 사회학자 슈메이커와 리스(Shoemaker and Reese, 1996)는 뉴스 콘텐츠에 영향을 미치는 다섯 가지 요인을 위계적 서열로 접근했다. 가장 하위 영역은 개인이며, 그다음이 관행, 미디어 조직, 사회체제, 사회시스템의 순이었다. 주목할 점은 뉴스 가치를 관행의 영역에 포함시켰다는 점이다. 관행이란 어떤 조직이 일상적으로 별 탈 없이 운영되는 데 도움을 주는 일상적·반복적·습관적 절차로, 출입처 제도, 정보원 관리와 보호, 특종(scoop)과 풀(pool) 기사, 마감 시간(deadline)과 마찬가지로 뉴스가 공급자에게서 소비자에게로 전달되는 과정이 원활하게 돌아가도록 하기 위해 고안한 장치 중 하나라는 것이다. 영향성, 시의성 등의 뉴스 가치 기준 역시 뉴스 공급자가 어떤 소재를 선택해 어떻게 가공할지에 대해 일상적으로 도움을 주는 관행 요인으로 보았다. 기자들 사이에서 대체로 공유되는 이 같은 관행은 저널리즘 실무를 이해하고 체제를 유지시키는 기능을 한다.

슈메이커 등은 뉴스 가치 개념들을 나열하는 데 그치지 않고 이들을 포괄하는 상위 차원의 개념들을 제시하고, 왜 이런 개념들이 주목받는지에 대해 설명하기도 했다. 전통적인 뉴스 보도 가치(newsworthiness)를 일탈성과 사회적 유의미성으로 구분하며 이를 좀 더 이론적으로 접근한 것이 뉴스 가치 모델(newsworthiness model)이다. 이 모델에 따르면, 사회적으로 유의미하고 일탈적인 사건이나 이벤트일수록 신문이나 방송에서 크게 다루어진다. 일탈성은 하위 차원으로 통계적 일탈성(statistical deviance, 자주 발생하지 않는 사건), 사회 변화 일탈성(social change deviance, 기존 사회 질서를 위협하는 사건), 규범적 일탈성(normative deviance, 도덕이나 규범에 어긋나는 사건) 등을 포함한다. 사회적 중요성은 한 사회에서 중요하다고 인식되는 사건에서 발견할 수 있으며, 정치적 중요성, 경제적 중요성, 문화적 중요성, 공공의 중요성 등 네 가지 하위 차원으로 구성된다.

또 다른 미디어 사회학자 게이 터크만(Tuchman, 1978)은 현대 저널리즘을 설명하며 미디어 조직이 공공 이해와 관련된 공적 사안을 중심으로 뉴스의 틀을 짓고 사회 현실을 재구성하는 방식으로 뉴스를 제작한다고 설명한다. 현대저널리즘에서 뉴스 가치 관행이란 뉴스 조직이 설정하는 시공간적 뉴스망(spatio-temporal news net)을 뉴스 제작의 조직화 원리로 저널리즘 영역에 도입함으로써 뉴스의 원천인 사실성의 망(web of factuality)을 구축하고 게이트키핑 과정이 전개될 수 있도록 뉴스 조직을 체계화한 사례에 해당한다는 것이다.

그 밖에도 뉴스 가치를 설명하는 틀은 매우 다양하다. 『정보사회』를 쓴 리처드 솔 워먼(Richard Saul Wurman)은 대부분의 뉴스가 세 가지 범주, 즉 희망(Hope), 부조리(Absurdity), 재앙(Catastroph)으로 나뉜다고 했다. 공공 저널리즘을 주창한 존 메릴(John Merrill)은 뉴스의 가치 평가 기준으로 진실성(truthfulness), 불편부당성(unbiasedness), 공정성(fairness), 완전성(fullness)을 선정한 뒤 이 단어들의 첫 자를 따서 "언론보도는 TUFF해야 한다"라고 주장하기도 했다.

한편 언론의 사회적 기능에 대한 다양한 논의가 전개되면서 뉴스 가치도 새롭게 조명되기 시작했다. 가령 1960년대 미국의 '뉴 저널리즘' 시대에는 주관적 진실을 추구하는 읽을거리 발굴을 통해 인간적 흥미가 새롭게 강조되었고, 1980년대에는 '퍼블릭 저널리즘'이 주창되면서 언론의 공적 사명이 더욱 중요한 가치로 부각되었다. 에트마와 글래서(Ettema and Glasser)는 기존 언론의 기본 원칙인 객관주의 저널리즘이 가진 한계를 극복하는 대안으로 탐사 보도 저널리즘을 강조하면서, 대표적인 탐사 보도 사례 분석을 통해 공표성(publicity), 설명성(accountability), 통합성(solidarity)이라는 뉴스 가치를 새롭게 제시했다. 21세기 들어 미디어 기술의 발달로 수용자의 능동성이 강조되는 상황에 이르자 언론은 각종 정보를 서비스하는 '냉장고 저널리즘', 사회의 문제를 해결하는 '솔루션 저널리즘'으로 수용자와 새로운 관계 맺기에 들어갔다.

4. 기술의 발달이 뉴스 판단 기준도 바꿀까: 소셜 미디어 뉴스의 가치

모바일 혁명에 따른 소셜 미디어가 주요 정보의 유통 채널로 떠오르면서 뉴스도 새로운 영역에서 새로운 가치를 탐색하기 시작한다. 물론 앞서 논의한 각종 뉴스 가치들은 여전히 유효하지만, 변화하는 수용자 지형과 미디어 환경에 맞춰 뉴스도 적응하고 변화해야 했다.

컴퓨터 기술이 주도하는 디지털 멀티미디어 상황에서 온라인 저널리즘은 기존의 오프라인 저널리즘과 다른 양상의 특성을 지닌다. 온라인 저널리즘이 지배받는 환경적 특성은 하이퍼텍스트성(hypertextuality), 상호작용성(interactivity), 비선형성, 멀티미디어성(multimediality), 융합, 맞춤형/개인화 등으로 설명할 수 있다. 듀즈는 이들 특성 중에서 하이퍼텍스트성, 상호작용성, 멀티미디어성을 강조했다(Deuze, 2003). 듀즈에 따르면 온라인 저널리즘의 유형에는 크게 주류 뉴스, 인덱스와 카테고리, 메타와 논평, 공유와 토론 등 네 가지가 있으며, 각기 다른 방식으로 위의 기술적 특성을 조합하거나 이용한다. 그 결과, 뉴스 생산 과정, 뉴스 조직 관리, 저널리즘 문화 측면에서 서로 다른 다양한 성향의 뉴스 사이트가 공생하는 온라인 저널리즘 생태계가 조성된다는 것이다. 이제 지면 제약에서 자유로운 뉴스는 하이퍼텍스트로 뉴스의 깊이를 더할 수 있고, 독자와의 상호작용을 통해 대화형 저널리즘을 구축할 수 있으며, 이 모든 것을 소리와 영상이 협력하는 멀티미디어 형태로 소화할 수 있게 되었다.

소셜 미디어 시대의 뉴스는 앞서 뉴욕타임스가 모토로 여겼던 "인쇄되기에 적합한 것(fit to print)"이 아니라 "클릭하기에 적합한 것(fit to click)"으로 변모했다(Schaudt and Carpenter, 2009). 뉴스는 이제 일방적으로 읽거나 듣는 것이 아니라, 클릭하고, '좋아요'를 누르고, 공유하고, 댓글로 자기 의견을 달 수 있는 소통의 기제가 되었다. 발행 부수나 시청률이 아닌, 트래픽이나 추천 수, 점유율 등 새로운 방식으로 수용자의 관심을 읽어야 하는 언론은 '보도 가치'를 넘어 '공유 가치(shareworthiness)'를 무시할 수 없게 되었다. 뉴스의 공공성도 중요하지만 대중의 흥미를 외면할 수 없는 상황이 된 것이다.

뉴스의 '공유 가치'와 관련해, 페이스북 포스팅 중 공유되는 소식의 특성을 연구한 베드나릭에 따르면 공유되는 소식의 특성은 일치(consonance), 엘리트성(eliteness), 영향성(impact), 개인화(personalization), 근접성(proximity), 우월성(superlativeness), 시의성(timeliness), 의외성(unexpectedness), 부정/긍정(negativity/positivity) 등이었다. 소셜 미디어의 언어 분석을 통해 추출된 이 같은 특성 중에는 '근접성', '시의성', '의외성'과 같이 기존의 뉴스 가치와 유사한 항목도 있었으나, '일치', '개인화', '우월성' 등 소셜 미디어에 부합하는 특성이 새롭게 관찰되었다. 기존의 '저명성'은 '엘리트성'과 '우월성'으로 좀 더 세분화되었다(Bednarek, 2016).

미국, 브라질, 아르헨티나의 소셜 미디어의 '공유 가치'를 탐색한 가르시아 페르도모와 동료들의 연구에 따르면(Garcia-Perdomo et al., 2018) 페이스북과 트위터 포스팅 중 '시의성', '영향성', '갈등성', '인간적 흥미', '의외성', '유용성' 등의 특성을 지닌 소식이 공유되는 경향이 높은 것으로 밝혀졌다. 역시 기존의 뉴스 가치와 상당 부분 부합하는 특성이나 '유용성'과 '인간적 흥미' 항목이 두드러진 것은 주목할 만하다. 또 다른 연구에 따르면 소셜 미디어 뉴스에서 두드러진 뉴스 가치로는 '근접성', '갈등', '인간적 흥미'였고, 공유에 영향을 미치는 요소는 '논란거리', '놀람', '긍정성'으로 나타났다(Al-Rawi, 2017). '놀람'이란 '의외성'과 유사하지만 감정적 요소가 가미된 내용으로, 특히 '부정적 놀람'의 경우 공유 가치가 극대화된다.

이와 같은 온라인 뉴스의 새로운 가치는 허위 정보의 확산에도 영향을 미친다. 사실 가짜 뉴스는 뉴스의 탄생과 함께 늘 존재했으나, 본격적인 사회적 파장이 문제로 대두된 것은 소셜 미디어가 확산되면서부터이다. 가짜 뉴스의 전파력과 관련해 시난 아랄(Sinan Aral)이 이끄는 MIT 연구진은 2018년 10년간의 트위터 연구를 통해 가짜 뉴스의 전파력이 진짜 뉴스보다 6배 강하다는 연구 결과를 발표했다. 이는 사용자들이 뉴스(혹은 가짜 뉴스)의 어떤 속성에 주목해 '공유'했기 때문인데, 연구진은 그 속성을 '놀람'과 '혐오스러움'이라고 분석했다. 사람들은 새롭고 기이하고 비상식적으로 혐오스러운 소식일수록 다른 사람들과 더 공유하는 경향을 보였다는 것이다.

소셜 미디어 수용자의 '공유' 여부가 뉴스 선택과 전파에 중요한 요소로 작용하는 상황에서 수용자들의 뉴스 소비와 관련된 가치관과 행태를 살펴볼 필요가 있다. 그동안에는 뉴스 가치가 언론인에 의해 일방적으로 결정되는 것이 관행이었다면, 소셜 미디어 상황에서는 수용자가 의제 설정 및 뉴스 전파의 중요한 한 축을 담당하고 있기 때문이다. 수용자가 뉴스 행위를 통해 뉴스 개념에까지 직접 영향을 미치며 뉴스 생산자와 소비자 간의 경계가 허물어지는 현상에 주목한 젤라이저(Zelizer, 2004)는 이를 '집단 저널리즘(collaborative journalism)'으로 새롭게 규정하기도 했다.

우선 이용자와 언론인의 뉴스관을 비교한 연구들에 따르면 두 집단 사이에는 공통점과 차이점이 동시에 존재하는 것으로 밝혀졌다. 슈메이커와 코언(Shoemaker and Cohen, 2006)은 10개국의 언론인, 홍보 종사자, 이용자의 뉴스 가치를 비교했는데, 나라별로 언론인들이 갖고 있는 뉴스 가치는 서로 비슷하지만 언론인과 이용자 간에는 상당한 차이가 있음을 발견했다. 글래드니(Gladney, 1996)는 편집자와 독자들이 중시하는 바람직한 뉴스의 속성이나 좋은 신문의 요건을 비교하는 연구를 수행한 결과, 양자가 모두 전통적 가치(진실성, 불편부당, 편집의 독립성, 지역 뉴스 중시, 정확성, 좋은 글쓰기)를 중시하면서도 일부 항목에서는 차이를 보인다는 것을 밝혀냈다. 능동적 이용자로서의 뉴스 소비자는 뉴스의 공공성 못지않게 유용성을 중요하게 여기는데, 여기서 유용한 것의 기준은 자기 자신이 된다. 즉, 자신의 관심사와 취향을 중심으로 뉴스를 큐레이션하려는 경향이 강해지며, 기술은 그러한 이용자의 욕구를 충족시키는 방향으로 진화하고 발전할 것임을 예고한다. 알고리즘 기술이 강화된 미래 저널리즘에서는 뉴스의 개인화가 더욱 심화될 가능성이 있음을 예측하게 하는 대목이다.

5. 다가오는 AI 시대에는 어떤 뉴스가?

소셜 미디어 시대에는 '공유 가치'를 중심으로 진화해 온 뉴스가 AI 시대에는 어떤 양상으로 변화·발전할 것인가? 이 물음에 대한 답을 탐색하기 위해 먼저 AI 시대를 조망할 필요가 있다. AI란 인간의 인지 과정을 모방한 디지털 컴퓨터의 학습, 인지, 지각의 과정을 의미하는 미래 세대 컴퓨터 기술을 뜻하는 개념이다. 기술이 사회 변화를 이끌어왔듯이 인공지능을 중심으로 하는 차세대 컴퓨터 기술도 사회를 전 방위적으로 변화시킬 것으로 예상된다.

여기에서 변화란 법과 관습, 정치와 외교, 제도와 문화 등 모든 것을 포괄한다. 자연히 AI 시대에 대한 논의는 특정 분야를 넘어 사회 시스템 전체, 더 나아가서는 인류의 미래까지 포함하는 광범위한 우려와 예측이 주를 이룬다. 단순히 기술의 변화를 넘어 사회의 근본적인 재편이나 인간성에 대한 철학적 물음을 제기하는 차원으로 확장된, 분야와 장르를 뛰어넘어 하나의 시대를 창출하는 변화(epoch-making transformation)(Kissinger, Schmidt and Huttenlocher, 2021)인 것이다. 따라서 미래 저널리즘을 논의할 때에도 이와 같은 배경에 대한 이해가 전제되어야 할 것이다.

AI의 도움을 받는 미래 저널리즘(AI-enabled journalism)은 정보의 발굴과 가공, 정보 전달 과정에 영향을 미칠 뿐만 아니라 정보를 이용하는 수용자들의 지형까지 획기적으로 변화시킬 것으로 예상된다. 발달된 컴퓨터 기술이 개입된 저널리즘은 정보의 생산과 확산에 있어 더욱 빠르고 풍부하며 정확할 것으로 기대되지만, 가짜 뉴스로 인한 폐해도 예상된다. 무엇보다 뉴스 개인화가 심화되며 공적 영역을 약화시켜 근대 저널리즘의 근본 기능인 민주주의를 위협할 가능성도 있다. 가능성과 위기가 동시에 존재하는 것이다.

우선 가능성의 영역에서 최근 관심이 높아지고 있는 생성형 AI 기술인 챗GPT는 언어를 기반으로 한 저널리즘에 적용되어 활용될 수 있는 범위와 잠재력이 매우 높다. 챗GPT는 대규모 언어 모델을 학습해 어떤 단어가 주어지면 확률에 기반한 문장을 완성하는 대화형 언어 모델로서, 다양한 콘텐츠 제작에 활용될 수 있기 때문이다. 가령 AI는 빠른 시간에 방대한 양의 텍스트를 요약할 수 있고, 주어진 질문에 답할 수 있으며, 제목을 생성하고 다른 언어의 기사를 번역하고 정보를 맥락화해서 제공할 수 있다. 자동화된 뉴스 생산, 뉴스 큐레이션, 팩트체크로 이어지는 정보의 생성과 유통이 획기적으로 용이해지며 저널리즘의 효율성을 제고한다는 장점이 있다. 기존의 검색 엔진보다 훨씬 유능하고 빨라진 서비스를 이용하는 사람들은 뉴스도 AI 알고리즘이 제시하는 대로 소비할 가능성이 높다.

그러나 언론사가 편집한 것이 아닌, 인공지능의 알고리즘이 프레이밍하는 저널리즘은 그에 따르는 위험도 함께 안고 있다. 우선 뉴스 산업을 재편해 전통적인 기자 직군을 위협할 수 있다. 마이크로소프트는 2020년 5월에 이미 기자와 편집자 50명을 해고했으며, 마이크로소프트 뉴스·MSN웹사이트(Microsoft News and MSN websites)라는 새로운 뉴스 큐레이션 서비스를 시작해 흥미로운 기사와 트렌드를 AI가 찾아내 보도하도록 했다. 데이터 스토리텔링 회사인 '내러티브 사이언스'의 공동 창립자이자 컴퓨터 공학 교수인 크리스티안 해먼드는 이미 10년 전에 2027년 무렵까지 뉴스 기사의 90%를 컴퓨터가 쓸 것이라고 내다보았다. 기자 직군은 위축되고 온라인 콘텐츠의 상당 부분을 컴퓨터가 작성할 것이라는 예상이다.

또한 AI 기반의 저널리즘은 공통된 뉴스 가치에 기반하기보다 개인화된 뉴스 서비스로 진화할 가능성이 있으며, 그 경우 잘못된 정보와 프라이버시 침해 문제, 편향성을 강화하고 극대화하는 문제로 이어질 수 있다. 페이스북 뉴스의 경우 사용자가 방문한 페이지를 기반으로 가장 흥미 있는 뉴스를 알고리즘이 제시하도록 프로그램했으며, 미국의 일간신문 ≪보스턴 글로브≫도 정보 수집을 위해 고객 데이터를 활용하는 등 고객 정보를 활용한 저널리즘의 변화는 더 이상 새로운 이슈가 아니다. 개인화된 뉴스 서비스는 개인의 차이를 반영해서 뉴스를 선택하고 거르고 편집해 별도 내용을 구성해서 일종의 맞춤형 뉴스 패키지로 제공하는 인터페이스 형태로 진화할 것이다. ≪뉴욕타임스≫의 모바일 앱 서비스는 "당신을 위해(For you)"라는 섹션을 홈페이지에 따로 마련해 개인 서비스를 제공한다. 이러한 뉴스 서비스는 이용자의 참여와 주의를 최대한 끌기 위해 이용자의 요구와 전통적인 뉴스 편집 사이에서 타협점을 모색할 것이고, 이용자들의 필요나 요구를 우선적으로 충족시키기 위해 노력할 것이다.

뉴스 가치보다 개인의 선호도나 요구를 파악해 서비스하는 이와 같은 움직임은 언론과 미디어의 사회적 기능이나 공적 역할보다 뉴스의 상업적 가치에 초점을 맞추는 흐름으로 이어질 가능성이 높다. 기술철학자 마크 코켈버그는 인공지능이 정치와 권력의 측면에서 중립적이지 않다는 것을 문제점으로 지적했으며, 알고리즘에 의한 자동 추천 시스템이 이미 우리의 행동을 조종하고 자율성을 기만하고 있다고 보았다. 또한 그는 전제주의의 근원으로서의 AI가 민주주의에 위협이 되고 있으며, 이런 문제들이 시급하게 공론화되어야 한다고 지적했다(코켈버그, 2023). 결과적으로 저널리즘의 고유 자산인 정확성과 공공성, 취재 윤리 등이 약화되고, 특히 저널리즘의 TUFF 원칙, 즉 진실성, 비편향성, 충실성, 공정성이 위협받을 것으로 우려된다. 무엇보다 딥페이크와 관련된 생성형 AI 가짜 뉴스에 대해서는 아직까지 이렇다 할 대책조차 나오지 않고 있는 실정이다.

소셜 미디어 시대에는 뉴스의 '공유 가치'가 새로이 추가되었다면, AI 시대에는 뉴스의 '개인성'이 화두로 떠올라 새로운 문제군을 양산할 것이다. 경영 효율화와 언론 산업의 위축은 동전의 양면처럼 함께 진화하며 새로운 형태의 언론 기관을 만들어낼지도 모른다. 뉴스가 사회적 대화의 산물이며 공동체를 유지하는 조건이라는 점을 상기하면 "무엇이 뉴스인가?"라는 물음은 여전히 유효하고 중요하다. 따라서 기존의 뉴스 가치에 대한 고전적인 물음에 덧붙여 "무엇을 위한, 누구를 위한 정보인가?"라는 물음을 통해 시민의 자유와 민주주의를 수호하는 저널리즘의 가치를 회복하기 위해 노력해야 할 것이다. 또한 머신러닝, 딥러닝, 신경망 등 인공지능의 기술적 혁신에 사회적 윤리와 공적 의식을 바탕으로 한 알고리즘이 작용하도록 인간의 개입이 필요할 것이다.

『저널리즘의 기본 원칙』을 쓴 코바치와 로젠스틸은 뉴스에 대한 인간의 관심에 대해 자신을 외부환경으로부터 보호하기 위한 '알려는 본능(awareness instinct)'으로 해석했다(Kovach and Rosenstiel, 2007). 본능이라는 말 그대로 뉴스 가치의 판단 기준도 AI 시대라고 해서 크게 달라지지는 않을 것이다. 다만 뉴스의 지나친 파편화와 개인화에 따른 공동체의 와해를 우려하면서 민주주의를 회복하기 위한 의식적인 노력을 기울여야 할 것이다. 이것은 AI가 발굴하고 작성하기 어려운 탐사 저널리즘이나 장문의 심층 보도와 같은 정통 저널리즘의 사회적 역할이 여전히 요구되는 이유이기도 하다.

참고문헌

심재철. 2003.「디지털 미디어 시대의 뉴스가치에 관한 소론」. ≪방송연구≫, 여름호 33~60쪽.

이종혁. 2019.「뉴스가치의 개념, 유형, 작동기제 및 규범에 대한 종합고찰: 뉴스가치 통합모델의 제안」. ≪방송문화연구≫, 3권, 1호, 7~45쪽.

이종혁 외. 2012.「뉴스 가치(News value) 관련 개념에 대한 구조적 분석: 2차 요인분석(second-order factor analysis)을 통한 뉴스가치 모델 도출」. 한국언론학회 가을철 정기학회 발표논문.

코켈버그, 마크(Mark Coeckelbergh). 2023.『인공지능은 왜 정치적일 수밖에 없는가』. 배현석 옮김. 생각이음.

Al-Rawi, A. 2017. "News Values on Social Media: News organization's facebook use." *Journalism*, Vol.18, No.7, pp.871~889.

Bednarek, M. 2016. "Investigating evaluation and news values in news items that are shared through social media." *Corpora*, Vol.11, pp.227~257.

Braun, J. A. 2009. "Rehasing the gate: news values, non-news spaces, and the future of gatekeeping." Unpublished thesis, Cornell University.

Deuze, M. 2003. "The web and its journalisms: considering the consequences of different types of newsmedia online." *New Media & Society*, Vol.5, No.2, pp.203~233.

Galtung, J. and M. H. Ruge. 1965. "The structure of foreign news." *Journal of Peace Research*, Vol.2, pp.64~91.

Garcia-Perdomo, V., S. R. Salaverria, D. Kilgo and S. Harlow. 2018. "To share or not to share: The influence of news values and topics on popular social media content in the United States, Brazil, and Argentina." *Journalism Studies*, Vol.19, No.8, pp.1180~1201.

Gitlin, T. 1980. *The Whole World Is Watching: Mass Media in the Making and Unmaking of the New Left*. University of California Press.

Gladney, G. 1996. "How editors and readers rank and rate the importance of eighteen traditional standards of newspaper excellence." *Journalism & Mass Communication Quarterly*, Vol.73, No.2, pp.319~331.

Harcup T. and D. O'Neill. 2017. "What is News." *Journalism Studies*, Vol.18, No.12, pp.1470~1488.

Kissinger, H., E. Schmidt and D. Huttenlocher. 2021. *The Age of AI And Our Human Future*. Hachette Book Group.

Kovach, B. and T. Rosenstiel. 2007. *The Elements of Journalism*. Three Rivers Press.

Schaudt, S. and S. Carpenter. 2009. "The News That's Fit to Click: An Analysis of Online News Values and Preferences Present in the Most-viewed Stories on azcentral.com." *Southwestern Mass Communication Journal*, Vol.24, No.2, pp.17~26.

Shoemaker, P. J. and A. A. Cohen. 2006. *News Around the World: Content, Practitioners, and the Public*. Routledge.

Shoemaker, P. J. and S. D. Reese. 1996. *Mediating the Message: Theories of Influences on Mass Media Content*. Longman.

Tuchman, G. 1978. *Making News: A Study in the Construction of Reality*. The Free Press.

Zelizer, B. 2004. *Taking Journalism Seriously: News and the Academy*. Sage.

제8장

디지털 소셜 네트워크 시대의 뉴스 생산 및 유통

홍주현

1. 새로운 기술의 등장과 뉴스 소비자에게로 힘의 이동

1) 검색 중심의 뉴스 이용

한국언론진흥재단의 「2021 소셜 미디어 이용자 조사」 결과에 따르면, 이용자의 70.1%가 "정보와 뉴스를 얻기 위해서" 소셜 미디어를 이용한다고 응답했다. 이용자들은 소셜 미디어 중에서 '뉴스를 많이 접촉한 매체'로 유튜브를 꼽았다. 물론 여전히 텔레비전이 사회 여론에 큰 영향을 미치는 매체이지만, 소셜 미디어도 인터넷 포털에 이어 영향력 3위를 차지했다(한국언론진흥재단, 2021). 이 조사 결과는 뉴스의 생산과 확산 과정에서 소셜 미디어 중심으로 미디어가 재편된 현상을 보여준다.

인터넷과 소셜 미디어가 등장하면서 이용자들의 뉴스 소비 방식도 변화했다. 이용자들은 관심 있는 이슈를 검색한 후 뉴스를 이용한다. 나

그림 8-1 **디지털 생태계에서 미디어 플랫폼의 확장과 신수용자의 참여**

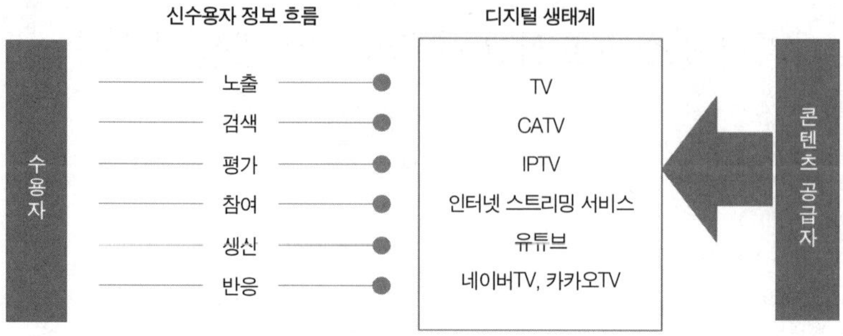

자료: 홍주현(2018: 255).

폴리(2013)는 인터넷이 등장하면서 수용자가 미디어에서 제공하는 콘텐츠를 소비하는 방식이 변화했다면서 능동적으로 정보를 찾는 수용자를 '신수용자'로 명명했다. 신수용자는 검색 활동을 통해 자신의 욕구와 흥미를 드러내고, 온라인 콘텐츠에 대한 평가 및 추천 시스템을 이용하며 다양한 반응을 쏟아낸다. 여러 플랫폼을 통해 콘텐츠를 접한 수용자들은 콘텐츠를 평가하고 콘텐츠 제작에 참여하거나 직접 생산하기도 한다(〈그림 8-1〉 참조).

나폴리는 과거에는 시청률이 수용자의 반응을 보여주는 핵심 지표였지만 미디어 기술이 진화하면서 수용자 반응을 측정할 수 있는 다양한 기법이 나왔다고 말한다. 인터넷이나 OTT(Over The Top) 서비스를 통해 콘텐츠가 제공되고 소비되면서 제작자가 수용자들의 반응을 수집할 수 있게 된 것이다. 이제 시청률 외에 OTT를 통한 콘텐츠 이용량과 콘텐츠에 대한 온라인에서의 반응을 측정할 수 있다. 온라인에서의 반응은 홈페이지 방문자 수나 콘텐츠에 대한 댓글, 온라인에서의 보도량, 콘텐츠에 대한 평가 등 다양한 방식으로 나타난다. 나폴리는 미디어 산업적인 측면에서 이와 같은 다양한 수용자 데이터를 활용해 광고를 집행하거나 프로그램을 제작할 가능성이 커졌다고 본다.

뉴스 이용 전 검색, 뉴스·콘텐츠 평가, 뉴스 제작 참여 및 직접 생산, 뉴스·콘텐츠에 대한 반응 등 신수용자의 활동은 뉴스 생산자에게 집중되었던 힘이 수용자에게로 이동하고 있음을 보여준다. 수용자들이 인터넷과 소셜 미디어 플랫폼을 통해 뉴스를 소비하게 되면서 뉴스 생산자가 수용자와 직접 만나는 것, 즉 유통이 중요해졌다. TV 수상기나 종이 신문이 아닌 유튜브, 페이스북, 트위터 같은 소셜 미디어나 인터넷 포털을 통해 뉴스를 소비하는 현실을 고려해 언론사들은 수용자에게 뉴스를 직접 전달할 방법을 고심하게 되었다.

2) 뉴스 생산자보다 메시지에 주목

오늘날 뉴스 이용자들은 관심 있는 사안을 소셜 미디어에서 검색한 후 배열된 뉴스 중에서 읽고 싶은 뉴스를 선택한다. 원하는 채널을 먼저 선택하고, 채널에서 제공하는 뉴스를 이용하는 과거의 방식과 다르다. 〈그림 8-2〉에서 왼쪽 사진은 네이버 앱에서 뉴스를 검색했을 때 나타난 첫 화면을 캡처한 것이다. 네이버 앱에서 '김정은 사망설'을 입력하고, 관련도순으로 뉴스를 선택했더니 일요시사, 팬 앤 마이크, 톱스타 뉴스 등 시사주간지와 인터넷 매체가 상위에 배열되었다. 지상파나 종편, 종이 신문 같은 주류 언론은 상위에 배열되지 않았다. 오른쪽의 유튜브 검색 화면을 보면 네이버 검색 화면과는 다르다. 유튜브 검색 창에서 '김정은 사망설'을 입력하면 비디오머그, 뉴스타파, 채널A 콘텐츠가 배열

그림 8-2 **'김정은 사망설' 검색 후 첫 화면: 네이버 앱(왼쪽)과 유튜브(오른쪽)**

된다. 비디오머그는 SBS 뉴스에서 운영하는 소셜 미디어 채널로 다양한 스토리와 뉴스를 전달한다. 뉴스타파는 인터넷 탐사 언론이고, 채널A는 종합편성채널이다. 네이버 앱과 달리 스마트폰의 유튜브 첫 화면에는 주류 언론이 등장했다.

이러한 결과는 유튜브의 추천 알고리즘과 연관이 있는 것으로 짐작된다(오세욱·송해엽, 2019). 유튜브에서는 검색어를 입력하면 추천 알고리즘에 의해 동영상이 배열된다. 유튜브 추천 동영상을 분석한 연구에 따르면,[1] 정치적 키워드를 입력했을 때 유튜브 알고리즘은 전통적인 언론사를 선호하는 현상을 볼 수 있었다. 신문보다 방송사 영상을 추천했고, 제목이 길거나 추천 키워드가 많을수록 녹화 영상보다 생중계 영상을 추천했다. 그리고 특정 기간에 쟁점화된 이슈와 관련된 동영상을 집중적으로 추천하는 것으로 나타났다(오세욱·송해엽, 2019).

소셜 미디어는 뉴스가 확산하고 수용자들이 다양한 반응을 표출하는 플랫폼 역할을 한다. 뉴스 생산자와 수용자를 직접 연결하고 뉴스 생산자와 수용자 간에, 수용자와 수용자 간에 즉각적인 상호작용을 가능하게 한 것이 바로 디지털 소셜 네트워크이다(아랄, 2022). 인터넷과 마찬가지로 소셜 미디어에서 수용자들의 관심은 다양한 방식으로 표출되며, 수집한 수용자 데이터는 미디어 산업 측면에서 유용한 자료로 활용된다.

한편, 뉴스 생산자들이 주목을 받을수록 경제적 이익을 얻는 소셜 미디어의 보상 구조는 뉴스 생산자를 속보 경쟁에 뛰어들게 한다(아랄, 2022). 속보 경쟁은 다른 언론사보다 먼저 뉴스를 올려야 한다는 압박감에 사실 확인을 소홀히 할 수 있다는 문제를 초래하지만, 기자들이 긴장감 속에서 사건을 취재하고 보도하도록 한다는 측면에서 긍정적인 역할도 한다. 속보 경쟁으로 인해 전통 매체는 트래픽을 늘리려고 방송이나 신문에 보도되지 않은, 인터넷에 적합한 뉴스를 계속 생산한다. 소셜 미디어에 공존하는 다양한 뉴스 생산자들은 매체 간 경쟁 상황에서 수용자의 주목을 받기 위해 자극적이고 감정적인 표현을 사용해서 헤드라인을 작성하는 경향이 있다.

---

1 오세욱과 송해엽은 유튜브에서 특정 단어를 입력한 후 제시된 결과 중 상위 5개 영상을 출발 영상으로 하고, 이들 영상을 재생할 때 관련된 동영상 목록을 수집했다.

3) 디지털 소셜 네트워크를 통한 뉴스의 확산

오늘날 뉴스 이용자들은 전 세계가 하나로 연결된 디지털 소셜 네트워크 시대에 살고 있다. 스마트폰은 인터넷 중심의 커뮤니케이션에 많은 변화를 가져왔다. 치밀하게 연결된 네트워크를 통해 이슈가 순식간에 확산한다는 점에서 '폭발성'이 크고, 어디든지 갖고 다닐 수 있다는 점에서 '이동성(mobility)'이 높다는 장점이 있다. 이용자들이 원할 때 어디서든 정보에 접근할 수 있다는 점에서 '정보 접근성'도 높다. 디지털 네트워크를 기반으로 촘촘하게 연결된 개인들은 소셜 미디어에서 정보를 이용하고, 정보에 대한 다양한 반응[2]을 쏟아낸다. 이용자들은 유튜브, 페이스북 등 소셜 미디어에서 정보를 접하고, 좋아요/싫어요, 추천, 공유, 댓글과 같은 표현을 한다. 개인들이 표출한 다양한 반응은 소셜 미디어의 정보 생산자에게 즉각적으로 전달된다. 개인들은 네트워크를 통해 생각과 행동을 공유한다(아랄, 2022).

종이 신문 구독자가 감소하고 홈페이지 방문자가 증가하지 않는 상황에서 주류 언론은 소비자와 직접 맞닿을 방안을 고심하고 있다. 단순히 방송 영상을 편집해서 유튜브에 올리는 것이 아니라 유튜브에 적합한 콘텐츠를 전달하기 위해 노력한다. SBS는 뉴스 생산 및 소비 환경의 변화에 가장 민감하게 반응한 매체이다. 2015년 1월부터 유튜브에서 스브스 뉴스 채널을 운영하고 있으며, 2023년 7월 15일 현재 883만 명의 구독자를 보유하고 있다. MBC는 2018년 6월부터 14F(일사에프) 채널을

---

2 아랄(2022)은 이와 같은 수용자들의 다양한 반응을 '디지털 사회적 신호'로 보았다.

운영 중이고, 구독자는 177만 명이다. YTN은 2019년 9월부터 정규 방송 코너인 〈돌발영상〉과 정치 뉴스를 다루는 유튜브 채널 돌았저를 운영 중이다(구독자 733만 명).

2. 소셜 미디어의 다양한 뉴스 생산자: 개인, 인터넷 매체, 주류 언론

누구나 정보를 생산할 수 있는 소셜 미디어에는 다양한 잠재적 뉴스 생산자가 존재한다. 소셜 미디어의 뉴스 생산자를 듀즈(Deuze, 2003)의 분류를 기준으로 살펴보았다. 듀즈는 개방적 뉴스 생산 시스템인지, 폐쇄적 뉴스 생산 시스템인지와 같은 편집 시스템의 특성을 기준으로, 그리고 의사결정이 편집자에게 집중되어 있는지, 일반 공중과의 상호작용성에 집중되어 있는지를 기준으로 온라인 매체를 유형화했다. 그 결과, 폐쇄적인 편집 시스템을 갖추고 편집자에게 집중된 '주류 뉴스 사이트', 이 두 요소가 높으나 주류 뉴스 사이트보다는 낮은 '인덱스와 범주 사이트', 편집 시스템이 약하고 참여적 커뮤니케이션 요소가 약간 높고 공중과의 커뮤니케이션을 중시하는 '메타·코멘트 사이트', 개방적 시스템으로 이루어지고 공중과의 연결성이 높은 '공유·토론 사이트'로 구분했다.

이를 참고로 뉴스 생산 과정에 전문적인 편집 시스템을 갖춘 조직이 관여하는지와 전문 기자 외에 일반 개인이 뉴스 생산에 참여할 여지가 있는지를 기준으로 소셜 미디어의 뉴스 생산자를 분류해 보았다. 먼저, 조직의 뉴스 가치를 기준으로 아이템을 선택하고 게이트키핑을 거쳐 뉴스를 생산하는 주류 언론이 있다. 주류 언론은 일반 개인이 뉴스 생산에 참여할 여지가 거의 없다. 물론, 뉴스를 제작할 때 개인들이 아이템을

표 8-1 **유튜브의 뉴스 생산자 분류**

뉴스 생산 과정		개인의 뉴스 생산 참여		
		낮음	중간	높음
전문적인 편집 시스템	높음	주류 언론		
	중간		인터넷 매체	
	낮음			개인 채널

자료: 홍주현(2023: 94), 〈표 1〉 참조.

제보하거나 기자의 블로그에 아이템에 대한 의견을 제시하는 식의 상호작용을 할 수는 있으나 개인이 기사를 쓰지는 않는다.

인터넷 매체는 게이트키핑을 거쳐 뉴스를 생산하지만 주류 언론만큼 엄격한 편집 시스템이 작동하지는 않는다. 주류 언론과 달리 5인 이상의 인원만 갖추면 인터넷 매체로 등록할 수 있으므로 미디어 조직의 규모도 주류 언론에 비해 작다. 일반 개인들은 시민 기자로 뉴스 생산 과정에 참여한다. 허핑턴 포스트처럼 블로거를 기자로 참여시키는 매체도 있다. 전문 기자와 개인이 뉴스 생산에 참여할 수 있다는 점에서 인터넷 매체를 '중간'으로 보았다.

개인 채널은 1인 매체로서 전문적인 편집 시스템을 갖추지 않고, 전문 기자 없이 일반 개인이 뉴스를 생산한다. 유튜브에서 영향력이 있는 개인의 직업은 전직 언론인, 변호사, 의사, 교수 등 전문직이 많으며, 시사평론가, 정치인, 전직 공무원 등으로 매우 다양하다(여론집중도조사위원회, 2020; 홍주현·조인숙·이종임, 2022).

이같이 뉴스 생산자가 다양한 소셜 미디어에서는 사실만 다루는 것이 아니라 오보, 허위 정보, 악의적 정보 등 메시지의 질을 담보하기 어려운 여러 정보도 확산되고 공유된다. 정보는 사물이나 상황에 대한 사실을 담고 있는 것이고, 오보는 사실이 아닌, 틀린 정보이다. 반면, 허위 정보는 오보와 달리 사실을 의도적으로 조작한 것이다. 오보는 의도성이나 조작성이 없지만, 허위 정보는 다른 사람에게 피해를 줄 목적으로 조작한 것이다. 악의적 정보(malinformation)는 허위 정보처럼 의도와 조작, 남을 기만하려는 악의성이 더 강하다(UNESCO, 2018).

매스미디어 중심의 의제 설정 과정에서는 전문 기자에 의해 걸러진 뉴스가 제공되는 반면, 누구나 뉴스를 생산할 수 있는 소셜 미디어에서는 가짜 뉴스나 허위 정보, 루머가 제재를 받지 않고 먼저 확산한다. 그렇다면 언론은 허위 정보가 확산하는 과정에서 어떤 역할을 할까? '청담동 술자리' 의혹이 유튜브에서 확산하는 과정을 네트워크 분석한 연구에 따르면, 주류 언론은 의혹을 알리는 '전달자' 역할에 그쳤다. 의혹이 사실인지 검증하는 팩트체커 역할을 해야 할 언론이 여러 매체와 경쟁 관계에 내몰리면서 의혹을 전달하기에 급급했다(홍주현, 2023). '고성산불'과 관련된 허위 정보가 확산하는 과정[3]에서도 언론은 '전달자' 역할에 머물렀다(김춘식·홍주현, 2020). 이 과정에서 인터넷 매체와 개인 매체는 자극적인 헤드라인을 통해 조회 수를 높이는 전략을 선택했다. 이들 매체는 의혹의 진위와 관계없이 허위 정보를 자신의 정치 성향과 반대편인 진영을 공격하는 소재로 활용했다.

---

3 2020년 당시 조원진 의원은 국회에서 "고성에서 산불이 발생했을 때 문재인 대통령이 술을 마셨다"라고 주장해 논란이 되었다.

3. AI의 등장과 허위 정보의 생산 및 확산

우리는 소셜 미디어를 통해 거짓 정보가 순식간에 확산하기 쉬운 사회에 살고 있다. 2009년에서 2017년 사이에 트위터에서 진짜 뉴스와 가짜 뉴스가 어떻게 확산했는지 분석한 결과를 보면, 미국 대통령 선거 기간인 2012년과 2016년에 잘못된 정치 관련 뉴스가 급격하게 증가해 가짜 뉴스 확산과 정치가 밀접한 연관성이 있음을 확인할 수 있다(아랄, 2022).

그렇다면 누가 허위 정보를 만들까? 2023년 5월 페이스북과 트위터에 미국 국방부 인근 폭발 사진이 올라왔다. 이 사진을 러시아 관영 매체인 RT가 트위터에서 리트윗했고, 인도 TV 방송국인 리퍼블릭TV는 러시아 관영 매체의 트윗을 인용하면서 속보로 보도했다. 여기에 블룸버그 피드라는 가짜 뉴스 계정이 이 내용을 공유했고, 제로해지라는 금융 뉴스 계정이 이 소식을 공유했다(〈그림 8-3〉 참조). 이러한 여파로 미국 증시는 개장 직후 0.3% 하락했다. 국방부 대변인은 AFP 통신에 오보라고 밝혔고, 경찰서와 소방서도 폭발이 없었음을 확인했다.

국방부 인근 폭발 사진은 사람이 아닌 생성형 AI가 만든 가짜 사진이었다. 마이크로소프트가 2022년 12월 1일 공개한 오픈AI의 챗GPT는 대화하는 인공지능 챗봇이다. 메신저에 질문을 입력하면 5초 이내에 답을 내놓는다. 챗GPT는 점점 진화해 이용자가 원하는 이미지를 합성할 수도 있다. 1980년대 냉전 시대에는 정치적으로 반대에 있는 편에게 해를 가하기 위해 정보기관이 허위 정보를 만들었는데, 현재는 고도로 학습된 인공지능이 허위 정보를 생산하는 데 일조한다. 이보다 앞서 AI 기술을 활용해 만든 가짜 영상도 있다. 바로 딥페이크(deepfake)로, 딥페이

그림 8-3 **생성형 AI가 만든 미국 국방부 인근 폭발 사진의 확산 과정**

자료: 뉴스 화면을 캡처해서 구성.

크는 머신러닝을 의미하는 딥러닝(deep learning)과 가짜를 의미하는 페이크(fake)의 합성어이다. 점점 진화하는 이미지 생성 기술은 진짜와 가짜를 구분하기 어렵게 만든다. 온라인에서 급속하게 확산한 트럼프 대통령이 죄수복을 입고 감옥에 있는 사진, 트럼프 대통령이 경찰에 연행되는 사진은 조작된 것으로 밝혀졌으나, 개인들이 이런 딥페이크 영상이나 사진의 진위를 파악하기는 어렵다.

인공지능의 등장으로 허위 정보가 진짜처럼 여겨지고 확산하는 환경에서 언론은 어떤 역할을 하는가? 가짜 뉴스의 확산을 막는 데에는 언론의 팩트체크가 중요한데, 실상 언론은 개인 채널, 인터넷 매체와의 속보 경쟁에서 살아남기 위해 가짜 뉴스의 전달자 역할에 머물고 있지는 않은지 돌아봐야 한다. 2020년 북한의 김정은이 텔레비전에서 사라진 기간에 불거진 '김정은 사망설'이 신뢰를 얻는 데에는 권위 있는 언론이 결정적인 역할을 했다. '김정은 사망설'을 처음 보도한 곳은 북한 전문 인터넷 매체인 데일리NK였다. 이 매체는 "김정은의 건강에 이상이 생긴 것 같다"라고 보도했으나 당시 큰 주목을 받지 못했다. 이 내용을 한국의 다른 언론이 "김정은이 수술을 받았는데 위중하다"라고 보도하면서 김정은 사망설에 힘을 실었다. 김정은 사망설은 급기야 CNN의 보도로 인해 사실로 굳어졌다. CNN이 미국 고위 관리의 말을 인용하면서 사망설에 무게가 실렸다. 유수의 언론이 보도하면서 정보의 신뢰도가 커진 것이다. 이같이 허위 정보가 언론 보도를 통해 신뢰를 얻게 되는 것은 심각한 문제가 아닐 수 없다.

4. 챗GPT와 저널리즘 관련 쟁점

소셜 미디어가 발전하고 AI 같은 새로운 기술이 등장하면서 뉴스의 생산과 소비가 이전과는 다르게 변화했다. 소셜 네트워크를 통해 많은 정보가 공유되는 상황에서 가짜 뉴스가 확산하기 쉬운 환경이 조성되었고, 저널리스트는 AI가 생성한 뉴스와 경쟁하는 상황에 내몰렸다. 챗GPT가 인간보다 빠르게, 완성도 높은, 수요자 맞춤형 콘텐츠를 생성하게 되었기 때문이다. 이로 인해 챗GPT가 등장한 이후 인간은 일자리를 빼앗길지도 모른다는 우려가 커졌다.

챗GPT가 기자를 대신할 수 있을까? 챗GPT를 이용해 기사를 작성해 보았다. 기사를 작성할 때 오세욱(2023)이 제안한 챗GPT를 활용한 기사 쓰기 자료를 참고했다. 먼저, 후쿠시마 오염수 방류와 관련한 ≪조선일보≫(신동흔, 2023.7.7)와 ≪경향신문≫(김상범, 2023.7.7)의 기사를 제시하고, 기사 내용을 통합해 새로운 기사를 400글자 정도로 작성해 달라고 요구했다.[4] 아래 기사는 챗GPT가 작성한 '후쿠시마 오염수 방류' 관

4 위 두 기사 내용을 통합해서 한글 기준 400글자 정도로 새로운 기사를 작성해 주세요.

런 기사로 챗GPT는 질문과 동시에 이용자가 원하는 기사를 작성했다.

제목: 후쿠시마 오염수 방류 논란, 과학자들의 입장 대립

일본 후쿠시마 제1원자력발전소에서의 오염수 방류 계획이 논란이 되고 있는 가운데, 방송사들은 오염수 방류에 대해 반대하는 과학자들을 섭외하기 어려움을 겪고 있습니다. 이와 관련해 조선일보의 기사에 따르면, 서균렬 서울대 원자력공학과 명예교수와 같이 오염수 방류에 대해 우려를 표명하는 전문가들의 입장이 쉽게 찾아지지 않아서 시민단체를 주로 섭외하고 있다는 것입니다.

한편, 경향신문의 기사에 따르면, 한국원자력안전기술원(KINS) 내 검토팀은 일본이 오염수 방출에 앞서 측정해야 할 핵종을 살펴본 결과, 오염수 내 측정해야 할 핵종이 정확하게 선정되어 있으며, 오염수 처리 시설인 알프스는 적절한 정화 능력을 가지고 있음을 확인했습니다. 또한 삼중수소의 희석 가능성을 감안해 오염수 방류 후의 해양 영향이 미미하다고 주장했습니다.

이러한 입장 대립은 과학자들의 의견 차이와 관련이 있습니다. 이전에는 서균렬 교수가 오염수 방류에 반대하는 입장을 표명했지만, 후쿠시마 원전 사고 이후 그의 입장이 변하면서 방송사들은 반대 의견을 표명하는 과학자를 찾기 어려워지고 있습니다. 이에 방송사들은 환경운동을 주도하는 시민단체를 섭외하는 경향을 보이고 있습니다.

이번 후쿠시마 오염수 방류 논란을 다루는 방송 프로그램에서는 백원필 원자력연구원 책임연구원과 반(反)원전 시민단체 '원자력안전과미래' 이정윤 대표 등이 출연할 예정입니다. 그러나 오염수 방류에 대해 긍정적인 의견을 표명하는 과학자들은 쉽게 찾을 수 있다는 지적도 있습니다.

이번 논란은 과학자들의 입장 대립을 보여주는 사례로, 방송사들은 과학자를 섭외할 때 위험성을 주장하는 의견과 대립하는 의견을 둘 다 다루는 것이 중요하다고 말하고 있습니다. 이에 따라 방송사들은 이번 오염수 방류 논란을 여야의 주장이 대립하는 '논쟁'의 문제로 다루고 있습니다.

이 밖에 챗GPT는 보도자료를 기사로 작성하고, 주제나 대상에 대해 긍정적 논조나 부정적 논조로 기사를 작성하기도 하며, 특정 인물의 인터뷰 중심으로 기사를 작성하는 등 자유자재로 뉴스를 생산했다. 인공지능 기자에 이어 생성형 AI인 챗GPT가 작성한 뉴스까지 등장하는, 저널리즘 환경이 급격히 변화하는 오늘날의 상황에서 저널리즘의 역할을 제고하는 것은 시급하고도 중요하다.

그렇다면 챗GPT를 활용해서 기사를 작성할 때 제기되는 쟁점을 살펴보자. 첫째, 기사를 작성해 달라고 요청한 후 챗GPT는 불과 몇 초 만에 기사를 작성했다. 기자가 기사를 작성할 때 적게는 몇 시간에서 탐사 보도의 경우 몇 달이 걸리는 점을 고려한다면 이는 매우 놀라운 일이다. 요구한 대로 정확하게 기사를 작성한다는 점에서 챗GPT와 차별화된 기자의 역할을 고민해야 한다. 자료를 정리하는 수준을 넘어선 인간의 통찰력, 창의력, 상상력이 요구된다.

둘째, 챗GPT는 여러 매체의 기사를 학습해 결과를 도출한다는 점에서 저작권 문제를 초래할 수 있다. 이미 세계 각국은 저작권을 포함해 AI 관련 정책과 규제에 대한 논의를 시작했다. 언론사들은 챗GPT가 자사의 기사를 활용해 머신러닝을 하고 대화하는 것에 대해 저작권을 요구하고 있다. 2023년 2월 CNN과 월스트리트저널은 자사 기사를 챗GPT 훈련을 위해 사용하는 것에 대해 문제를 제기하고 "법적 대응을 검토하겠다"라고 밝혔다. 인공지능이 등장하면서 저작권 논의가 불붙은 것이다. 조연하(2023)는 법적 관점에서 볼 때 인공지능의 학습 데이터가 저작권법의 보호 대상인 편집저작물이나 데이터베이스에 해당한다면 이를 이용하기 위해서는 원저작자의 허락이 필요하다고 했다. 일반적으로 신문이나 방송 보도는 수업 시간에 인용하는 등 공익 목적이 강하거나 사적 이익을 취하기 위해 사용하는 것이 아니라면 저작권을 주장하지 않는다. 그러나 신문 기사를 이용한 머신러닝과 이를 기반으로 도출한 결과물과 관련해 저작권이 누구에게 있는지, 저작권을 인정할 것인지 등은 해결해야 할 문제이다. 특정 언론사에 저작권이 있는 자료를 활용할 때 어디까지를 공익 추구로 볼지도 고민이 필요하다.

셋째, 챗GPT가 작성한 기사를 믿을 수 있는지 신뢰도 문제가 제기된다. 기자는 챗GPT가 작성한 내용이 사실인지에 대해 진위를 판단할 수 있어야 한다. 뉴스는 정확성이 생명인데 챗GPT가 제공한 맞춤형 정보가 사실인지 파악하기 위해서는 처음에는 본인이 잘 아는 분야에서 활용하는 것이 좋다. 챗GPT가 생성한 정보의 진위를 판단하는 앱의 도움을 받을 수도 있다(오세욱, 2023).

그렇다면 기자가 챗GPT를 잘 활용할 수 있는 방법은 없을까? 기사를 쓰기 전 자료 수집 단계에서 챗GPT를 활용한다면 기자에게 도움이 될 것이다. 챗GPT는 이슈와 관련된 방대한 자료를 여러 관점에서 분석할 수 있으므로 기사의 질을 높이는 데 도움을 줄 수 있다. 예를 들면, 기사 쓰기 전 단계에서 사안과 관련된 핵심 쟁점을 파악하고 관련 공중의 입장에 따른 문제를 파악하기 위해 챗GPT를 활용한다면 기사의 완성도를 높일 수 있을 것이다.

기사의 내용적인 측면 외에 미디어 산업의 측면에서 보면, 주식, 날씨,

지진, 스포츠 분야에서 이미 인공지능이 기사를 쓰듯이 챗GPT가 기자를 대체할 수도 있다는 우려가 크다. 미디어 분야에서는 이미 AI가 기자와 아나운서를 대체하는 움직임이 나타났다. 실제로 2018년과 2019년에 중국 관영 신화 통신이 AI 아나운서를 등장시켰고, 우리나라도 2020년 11월 6일 MBN의 메인뉴스에서 자사의 김주하 아나운서를 모델로 만든 김주하 AI 앵커가 뉴스를 전달했다(MBN, 2020.11.9). YTN도 변상욱 AI 앵커를 활용해 뉴스를 전달했다.

2022년 11월 챗GPT가 등장한 이후 챗GPT는 우리 사회의 각 분야와 개개인의 일상으로 깊숙이 들어왔다. 챗GPT가 인간의 일자리를 대체하지 않을지 우려하는 상황에서 세계 각국은 챗GPT와 공존하는 방법을 모색하고 있다. 허위 정보 유포와 같은 AI 오남용을 막기 위한 규제, 개인정보 보호, AI 채용 시스템으로 인한 차별 금지 등 유럽과 미국은 경쟁적으로 AI 규제 도입에 나서고 있다. 챗GPT의 무한한 가능성에 대해 기대와 우려로 접근하는 모양새이다. 우리는 미디어·커뮤니케이션 전공과 관련된 교육 현장에서 챗GPT를 활용하는 방안을 고민해야 한다. 광고, 뉴스, 프로그램 제작, 음악 작곡 등 미디어 산업의 여러 분야는 챗GPT와의 경쟁에 내몰린 현실을 인지하고 개개인의 역량을 어떻게 키울지 함께 해결 방안을 찾아야 할 것이다.

참고문헌

김상범. 2023.7.7.「"ALPS로 정화·바닷물로 희석 가능"… 일본 주장 따르는 정부」. ≪경향신문≫. https://www.khan.co.kr/world/japan/article/202307072115015 (검색일: 2023.12.26)

김춘식·홍주현. 2020.「유튜브 공간에서 '가짜뉴스의 뉴스화': 〈고성산불〉 관련 정치적 의혹 제기와 청와대 반응 사례 연구」. ≪정치·정보연구≫, 23권, 2호, 403~440쪽.

나폴리, 필립 M.(Philip M. Napoli). 2013.『수용자 진화』. 백영민·오현경·강남준 옮김. 나남.

신동흔. 2023.7.7.「'방송사들 "일본 오염수 방류 반대하는 과학자 어디 없나요?"」. ≪조선일보≫. https://www.chosun.com/culture-life/broadcast-media/2023/07/07/O4HC5SWE6FEHTHP3SU2GSFMNZU/(검색일: 2023.12.26)

아랄, 시난(Sinan Aral). 2022.『하이프 머신: 소셜미디어는 인류를 어떻게 바꿔 놓는가』. 엄성수 옮김. 쌤앤파커스.

여론집중도조사위원회. 2020.「전통 매체와 소셜미디어의 여론 영향력 및 여론 형성 메커니즘 연구」. 한국언론진흥재단.

오세욱. 2023.「챗GPT와 저널리즘 그리고 활용해보기」. 미발표 자료.

오세욱·송해엽. 2019.『유튜브 추천 알고리즘과 저널리즘』. 한국언론진흥재단.

조연하. 2023.『인공지능 창작과 저작권』. 박영사.

한국언론진흥재단. 2021.「2021 소셜미디어 이용자 조사」. 한국언론진흥재단.

홍주현. 2018.「지상파와 종편·케이블 채널 간 프로그램의 화제성·프로그램 주목도와 능동적 시청의 관계 연구」. ≪한국콘텐츠학회논문지≫, 18권, 11호, 222~235쪽.

______. 2023.「가짜뉴스 판명 전과 후 소셜미디어에서 정치 의제의 확산 주체 및 확산 의제 비교: 유튜브에서 '청담동 술자리' 의혹 확산을 중심으로」. ≪정치·정보연구≫, 26권, 2호, 87~122쪽.

홍주현·조인숙·이종임. 2022.「방송의 패널 다양성 연구」. 한국언론진흥재단.

MBN. 2020.11.9.「MBN 종합뉴스에 '김주하 AI 앵커' 등장… "완전 똑같다" 감탄」. https://www.mbn.co.kr/news/culture/4334689(검색일: 2023.12.26)

Deuze, M. 2003. "The web and its journalisms: considering the consequences of different types of newsmedia online." *New Media & Society*, Vol.5, No.2, pp.203~233.

UNESCO. 2018. *Journalism, 'Fake News' and Disinformation: A Handbook for Journalism Education and Training.*

제9장

개발 저널리즘, 다양성, 그리고 인공지능

서수민

1. 들어가며

AI 기술은 자원 부족과 빈곤, 차별에 시달리는 비선진국의 언론과 비주류, 마이너리티 언론에 새로운 돌파구를 제공하는 '게임 체인저'가 될 것인가, 아니면 차별과 착취, 감시의 도구가 될 것인가? 아프리카와 아시아, 남미 등 이른바 '글로벌 사우스(Global South)'의 언론에 챗GPT와 미드저니, 바드 등은 어떤 기회와 위험을 수반하는가? 생성형 AI를 두고 개발 저널리즘 진영이 던지는 질문들이다. 이런 질문의 기저에는 미국과 유럽 등 부유한 선진국들이 AI 기술의 개발과 사용을 이끌고 있는 현 상황에서 디지털 불평등이 심화될 경우 정치적·경제적·사회적 갈등이 심화되고 민주주의 역시 역행할 것이라는 두려움이 배어난다. 개발 저널리즘(development journalism)은 언론을 통해 사회적 조건 개선과 삶의 질 개선 등을 도모하며 언론의 사회적·공적 책임을 강조하는 저널리즘의 한 흐름이다. 제2차 세계대전 이후 식민 시대를 뒤로한 아프리카, 아시아, 남미 신생 국가에서 미디어가 어떤 역할을 할 것인지에 대한 고민에서 시작된 개발 저널리즘은 상업주의를 지양하고 공영성과 교육 기능 강조를 지향하는 모습을 보인다(Encanto, 1982). 이런 개발 저널리즘은 일부 지역에서 지나치게 국가 중심적이고, 권위주의 국가에서 언론 통제를 정당화하는 데 사용되었다는 비판도 받았다(Waisbord, 2009). 이런 비판에 대해 개발 저널리즘 옹호자들은 ① 공영미디어의 강화, ② 탐사보도 강화, ③ 시민 참여 강조, ④ 투명성 강화 등을 주장하며 다양한 방식으로 그 정신을 이어가고 있다. 최근 부상한 솔루션 저널리즘(solution journalism)은 시민들의 정치 참여와 인권 개선에 대한 언론의 적극적인 역할 강조를 고민하던 개발 저널리즘의 한 흐름이다(Shah, 1996). 이에 아시아, 아프리카, 남미 등의 글로벌 언론들은 비용과 인터넷 접근성 등 객관적인 어려움에도 불구하고 여러 가지 시도를 하며 AI 기술의 잠재력을 추출해 뉴스룸에 적용하고 있다. 이 장에서는 이 중 눈에 띄는 대륙별 사례를 소개하며 자원 불평등의 문제와 차별의 공고화, 감시 등 두드러지는 이슈들을 함께 논하려 한다.

2. 빅데이터를 활용한 남미의 실시간 팩트체킹

런던 정치경제 대학교의 '저널리즘 AI 프로젝트(JournalismAI Project)'는 2023년 여름, 전 세계 46개국의 105개 언론사를 조사한 결과 선진국과 개발도상국/빈곤국 언론의 AI 기술 활용도가 매우 큰 차이를 보였다고 발표했다. 그럼에도 불구하고 조사 대상 뉴스룸의 75%가량이 이미 관련 기술을 언론 현장에서 사용하고 있었는데, 문자와 시각적 패턴 인식(optical character recognition)과 팩트체크 등 빅데이터를 활용한 뉴스 트렌드 포착이 대표적이다. 소셜 미디어상에서 여론의 흐름을 포착하기 위해 구글 트렌드(Google Trends), 래피드마이너(Rapid Miner)나 데이터 마이너(Data Miner) 등의 도구를 사용하는 아시아 언론사도 늘어나는 추세이다. 특히 각종 허위 주장과 과장 주장이 난무하는 선거철에 막대한 양의 정보를 검증하는 데 이런 기술을 사용하는 언론사들도 늘어나는데, 근래에는 여기서 한발 더 나아가 자연어 처리 기술을 통해 기자들의 팩트체킹 효율성을 높여주는 뉴스룸 사례들이 늘어나고 있다. 이 같은 기술은 고질적인 자원 부족에 시달리는 제3세계 언론에는 단비와 같은 존재가 아닐 수 없다.

탐사 보도를 전문으로 하는 콜롬비아의 독립 언론 웹사이트 라실라 바시아(La Silla Vacia)는 2021년 인공지능 '체크봇(Chequebot)'을 이용한 자동 팩트체크를 시작했다. 정치인들의 발언이나 소셜 미디어 콘텐츠가 올라오는 순간 체크봇은 이를 자동으로 저장하고 이전 팩트체크 데이터베이스와 연동해 사실 확인을 한다. 같은 스페인어권인 아르헨티나에서 개발된 체크봇은 정치인들의 새로운 발언을 과거에 나온 내용과 비교·대조해 사실 여부를 검증한다. 특히 체크봇에서 유용하게 쓰이는 기능은 정치인들의 트위터(엑스) 계정 콘텐츠와 뉴스 동영상, 오디오 등에서 관련 문장을 추출하는 부분인데, 이는 인간 팩트체커들의 업무 효율성을 비약적으로 높여 주목을 받았다.

실제로 2022년 5월 콜롬비아 대선에서 이 기술은 무려 3회에 걸쳐 10여 명의 후보자가 참여한 대선 후보 토론에서 한 후보가 특정 지역에서 우위를 점하고 있다는 주장을 4시간 만에 팩트체킹을 하며 진가를 보였다. 광산 지역 주민들의 소득에 대한 다른 대선 후보의 주장도 체크봇의 도움으로 하루 만에 사실 여부를 확인했다.

체크봇은 인간 팩트체커의 작업을 신속하게 하는 도구로, 완전한 '자동', '실시간' 팩트체크와는 거리가 멀지만, 바쁜 뉴스 흐름에서 어떤 내용을 검증해야 할지 빨리 파악할 수 있으므로 자원이 부족한 소규모 뉴스룸에서 유용하다. 라실라 바시아의 산티아고 차바리아 에디터는 "과거보다 훨씬 빨리 팩트체킹을 할 수 있어 보도의 임팩트가 훨씬 높아졌다"라고 말했다.

스페인의 대표적인 팩트체킹 사이트 말디타(Maldita.es)는 스페인에서 가장 뛰어난 팩트체킹 데이터 저널리즘 전문 언론사로 명성이 높다. 이곳은 전문 팩트체커만 30명에 달할 정도로 독립 언론 중에서 규모가 큰데, 이곳 역시 코로나19 팬데믹 당시 폭발적으로 증가한 팩트체킹 수요에 골머리를 앓았다. 스페인은 팬데믹 당시 보건 체계가 무너지며 공식 집계된 코로나19 사망자만 12만 명에 달하는 심각한 피해를 본 국가이다. 코로나의 전염 기전과 치료 방법, 백신 관련 각종 루머와 오보가 난무하자 이를 직접 검증해 달라는 독자들의 요청이 하루 2000여 건에 이르렀다. 이는 이전에 비해 10배가량 늘어난 것으로 기자들이 일일이 답하기가 불가능한 상황이었다. 이에 말디타는 AI 기술을 이용해 독자들의 의문점을 정리하고 어떤 사안을 우선적으로 다룰지 결정함으로써 업무의 효율성을 높였다. 말디타의 한 관계자는 "하루에도 전국적으로 수백 명이 코로나로 사망하는 상황에서 관련 정보가 절실한 사람들의 요청을 무시할 수 없었다. 말 그대로 생과 사가 오가는 상황에서 AI 기술은 매우 유용했다"라고 말했다.

3. 아프리카의 개발 저널리즘: 식민주의, 차별, 의심

아프리카 대륙은 소득과 문맹률, 민주주의 역사 등의 이유로 다른 지역에 비해 저널리즘 발전 수준이 높지 않은 경우가 많다. 하지만 남아프리카공화국, 이집트, 케냐, 모로코 등 몇몇 나라는 아프리카 대륙 내에서도 저널리즘의 성숙도와 발전 양상이 상대적으로 높은 모습을 보인다(Kothari and Cruikshank, 2021). 이미 남아프리카 지역의 독립 언론들은 취재 과정부터 AI 기술을 적극적으로 활용하고 있다. 남아프리카공화국과 나미비아, 짐바브웨에서는 크라우드탱글(CrowdTangle), 데이터마이너, 뉴스휩(Newswhip), 트윗덱(Tweet deck), 훗스위트(Hootsuite), 구글 트렌드 등이 적극적으로 사용되고 있다(Ogola, 2023).

아프리카 개발 저널리즘에서 특히 눈에 띄는 점은 독립 언론을 지원함으로써 공론장의 발전을 모색하는 '개발 저널리즘'의 이상을 공유하는 서구의 자금과 이와 병행된 페이스북 등 '빅테크' 플랫폼이 중요한 역할을 하고 있다는 점이다. 대표적인 사례로 꼽히는 '프리 페이스북' 프로젝트는 페이스북이 주요 이동통신사 '에어텔 아프리카'와 손잡고 페이스북을 사용할 경우에는 인터넷 연결을 무료로 제공하는 프로젝트로, 여러 한계에도 불구하고 아프리카 대륙의 인터넷 접속률을 높이는 데 기여했다는 평가를 받는다. 무료나 저가로 제공한 '페이스북 폰'에는 메신저와 인스타그램 등 계열사 앱이 설치되어 있어, 사용자들은 자연스레 이들 앱도 사용하게 된다. 그 결과 생성형 AI에 필수적인 데이터베이스에 아프리카 대륙의 기여분도 자연스레 상승하는 결과를 낳고 있다(Beckett and Yaseen, 2023).

아프리카인이 사용하고 참여하는 데이터베이스 생성이 중요한 이유는 인종과 관련된 인공지능의 차별적인 콘텐츠 생산이 여러 번 지적되었기 때문이다. 특히 미드저니나 챗GPT 같은 생성형 AI의 경우 기존 데이터베이스에 있는 경향성을 추출해서 새로운 콘텐츠를 생산하는 데 사용하기 때문에 기본적으로 보수적이다. 다시 말해 인종, 젠더, 나이 등 기존 콘텐츠의 편견과 차별을 그대로 재생산하고 있는 것이다. 따라서 아프리카 등 남반구 사람들이 데이터베이스를 생성함으로써 인공지능이 덜 차별적이고 공정하며 윤리적인 콘텐츠를 생산하는 데 기여하는 것은 존재론적 문제라고도 할 수 있다(Gondwe, 2023).

4. 아시아의 AI 저널리즘 실험과 여론 조작·감시에 대한 우려

아시아 미디어의 AI 기술 활용과 기술적 진보에 대한 열망은 매우 높다. 한국과 중국 등 일부 국가를 제외하면 이를 제대로 사용할 수 있는 자원과 능력을 보유한 국가는 많지 않다. 중국 최대 IT 기업 중 하나인 텐센트가 2015년에 도입한 드림라이터(Dreamwriter)는 인공지능을 활용한 기사봇으로 데이터와 알고리즘에 기반해 하루에 2000여 개의 금융과 스포츠 관련 기사를 생산할 수 있다. 일례로 2017년 11월 드림라이터가 텐센트 미디어 컨퍼런스에서 기조 발언을 요약한 기사를 작성하는 데에는 채 1초도 걸리지 않았지만, 기자가 쓴 것처럼 기사의 품질이 높아 주목을 받은 바 있다(Li, 2023.10.1).

아시아 방송 뉴스도 AI 기술에 적극적이다. 중국의 신화통신과 CCTV는 2018년부터 AI 기술에 기반한 가상 아나운서 두 명을 세계 최초로 선보였고, 이후 이와 유사한 가상 아나운서는 인도와 인도네시아, 대만 등의 뉴스 프로그램에 고정으로 출연했다. 이런 가상 뉴스 아나운서의 가장 큰 효용성은 다양한 언어를 구사할 수 있다는 점인데, 실제로 신화통신의 가상 아나운서 한 명은 중국어로, 다른 한 명은 영어로 뉴스를 전달했다(Adami, 2023.5.24; Samosir, 2023.7.13).

저널리즘에 AI 기술을 활용하는 데서 가장 큰 걸림돌은 언어의 장벽이다. 현재 번역기 없이도 AI 기술이 제대로 구동되는 언어는 영어와 중국어 정도이다. 챗GPT 등은 영어를 기반으로 하기 때문에 질문을 제시할 때 영어 번역기를 돌리는 경우가 많다. 하지만 번역기에 의존한 질문은 질문 자체로 어색하다 보니 제대로 된 답을 얻기가 어렵다. 따라서 비서구권 언어, 소수 언어일수록 AI 기술을 제대로 사용하지 못할 가능성이 높다.

이 같은 언어 및 자원 부족의 어려움이 잘 드러나는 나라는 인도이다. 인도의 인구는 14억 명으로 전 세계 1위이다. 인도에서 쓰이는 언어는 200여 개인데, 이는 단순히 언어가 많다는 것이 아니라 그만큼 다양한 문화가 존재한다는 것을 의미한다. 인도 언론인들은 문화적 감수성을 지닌 제대로 된 AI 기술을 만들기 위해서는 언어권별로 전문가들을 양성하는 것이 매우 중요하다고 말한다.

정치적인 이유로 AI를 사용하기가 원천적으로 어려운 나라도 많다. 챗GPT의 경우 러시아, 중국, 베네수엘라, 짐바브웨, 쿠바 등 상당수 국가에서 접속 자체가 불가능하다. 해당 국가들이 미국의 경제 제재 대상이기 때문인데, 북한도 여기에 해당한다. 향후 이런 배제가 계속될 경우 이 국가들의 기술적 소외가 심화할 것이라는 전망도 가능하다.

권위주의적 정권이나 독재 정권에 감시와 처벌, 여론 조작의 효율성을 극대화할 수 있는 잠재력을 지닌 AI 기술의 유혹도 크다. 중동의 산유

국들은 막대한 자본을 AI 기술에 투자하고 있는데, 이런 기술은 독립 언론이 아닌 관영 언론사나 국영 언론사들에 적극 도입되고 있다. 러시아의 경우 한국의 카카오나 네이버, 쿠팡의 기능을 합친 종합 플랫폼 얀덱스(Yandex)가 AI 기술 개발에 앞장서고 있다. 콘텐츠 개인화 등에 이미 관련 기술을 쓰고 있는데, 이러한 기술은 러시아투데이(Russia Today) 같은 관영 언론사를 중심으로 보급되고 있다. 반면 러시아권 최대 독립 미디어로 부상한 메두자(Meduza)는 일찌감치 AI 기술을 사용하는 등 기술적 혁신을 이끌었음에도 불구하고 국가 전복 혐의로 러시아에서 기사 게재 금지 판결이 내려져 언론인들이 인근 국가로 망명하고 언론사 웹사이트를 국외로 옮기는 등 갖은 고충을 겪고 있다(Protsiuk, 2021).

개발 저널리즘 진영에서 가장 주목하는 국가는 중국이다. 중국은 최근 AI 기술 발전에 적극적으로 투자하고 있으며, 관련 슈퍼컴퓨팅 능력도 곧 미국을 추월할 것으로 전망된다. 아시아스코틀랜드 싱크탱크는 최근 분석 보고서에서 "중국은 대량의 데이터베이스를 구축하는 과정에서 사생활 등에 대한 배려를 하지 않아도 되는 사회적 환경이다 보니 더 고급의 데이터를 수집해 인공지능의 수준을 끌어올릴 수 있는 가능성이 있다"라며 하드웨어뿐만 아니라 소프트웨어에서도 중국의 부상을 점쳤다.

중국에서는 AI 기술을 활용한 언론 검열과 콘텐츠 실시간 삭제, 휴대전화와 인터넷 사용 실시간 감시 등이 신장 위구르 지역을 넘어 전 국민을 대상으로 일반화되고 있다. 또한 중국의 관련 기술은 아프리카와 아시아 다른 지역의 권위주의 정권으로도 확산될 가능성이 있다. 이에 국제 외교가에서는 인공지능을 활용한 미디어 기술의 잠재력을 고려한다면 관련 기술의 무기화를 방지하고 살상 등 비인도적 사용에 선을 긋는 등 국제적 합의가 이루어져야 한다는 주장이 힘을 얻고 있다.

5. 나가며: 글로벌 권력과 탈식민적인 개발 저널리즘

통상 영미권 국가와 선진국에서는 언론의 '위기'라고 하면 레거시 미디어, 광고에 의존한 영리 언론의 몰락을 지칭한다. 그러나 세계 인구의 대다수를 차지하는 아시아와 아프리카 국가들에서는 언론 위기가 변수가 아닌 상수였다. 디지털 미디어 시대에도 안정된 전력, 초고속 인터넷, 전문 인력, 디지털 리터러시 등 언론이 안정적으로 활동할 수 있는 조건을 다 갖춘 나라는 전 세계 195개국 중 극소수에 불과하다. 양극화와 더불어 지역별 격차도 크다. 비서구 지역 중 아시아 지역과 동유럽, 중동, 남미 일각에서는 트렌드 포착과 기사 제목 베타테스팅 등에 AI 기술을 적극적으로 사용하는 반면, 중앙아시아나 아프리카 대륙에서는 상대적으로 관련 기술 사용이 더딘 편이다. 각종 조사에서 비서구 국가들은 자원 부족보다 더 심각한 문제로 인력 부족을 들었다. 전문성을 보유한 인력이 절대적으로 부족하고, 어렵게 키워낸 인재들도 글로벌 기업에 스카우트되는 등 해외 유출이 심각하다고 호소한다.

이러한 글로벌 디지털 미디어 양극화에도 불구하고 아시아와 아프리카 대륙의 디지털 성장세는 가파르다. 2019~2021년 아시아와 아프리카 지역의 인터넷 보급률은 2년 사이 무려 24%가량 성장했다. 특히 중국이 국가 차원의 적극적인 투자로 관련 기술과 데이터베이스를 구축하면서 관련 기술을 절대 다수 보유하고 있는 미국의 아성에 도전할 것이라는 전망도 있다. 실제로 최근 우크라이나·러시아 전쟁 등 동·서구의 갈등이 심화됨에 따라 알고리즘을 활용한 미디어의 무기화와 권위주의 세력의 강화를 우려하는 목소리도 있다.

그러나 개발 저널리즘 진영에서는 국가주의적 경쟁이나 대립이 아닌 연대와 협력의 중요성을 강조한다. 언론사 간의 협력, 언론과 학계, 정책 입안자 등 다양한 층위의 사람들이 신기술의 힘을 활용하는 데 있어 상업주의를 최대한 지양해야 하고 비서구 국가, 개발도상국, 빈국에 사는 사람들도 고려해 전 세계의 공익을 고려하는 방향으로 나가야 한다는 것이다. 2023년 11월 챗GPT를 개발한 오픈AI의 방향을 둘러싼 논쟁에서도 드러났듯이, AI 미디어 기술의 영리성과 공공성과 관련된 논쟁은 뜨겁게 이어지고 있지만, 그 과정에서 마이크로소프트 등 관련 기업이 막강한 권력을 행사하면서 '서구의, 서구에 의한, 서구를 위한' 기술을 추구해 온 민낯이 드러났다. 옥스퍼드 인터넷 연구소의 해나 커크 박사는 "실리콘밸리에서 50여 명의 개발자들이 개발하고 훈련시킨 기술이 서구의 편견과 문화적 헤게모니를 보이는 것은 너무나 당연한 일"이라고 지적한다(Stenbom, 2022.12.8).

이런 정치적·경제적 고려와 역사적 맥락으로 인해 과거 식민지 시절을 경험한 아시아, 남미, 아프리카 언론에 챗GPT로 대표되는 생성형 AI는 매력적이면서도 두려운 양가적 존재이다. 막강한 자원은 있으나 민주주의적 철학은 결여된 중국의 AI 기술이 대안이 될 수는 없다. 희망은 어디에 있을까? 비서구 지식인들은 플랫폼 등 구조적인 문제를 직시하는 동시에 민주적이고 국제적인 토론 과정이 매우 중요할 것이라고 주장한다(Noble, 2018).

"생성형 AI의 규제는 민주적이고 국제적이어야 한다. 북반구의 몇몇 빅테크 기업들에 AI의 미래를 맡기는 것은 현실적으로 큰 위험을 수반한다. 그러므로 국제 사회는 이 기술을 어떻게 사용하고 규제할지에 대해 토론하고 의사결정하는 공개적이고 대중적인 토론 방법을 찾아야 한다. 이런 토론은 국제적·전국적·지역적 차원에서 모두 이루어져야 하며, 이런 토론이 성공적으로 진행되어야만 인공지능이 세계의 민주주의에 기여할 수 있는 조건이 마련될 것이다(Arguedas and Simon, 2023).”

참고문헌

Adami, M. 2023.5.24. "How media businesses in Asia use AI." Reuters Institute. https://reutersinstitute.politics.ox.ac.uk/calendar/how-media-businesses-asia-usc-ai(검색일: 2023.11.1)

Arguedas, A. and F. Simon. 2023. *Automating Democracy: Generative AI, Journalism, and the Future of Democracy.* Oxford Internet Institute.

Beckett, C. and M. Yaseen. 2023. *Generating change: A global survey of what news organizations are doing with AI.* Journalism AI. https://www.journalismai.info/research/2023-generating-change(검색일: 2023.11.1)

Encanto, G. 1982. "Development journalism in the Philippines." in E. Atwood, S. Bullion and S. Murphy(eds.). *International Perspectives on News.* Carbondale: Southern Illinois University Press.

Gondwe, G. 2023. "ChatGPT and the GLobal South: How are journalists in Sub-Saharan Africa engaging with generative AI?" *Online Media and Global Communication.* https://doi.org/10.1515/omgc-2023-0023(검색일: 2023.11.1)

Kothari, A. and S. Cruikshank. 2021. "Artificial intelligence and journalism: An agenda for journalism research in Africa." *African Journalism Studies*, Vol.43, No.1, pp.17~33.

Li, Xin. 2023.10.1. "China and the West: Media, information and artificial intelligence." Asia Scotland Institute. https://asiascot.com/guest-posts/china-and-the-west(검색일: 2023.11.1)

Noble, A. 2018. *Algorithms for oppression.* NYU Press.

Ogola, G. 2023. *AI, Journalism and Public Interest in Africa.* IMS.

Protsiuk, A. 2021. "Meduza encounters Russian authorities' 'foreign agent' attack with appeal to readers." *The Fix.*

Samosir, H. 2023.7.13. "More countries across Asia are debuting digital artificial intelligence news readers. Could Australia follow suit?" *ABC News Australia.* https://www.abc.net.au/news/2023-07-13/artificial-intelligence-news-readers-becoming-common-in-asia/102591790(검색일: 2023.11.1)

Shah, H. 1996. "Modernization, marginalization, and emancipation: Toward a normative model of journalism and national development." *Communication Theory*, Vol.6, No.2, pp.143~166.

Stenbom, A. 2022.12.8. "Can generative AI help us promote diversity in journalism?" Medium. https://medium.com/@agnes.stenbom/can-generative-ai-help-us-promote-diversity-in-journalism-c9311bf72ddd(검색일: 2023.11.1)

Waisbord, S. 2009. "Rethinking development journalism." in Stuart Allan(ed.). *The Routledge Companion to News and Journalism*. Routledge.

제3부

AI 시대의 뉴스 소비와 이해

제10장

알고리즘 의존형 뉴스 소비의 확대

최지향

1. 들어가며

뉴스 소비는 오랫동안 이용자의 구체적인 동기에 기반한 적극적인 선택의 결과로 이해되어 왔다. 예를 들어 이용과 충족(uses and gratifications) 이론에 따르면 사람들은 환경 감시, 사회적 유용함, 현실 회피 등 특정한 필요를 충족해 줄 미디어를 선택한다. 특히 뉴스 소비의 동기로 어떤 일이 주변에서 벌어지고 있는지 파악하고자 하는 환경 감시의 역할이 중요하게 여겨졌는데, 이처럼 뉴스에 대한 일상적인 관심은 시민들이 주요 공적 이슈에 대한 지식을 쌓고 정치에 적극적으로 참여하게 하는 중요한 동력이다. 하지만 이제는 이용자가 환경 감시 목적에서 뉴스를 적극적으로 찾아 나서기보다는 도리어 뉴스가 해당 뉴스를 필요로 하는 사람들을 찾아 나서고 있다. 이 같은 변화의 배경에는 인공지능 알고리즘이 자리하고 있다.

뉴스 소비에 있어 알고리즘의 영향이 커지고 있다. 비록 인식하지 못하더라도 사람들은 알고리즘이 선택하고, 추천하고, 배열하는 기사를 일상적으로 소비하고 있다. 여러 사건 중 무엇을 뉴스화할지 말지를 결정하는 1차적 게이트키퍼(gate keeper)는 여전히 언론이다. 하지만 알고리즘을 통해 어떤 뉴스를 선택해 이용자들에게 폭넓게 배포할지 결정하는 데 있어 소위 2차적 게이트키퍼라 할 수 있는 구글, 네이버, 다음카카오 등 대형 기술 회사의 영향력 확대는 주지할 만하다.

알고리즘에 대한 의존이 높아지는 상황에서 이용자들은 알고리즘에 의한 뉴스 선택을 신뢰하지는 않지만 선호하는 모순된 태도를 보이고 있다. 독일, 스페인, 영국, 미국의 뉴스 이용자를 대상으로 실시한 포커스 그룹 인터뷰와 설문조사 결과, 이용자 대부분은 자신들이 받아보는 정보가 정확히 어떤 알고리즘에 의해 선택되었는지 이해하지는 못하지만 이 모든 선택 과정에 대해서 매우 비판적이었다(Fletcher and Nielsen, 2019). 우리나라에서 실시된 유튜브 추천 알고리즘에 대한 연구(오세욱·송해엽, 2019)도 비슷한 결과를 보여준다. 유튜브 이용자의 절반 이상이 유튜브의 알고리즘 사용을 인지하고 있었지만, 추천 알고리즘을 신뢰하느냐는 질문에는 유보적인 태도를 보였고, 특히 추천에 개인정보를 활용한다는 점에 대해 불편함을 드러냈다. 그럼에도 이용자들은 사람 편집자의 뉴스 추천보다는 자신의 과거 뉴스 소비 기록에 따른 알고리즘의 뉴스 추천을 더 선호했다(Thurman et al., 2019). 사람 편집자의 선택보다 알고리즘에 의한 뉴스 선택을 더 긍정적으로 바라보는 이 같은 성향은 젊은이들 사이에서 더 두드러졌다(Fletcher and Nielsen, 2019).

알고리즘 추천 뉴스를 완전히 신뢰할 수는 없지만 긍정하는 태도는 알고리즘에 의존한 뉴스 소비가 불가피한 현실을 반영한다. 인터넷의 등장과 함께 뉴스 생산과 배포의 비용이 급격히 낮아지면서 뉴스 미디어의 수가 폭발적으로 증가했으며, 기술 발전과 함께 등장한 다양한 플랫폼을 통해 감당할 수 없을 만큼 많은 양의 뉴스가 연일 쏟아지고 있다. 일상적으로 뉴스 과부하를 느낄 수밖에 없는 상황에서 어떤 뉴스를 선택할지를 일일이 결정하기 어려운 터라 알고리즘의 추천에 의존하는 방법을 택하는 것이다.

알고리즘 의존이 피할 수 없는 추세라고 할 때 생각해 볼 점은 알고리즘에 의한 뉴스 소비가 알고리즘에 의존하지 않던 전통적인 뉴스 소비와 비교할 때 이용자들에게 어떤 다른 세상을 보여주느냐 하는 점이다. 어떤 뉴스를 어떻게 소비하는지는 한 사람의 시민으로서 이용자에게 의미 있는 영향을 미친다. 특히 뉴스가 민주주의에서 수행해 온 규범적인 기능, 즉 시민들로 하여금 주요 공적 이슈에 대해 알게 하고, 자신과 다른 의견을 지닌 동료 시민들의 목소리에 귀를 기울이게 하고, 정치적 행동에 참여하게 하는 기능을 고려할 때, 최근 급격하게 증가하고 있는 알고리즘 의존형 뉴스 소비가 가져올 변화에 주목할 필요가 있다. 이에 이 장에서는 알고리즘 의존형 뉴스 소비가 가져올 수 있는 변화로 ① 뉴스 개인화에 따른 필터 버블 형성, ② 양질의 뉴스 소비 축소, ③ 수동적 뉴스 이용 확산과 뉴스 선순환 구조 파괴 등 세 가지 측면에 초점을 맞춰 살펴볼 것이다.

2. 뉴스 개인화에 따른 필터 버블 형성

알고리즘에 의존하는 뉴스 소비 방식을 칭하는 합의된 용어가 존재하지는 않는다. 연구자들은 다양한 용어를 중심으로 알고리즘 추천에 의존하는 뉴스 사용에 대해 탐색해 왔다. 어떤 연구자들은 이를 "AI-기반 뉴스(AI-powered news)"라고 명명하며 "독자들의 관심, 선호, 검색 기록, 위치, 인구 정보에 기반해, 고급 AI 알고리즘을 사용하는 디지털 뉴스 플랫폼이 추천하는 맞춤화된 뉴스"라고 정의했다(Lim and Zhang, 2022: 1). 또는 단순하게 뉴스 추천 시스템이라는 용어를 사용하기도 한다(Ludwig et al., 2023). 하지만 알고리즘 의존형 뉴스 소비라는 용어가 뉴스 이용 행태에 좀 더 초점을 맞춰 현상을 살펴보는 데 도움이 된다.

뉴스 추천 알고리즘의 작동 원리는 크게 몇 가지로 분류할 수 있다. 루트비히와 동료들(Ludwig et al., 2023)은 알고리즘의 작동 원리로 콘텐츠 기반, 인구 필터링, 지식 기반 시스템, 협업적 필터링이 있다고 소개한다. 더불어 이들 중 몇 가지를 결합해 사용하는 하이브리드 형태도 존재한다. 가장 흔하게 사용되는 콘텐츠 기반 알고리즘은 항목 간 유사도를 바탕으로 뉴스를 추천하는데, 주로 기사의 주제 유사도에 집중한다. 인구 필터링은 나이, 성별, 거주지 등 인구학적으로 비슷한 속성을 지닌 사람들은 비슷한 관심을 가지고 있을 것이라는 가정하에 동일한 인구학적 그룹에 속한 사람들 사이에서 인기 있는 기사를 추천하는 식이다. 지식 기반 시스템은 이용자의 명확한 요구 조건에 따라 구체적으로 축적된 지식에 기반해서 뉴스를 추천한다. 예를 들면 이용자가 뉴스에 대해 평가한 데이터베이스에 기반해 뉴스를 추천하는 식이다. 위에서 언급한 세 가지 방식은 사용자와 관련한 개인정보에만 기반해 추천이 이루어진다는 점에서 사용자 주도 알고리즘으로 분류한다.

협업적 필터링은 이용자의 뉴스 소비 데이터와 다른 이용자들의 데이터를 동시에 이용해서 해당 이용자의 관심과 필요를 예측하는 접근법이다. 이 같은 협력적인 필터링을 통해 알고리즘은 특정 이용자가 '좋아요'를 누르거나 리트윗한 기록과 같은 개인행동 데이터뿐만 아니라 이 이용자와 비슷한 다른 이용자들이나 이 이용자의 SNS 친구들의 뉴스 이용 행태까지 고려해서 뉴스를 추천한다. 즉, 한 개인뿐만 아니라 이 개인의 소셜 네트워크 안에 포함된 다른 이용자의 행동도 추천에 이용한다는 점에서 이를 사회적 주도 알고리즘이라고도 부른다.

알고리즘에 의한 뉴스 추천에 의존할 경우 이용자가 소위 필터 버블(filter bubble)[1] 속에 갇힐 수 있다는 우려가 있다. 사용자 주도는 물론이고 사회적 주도 알고리즘 역시 이용자의 관심사에 맞는 뉴스를 최대한 골라내서 추천해 주는 개인화를 지향한다. 그렇기 때문에 평소 이용자가 관심을 가지고 있거나 이용자의 의견과 일치하는 내용을 담은 뉴스만 걸러내(filter) 노출시킨다. 따라서 이용자의 관심사 밖에 있거나 다른 생각을 담은 뉴스는 접하지 못하도록 버블(bubble) 속에 이용자를 가두게 된다.

필터 버블이 야기할 수 있는 문제점은 다양하다. 다양한 국가적 이슈에 관심을 가지고 이러한 이슈에 대한 지식을 갖추었을 때 정치에 활발하게 참여하는 시민이 될 수 있다는 점을 고려해 보면, 알고리즘에 의한

---

1 엘리 프레이저(Eli Pariser)가 2011년 출간한 책 『생각 조종자들(The Filter Bubble)』에서 제시한 개념이다. 저자는 개인 성향에 맞춘 필터링된 정보로 인해 생각이 비슷한 사람들이 거품(버블) 속에 갇히는 위험을 표현하기 위해 이 용어를 사용했다.

필터 버블은 뉴스 이용자의 정치 참여 정도에 영향을 미칠 수 있다. 더불어 우려되는 점은 이용자가 필터 버블에 갇혀 동질한 정치 정보에만 노출되면 개인의 의견이 더 극단화되고 정치적 양극화가 악화할 수 있다는 것이다. 즉, 시민들이 민주주의의 유지와 성장을 위해 필요한 시민성을 갖추는 데 해가 된다.

많지는 않지만 몇몇 연구자가 이 문제를 실증적으로 탐색했다. 피젤과 와그너, 콘로이(Feezell, Wagner and Conroy, 2021)는 미국에서 실시한 두 차례의 설문조사를 통해 알고리즘에 의존하지 않는 뉴스 소비, 사용자 주도 알고리즘에 의존하는 뉴스 소비, 사회적 주도 알고리즘에 의존하는 뉴스 소비가 각각 이용자들의 정치 참여[2] 정도와 어떤 관계에 있는지 살펴보았다. 그 결과 사용자 주도 알고리즘을 통해 뉴스를 소비하는 이들 사이에서 전통적인 정치 참여와 더불어 온라인 정치 참여 정도가 높았다. 이를 두고 저자들은 사용자 주도 알고리즘을 통해 이용자들은 본인이 관심 있는 주제의 뉴스를 소비했고 그 덕에 뉴스정보 처리에 소요되는 인지적인 부담이 줄어들었기 때문에, 참여 행동으로 이어지는 인지적인 자원을 쉽게 획득했을 것이라고 해석했다. 하지만 사회적 주도 알고리즘을 통해 뉴스를 소비하는 이들 사이에서는 온라인 참여와 시민 참여 정도가 높았지만 전통적인 정치 참여 정도는 특별히 높지 않았다. 이 결과에 대해 연구자들은 SNS에서 사회적 주도 알고리즘에 의존해 뉴스를 소비하는 이들은 주로 온라인에서 정보를 소비하고 타인과 교류하고 관여 행

---

2 정치 참여는 전통적 정치 참여, 온라인 정치 참여, 시민적 정치 참여로 나눠 살펴보았다. 전통적 정치 참여는 선거 캠페인 참여와 같이 제도적 정치에 영향을 미치고자 하는 참여 행동을, 온라인 정치 참여는 후보나 정치인의 소셜 미디어 팔로 같은 온라인상의 정치적 행동을, 시민 참여는 보이콧, 집회 참여와 같은 시민적 정치 참여 정도를 측정했다.

동을 하는 사람들이기 때문에, 정치 참여도 온라인 공간에 한정해 이루어질 가능성이 있다고 해석했다. 더불어 흥미로운 결과는 신문, 잡지, TV, 라디오 등 알고리즘 추천이 없는 뉴스 플랫폼을 통해 뉴스를 이용한 경우 어떤 종류의 정치 참여에도 유의미한 영향을 미치지 않았다는 점이다. 즉, 이 결과는 알고리즘에 의존해 뉴스를 소비하는 것이 어쩌면 정치 참여 확대에 긍정적인 요소로 작용할 수도 있음을 보여준다.

피젤과 와그너, 콘로이(Feezell, Wagner and Conroy, 2021)는 알고리즘 의존 뉴스 이용과 양극화 정도의 관계 역시 살펴보았는데, 연구 결과 둘 사이에 직접적인 관계는 없었다. 미국 내 페이스북 이용자 1000만여 명의 행동 데이터를 수집해 이들이 페이스북 뉴스피드에서 어떤 기사를 접하는지 파악한 연구 역시 이용자들이 동질적인 뉴스피드를 보고 있는 것은 맞지만 이는 알고리즘에 의한 결과가 아니라 이용자가 스스로 이념과 일치하는 콘텐츠를 더 많이 선택하기 때문이라고 밝혔다(Bakshy, Messing and Adamic, 2015). 더불어 알고리즘에 의존한 뉴스 이용이 사람들을 도리어 더 많은 이견(異見)에 노출시킬 가능성이 있음을 밝힌 연구도 있다(Flaxman, Goel and Rao, 2016). 즉, 개인화된 뉴스 플랫폼을 통해 뉴스를 소비하는 이들은 좁은 필터 버블 속에 갇히기보다 도리어 더 많은 뉴스 소스를 통해 더 다양한 종류의 뉴스를 읽는다는 것이다.

유튜브 알고리즘에 대해 살핀 오세욱·송해엽(2019)도 필터 버블에 대한 우려는 과장된 측면이 있다고 말한다. 이용자가 개인화 알고리즘이 구동되는 플랫폼을 통해 뉴스를 이용한다고 해도 보통 사람들은 단 하나의 경로를 통해서만 뉴스를 접하는 것이 아니라 복수의 경로를 활용하기 때문에 완벽한 필터 버블에 갇히기 쉽지 않다는 것이다. 이들이 진행한 설문 결과만 봐도 이용자는 유튜브 외에 평균 6.8개의 경로를 통해 뉴스나 정보를 접하고 있었다. 옥스퍼드 인터넷 연구소의 조사 결과 또한 영국과 캐나다의 응답자들이 평균 3개의 오프라인 출처와 2개의 온라인 출처에 의존해 정보를 소비하며 다양한 의견에 노출된다는 것을 보여준다(Piore, 2018). 이에 오세욱과 송해엽은 "필터 버블과 같은 논의는 단순히 알고리즘이라는 기술의 문제에서만 비롯한 것이 아니라 정치적인 논쟁과 이념적 대립 상황을 거치며 강화된 측면이 있다"라고 말한다(오세욱·송해엽, 2019: 143).

다른 일군의 학자들도 관련 연구 결과를 종합적으로 살핀 후, 아직까지는 알고리즘 의존이 필터 버블을 형성하고 있음을 보여주는 충분한 실증적 증거가 없다고 결론 내렸다(Zuiderveen Borgesius et al., 2016). 그 이유로 저자들은 알고리즘 추천을 이용하기 전에도 이미 사람들은 자신의 관심과 선호에 따라 정보를 선택해서 소비해 왔으므로 알고리즘 추천의 영향이 특별히 두드러지지 않으며 아직 기술이 이용자의 기대에 충분히 반응하지 못하기 때문이라고 설명한다. 즉, 이 결론을 뒤집어 생각해 보면 기술이 필터 버블을 형성할 가능성이 없는 것은 아니지만 아직 완벽한 필터 버블을 만들어낼 만큼 발전하지는 못했다고 볼 수도 있다. 그러므로 알고리즘 의존 뉴스 소비가 양극화와 무관하다고 결론 내릴 수는 없다. 루트비히와 동료들(Ludwig et al,. 2023)은 알고리즘 추천에 의존해 뉴스를 소비하는 이들 사이에서 특별히 더 양극화된 정치적 성향이 발견되지는 않았지만 이들이 부정적인 기사에 더 많이 노출될 경우에는 양극화 정도가 높아질 수 있음을 밝혔다. 알고리즘은 감정적인 뉴스를 더 많이 추천하는 경향이 있기 때문에 이 연구 결과 역시 알고리즘 의존 뉴스 소비가 양극화에 미칠 부정적인 영향에 대해 지속적인 관심을 가질 필요가 있음을 시사한다.

3. 양질의 뉴스 소비 축소

뉴스 알고리즘이 개인화를 지향한다는 점과 관련해 우려되는 또 다른 점은 이용자들이 알고리즘에 의존해 뉴스를 이용할 때 이들이 좋아할 만한 뉴스에는 많이 노출되는 반면, 필요한 뉴스, 특히 공적 이슈를 다룬 양질의 뉴스에는 상대적으로 적게 노출될 가능성이 있다는 점이다.

피젤과 와그너, 콘로이(Feezell, Wagner and Conroy, 2021)도 알고리즘의 이 같은 기능적 약점에 대해 언급했다. 뉴스 배포에 알고리즘을 이용하지 않는 신문, TV, 잡지, 라디오 등 전통 매체는 뉴스 콘텐츠의 질을 높여 자신들이 만드는 뉴스가 대중들에게 소구력을 지니도록 노력한다. 하지만 알고리즘에 의존하는 소위 2차 게이트키퍼들의 목적은 콘텐츠의 질과는 무관하게 이용자의 주목을 끌 만한 뉴스를 세밀하게 선별해 제공하는 것일 뿐이다. 그렇기 때문에 알고리즘은 명시적으로나 암묵적으로 부정적인 뉴스, 강한 의견을 담은 뉴스, 선정적 뉴스와 같이 사람들이 쉽게 관심을 가질 만한 뉴스를 눈에 더 잘 띄게 제공하는 반면 중요한 공적 이슈를 다룬 뉴스는 덜 노출시킬 가능성이 있다. 한 연구 결과에 따르면 연성 뉴스를 선호하는 이들은 온라인 지인들이 소비한 뉴스 정보에 기반해서 알고리즘이 추천하는 뉴스를 더 선호하는데(Fletcher and Nielsen, 2019), 이 역시 알고리즘은 공적 뉴스보다는 연성 뉴스를 더 많이 추천하고 있음을 반증한다. 기사 배열 알고리즘을 결정하는 거대 기술 회사는 이용자의 뉴스 소비에 큰 영향을 미치고 있음에도 저널리즘적 편집과 관련한 책임을 지는 것은 꺼린다. 예를 들어 페이스북의 CEO 마크 저커버그는 2016년 페이스북이 뉴스 에디터와 같은 일을 수행하는 것 아니냐는 질문에 대해, 페이스북은 기술 회사이지 미디어 회사가 아니라고 선을 그었다(Segreti, 2016.8.30).

알고리즘에 기반해 뉴스를 제공하는 대표적인 국내 기술 기업인 네이버와 다음카카오의 사례를 살펴봐도 2차 게이트키퍼가 이용자가 좋아하는 뉴스와 필요한 뉴스의 균형을 맞추기란 얼마나 어려운지 알 수 있다. 서비스 초기 국내 포털은 알고리즘에 의존하기보다는 자체적으로 뉴스 편집자를 고용해 수동적으로 뉴스를 편집했다. 즉, 언론사가 작성한 기사를 원천 소스로 삼아 뉴스 편집자가 기사 제목을 편집하고 어떤 기사를 눈에 띄게 배치할지 정하는 식이었다. 이 같은 접근법을 통해 포털도 전통 매체와 마찬가지로 뉴스의 질에 대한 판단에 바탕한 뉴스 배포를 시도할 수 있었다. 하지만 이 같은 편집 방식을 통해 포털이 언론 기능을 수행하는 것은 옳지 않다는 비판에 부딪혔고 이후 알고리즘에 의한 뉴스 편집을 시작했다. 신문사나 방송사와 같은 개별 언론사는 나름의 편집 기준을 가지고 무엇이 그날의 중요한 공적 뉴스이고 좋은 뉴스인지를 선별해 보도하고 배치하지만 이에 대한 이용자의 저항은 없다. 하지만 2차 게이트키퍼의 경우 수많은 언론사가 제공하는 다량의 기사를 놓고 저널리즘 가치에 바탕해 무엇이 좋은 뉴스이고 중요한 뉴스인지를 판단하는 데 따른 저항이 거셌던 셈이다. 이에 다음카카오는 2015년 5월부터 루빅스(RUBICS: Realtime User Behavior-based Interactive Content recommender System)라는 알고리즘을 적용해 뉴스를 추천하기 시작했다. 네이버도 2018년 2월 에어스(AiRS: AI Recommender System) 알고리즘을 이용한 뉴스 편집을 시작했다. 에어스는 이용자의 과거 콘텐츠 이용 기록에 근거해 뉴스를 추천하는 방식으로, 네이버는 언론사가 직접 편집하는 공간을 제외하고는 이 알고리즘을 통해 뉴스를 제공한다.

알고리즘에 의존한 뉴스 배열에는 또 다른 비판이 따르는데, 알고리즘이 좋은 뉴스보다 선정적 제목 등으로 이용자들의 주목을 끄는 뉴스를 더 노출시키는 방식으로 작동하기 때문이다. 이에 한국언론진흥재단은 질 좋은 뉴스를 더 많이 추천하는 대안적 알고리즘을 개발하기 위해 2016년 5월부터 2018년 9월까지 '뉴스트러스트위원회'를 구성해 디지털 뉴스에서 중요하게 여길 만한 10개의 저널리즘 가치[3]를 선정하고 이 기준에 따라 뉴스를 제공하는 알고리즘을 제시했다. 하지만 해당 알고리즘을 통해 저널리즘 가치에 따라 양질의 기사를 골라 추천하는 것에도 한계가 있다. 위원회가 도출한 10개의 저널리즘 가치를 알고리즘에 적용하기 위해서는 이 가치를 기사의 형식적 측면에 바탕해 계량화할 수밖에 없다. 의견의 다양성, 공정성 같은 저널리즘의 가치에 대한 평가 기준은 추상적인데, 현재의 자연어 처리 기술은 이를 계량화해서 측정할 만큼 발전하지 못했다.

4. 수동적 뉴스 이용자의 등장과 뉴스 선순환 구조의 파괴

알고리즘 의존형 뉴스 소비가 가져올 수 있는 또 다른 변화 중 하나는 수동적 뉴스 이용자의 증가이다. 뉴스를 일부러 찾아 소비하기보다는 알고리즘의 추천에 의해 우연히 마주치는 뉴스에 전적으로 의존하는 이용자가 늘고 있다. 더불어 뉴스 생산자들도 자신들이 생산한 뉴스를 이

3 균형성, 다양성, 독이성, 독창성, 사실성, 심층성, 유용성, 중요성, 투명성, 선정성 등이다.

용자가 찾아와 소비하도록 이용자를 끌어들이기(pull)보다는, 이용자에게 원하는 종류의 뉴스를 밀어내는 소위 푸시(push) 전략을 세우고 있다.

수동적 뉴스 소비 성향을 설명하는 대표적인 개념이 '뉴스가 나를 찾을 것이라는 인식(NFMP: news-finds-me perception)'인데, 이는 이용자가 특별한 노력을 기울이지 않더라도 중요한 뉴스에 대해 저절로 알게 될 것이라는 생각에 바탕한 뉴스 이용 방식을 의미한다. 물론 이 같은 인식이 전적으로 알고리즘 추천 뉴스에 의존함으로써만 발생하는 것은 아니다. 이러한 인식은 전반적으로 인터넷, 소셜 미디어, 동료 등으로부터 자연스럽게 충분한 뉴스를 획득하고 있다는 것을 의미하지만, 이 같은 우연한 뉴스 노출을 가능하게 하는 가장 중요한 요인 중 하나는 알고리즘 뉴스 추천이다.

NFMP와 같은 수동적 뉴스 소비에 대한 논의가 시작된 것은 그리 오래되지 않았지만, 이 같은 방식의 뉴스 이용이 이용자들에게 어떤 영향을 미칠지에 대해서는 꽤 많은 연구가 축적되어 있다. 전반적으로 수동적 뉴스 이용자들은 정치 지식 및 정치 관심이 낮고 그로 인해 정치 참여 정도도 낮은 것으로 파악된다. 2022년 한국 대통령 선거 당시 수집한 설문조사 데이터를 바탕으로 NFMP와 정치 지식 및 정치 참여의 관계를 살펴본 연구(최지향·오해정·전현지, 2023)는 NFMP가 높은 이들은 주요 정치 현안에 대한 객관적인 지식이 특별히 높지는 않지만 스스로 정치 관련 지식이 높다고 여기는 주관적 지식수준이 높다는 것을 보여준다. NFMP가 높아 주관적 지식이 높은 이들은 더 활발하게 정치에 참여하는 것으로 나타났다. 즉, 해당 결과는 최근 수동적 뉴스 이용이 증가하는 현상은 실질적인 지식을 향상시키지는 못하지만 스스로 충분한 지식을 지니고 있다고 여기는 이용자를 증가시키는 동시에 주관적 지식에 바탕한 정치 참여의 확대로 이어질 수 있음을 보여준다.

수동적 뉴스 이용이 객관적 정치 지식 향상에 도움이 되지 않는 이유는 정보 처리 과정이 특별하기 때문일 수도 있다. 알고리즘에 의해 우연히 마주치는 뉴스에 의존하는 이들은 필요한 뉴스를 적극적으로 찾아보는 이들에 비해서 뉴스 정보를 처리하는 데 훨씬 적은 인지적 에너지를 투자할 것이다. 같은 뉴스에 노출된다고 해도 해당 뉴스 정보를 처리하는 데 얼마나 많은 인지적 에너지를 들이는지에 따라서 지식을 습득하는 수준이 다르다. 예를 들어 뉴스를 접하고 이에 대해 깊이 생각하는 정교화(elaboration) 과정을 거치는 경우에는 지식 습득으로 이어지지만, 대충 뉴스를 훑어보는 경우에는 지식 습득으로 이어지지 않는다. 알고리즘의 추천에 의존해 수동적으로 뉴스를 이용하는 이들은 뉴스 정보 처리에서도 인지적 노력을 기울이지 않을 가능성이 크고 그 때문에 지식을 충분히 습득하지 못할 수 있다. 그럼에도 수동적으로 뉴스를 이용할 경우 큰 노력을 들이지 않고도 지속적으로 다량의 뉴스를 공급받게 되어 실제와 달리 지식을 갖추고 있다고 착각할 수 있다.

민주주의 사회에서 바람직한 시민상으로 식견 있는 시민(informed citizen)의 중요성은 수없이 강조되어 왔다. 주요 국가적 이슈에 대해 사실적인 지식을 갖추고 있을 때 시민들은 자신의 이익에 맞는 정치적 결정을 내리는 동시에 정치에도 적극적으로 참여할 수 있기 때문이다. 뉴스 이용은 객관적인 지식을 향상하는 데 긍정적인 영향을 미치는 동시에 그로 인한 정치 참여를 촉진하고, 이 같은 참여를 통해 이용자는 다시 뉴스를 이용하게 된다는 소위 선순환(virtuous circle) 모델은 민주주의에서 뉴스의 기능을 설명하는 중요한 모델이었다. 하지만 수동적 뉴스 이용이 객관적 지식 향상에 도움이 되지 않고 도리어 실제로 지식은 없으면서 지식을 갖추고 있다는 인식만 증가시켜 정치 참여를 독려한다는 점을 고려하면, 알고리즘 추천의 영향력이 커지는 현 뉴스 환경의 변화는 전통적인 선순환을 파괴할 가능성도 있다.

5. 나가며

지금껏 살펴본 바와 같이 알고리즘에 의존한 뉴스 소비는 단순히 뉴스 이용 방식의 변화만을 가져오는 것이 아니다. 이용자들이 어떤 종류의 뉴스를 소비하고, 이 사회를 어떻게 이해하며, 어떤 태도를 형성하고, 어떤 행동을 할지에 대해 폭넓은 영향을 미칠 수 있다. 나아가 이 같은 변화는 민주주의의 유지와 발전에도 큰 함의를 지닌다.

따라서 인공지능이 저널리즘에 미치는 영향을 살펴볼 때 그 기술적 특징이나 편리성 측면에만 관심을 가지기보다 해당 기술이 저널리즘의 질과 이용자의 시민성에 어떤 영향을 미칠 것인지에 대해서도 함께 고민해야 한다. 인공지능의 영향력을 고려할 때 이용자들도 뉴스 알고리즘의 작동 원리와 영향에 대해 인식할 필요가 있다는 점에서 뉴스 알고리즘 리터러시 교육에도 관심을 가져야 한다. 알고리즘의 비가시성과 불투명성 때문에 알고리즘을 교육하기란 그리 쉬운 일이 아니다. 스바르트(Swart, 2023)는 16세에서 26세 사이의 청소년과 청년을 심층 인터뷰한 결과, 알고리즘의 작동 방식이 불투명하고 관련 기술 용어도 난해하기 때문에 알고리즘 리터러시 교육은 어려움에 처해 있다고 언급한 바 있다. 그럼에도 아예 불가능한 것은 아니다. 예를 들어 한국언론진흥재단은 앞서 언급한 뉴스트러스트위원회에서 제안한 알고리즘을 활용해서 뉴스 알고리즘의 구동 방식에 대해 교육하고 이용자에게 뉴스 배열 과정에 대해 소개하는 '뉴스알고' 프로그램을 개발했다. 연구 결과 뉴스알고를 통해 알고리즘 리터러시 교육을 받은 이들은 알고리즘의 작동 원리와 한계를 더 잘 이해했다(오세욱·윤현옥, 2022). 이처럼 알고리즘 의존형 뉴스 소비가 가져올 수 있는 정치적·사회적 영향에 대해 관심을 가지는 한편으로, 이용자들이 알고리즘 뉴스 추천 방식과 그 파장에 대해 이해하고 이를 비판적으로 이용할 수 있는 방안에 대해서도 관심을 가질 필요가 있다.

참고문헌

오세욱·송해엽. 2019. 『유튜브 추천 알고리즘과 저널리즘』. 한국언론진흥재단.

오세욱·윤현옥. 2022. 「'미디어 리터러시'로 접근한 '알고리즘': '뉴스알고(News Algo)' 사례를 중심으로」. ≪방송통신연구≫, 특집호, 7~37쪽.

최지향·오해정·전현지. 2023. 「정말 아는 시민과 아는 것 같은 시민: 수동적 뉴스소비가 주관적, 객관적 정치지식 및 정치참여에 미치는 영향」. ≪한국방송학보≫, 37권, 4호, 310~333쪽.

Bakshy, E., S. Messing and L. A. Adamic. 2015. "Exposure to ideologically diverse news and opinion on Facebook." *Science*, Vol.348, No.6239, pp.1130~1132.

Feezell, J. T., J. K. Wagner and M. Conroy. 2021. "Exploring the effects of algorithm-driven news sources on political behavior and polarization." *Computers in Human Behavior*, Vol.116, 106626. https://doi.org/10.1016/j.chb.2020.106626

Flaxman, S., S. Goel and J. M. Rao. 2016. "Filter bubbles, echo chambers, and online news consumption." *Public Opinion Quarterly*, Vol.80, No.S1, pp.298~320.

Fletcher, R. and R. K. Nielsen. 2019. "Generalised scepticism: How people navigate news on social media." *Information, Communication & Society*, Vol.22, No.12, pp.1751~1769.

Lim, J. S. and J. Zhang. 2022. "Adoption of AI-driven personalization in digital news platforms: An integrative model of technology acceptance and perceived contingency." *Technology in Society*, Vol.69, 101965. https://doi.org/10.1016/j.techsoc.2022.101965

Ludwig, K., A. Grote, A. Iana, M. Alam, H. Paulheim, H. Sack, C. Weinhardt and P. Müller. 2023. "Divided by the algorithm? The (limited) effects of content-and sentiment-based news recommendation on affective, ideological, and perceived polarization." *Social Science Computer Review*, Vol.41, No.6. https://doi.org/10.1177/08944393221149290

Piore, A. 2018. "Technologists are trying to fix the 'filter bubble' problem that tech help create." *MIT Technology Review*. https://www.technologyreview.com/(검색일: 2023.11.5)

Segreti, Giulia. 2016.8.30. "A Facebook CEO says group will not become a media company." *Reuters*. https://www.reuters.com/article/us-facebook-zuckerberg-idUSKCN1141WN/(검색일: 2023.11.5)

Swart, J. 2023. "Tactics of news literacy: How young people access, evaluate, and engage with news on social media." *New Media & Society*, Vol.25, No.3, pp.505~521.

Thurman, N., J. Moeller, N. Helberger and D. Trilling. 2019. "My friends, editors, algorithms, and I: Examining audience attitudes to news selection." *Digital Journalism*, Vol.7, No.4, pp.447~469.

Zuiderveen Borgesius, F., D. Trilling, J. Möller, B. Bodó, C. H. De Vreese and N. Helberger. 2016. "Should we worry about filter bubbles?" *Internet Policy Review: Journal on Internet Regulation*, Vol.5, No.1. https://papers.ssrn.com/sol3/papers.cfm?abstract_id=2758126(검색일: 2023.11.5)

제11장

인터넷 포털 뉴스 그 후*

개인을 학습한 완전 개인화된 뉴스 서비스

최수진

1. 서론

"뉴스를 어디에서 접하는가?"라는 질문에 대해 과거에는 '조선일보', '한겨레' 같은 언론사를 답하는 경우가 다반사였다면, 지금은 '네이버', '다음' 같은 인터넷 포털을 언급하는 경우가 대부분이다. 아마도 다가올 미래에는 '뉴스 앱'이나 '뉴스 챗봇'이라고 말하는 사람들이 늘어나지 않을까 싶다.

전통적인 신문이나 방송이 '매스(mass)' 미디어로서의 특성을 지녔다면, 인터넷 포털은 '매스' 미디어와 '대인(interpersonal)' 미디어의 성격을 띤 중간적인 미디어라 할 수 있고, 뉴스 앱이나 뉴스 챗봇은 '대인'을 넘

* 이 글의 작성과 관련해 기초 자료 수집에 도움을 준 임지윤 학생(경희대 미디어학과)에게 감사를 표한다.

어서 '개인(personal)' 미디어라 할 수 있다. 인터넷 포털과 뉴스 앱, 뉴스 챗봇 모두 디지털 테크놀로지를 기반으로 하지만, 이용자에게 뉴스 서비스를 제공하는 데 있어서는 큰 차이가 있다. 인터넷 포털의 경우, 언론사 및 뉴스의 속성과 해당 속성에 부여된 가중치를 기반으로 뉴스 알고리즘을 설계하고, 해당 알고리즘에 따라 뉴스를 필터링하고 순위화해 이용자의 컴퓨터 화면상에 그 순서대로 배열하는 형식으로 기사를 제공한다.[1] 반면, 뉴스 앱이나 뉴스 챗봇은 언론사 및 뉴스의 속성에 방점을 두는 것이 아니라 이용자의 과거 뉴스 이용 이력과 이를 기반으로 추정된 이용자 개인의 선호에 방점을 둔다. 성별, 연령 등 이용자의 '속성'에 대한 데이터뿐만 아니라 이용자의 뉴스 이용 '행위'에 대한 데이터까지 머신러닝(기계 학습)해 해당 이용자의 이용 패턴과 선호를 예측하고, 그 예측을 토대로 뉴스 서비스를 제공하는 것이 가능해진 것이다. 개인의 뉴스 이용 행위가 디지털 로그 데이터의 형태로 기록화되고, 이러한 방대한 양의 데이터를 학습해 패턴을 추출해 내는 AI의 성능이 향상되면서, 예컨대 '20대 여자 대학생'이라는 '군집'으로가 아니라 한 명의 '개인'으로 맞춤형 뉴스 서비스를 제공받는 것이 가능해진다는 말이다. 즉, 개인을 머신러닝한 완전 개인화된 뉴스 서비스가 점차 현실화되고 있다.

기술 발전으로 인한 이러한 뉴스 서비스가 어떠한 개인적·사회적 변화를 초래할지는 아직 미지수이다. AI 기반 뉴스 서비스가 현재 발생하

1 뉴스 알고리즘과 이를 기반으로 한 디지털 뉴스 큐레이션 및 뉴스 이용과 관련한 논의는 이 책의 전신인 『저널리즘 다시 보기』(한국언론학회 저널리즘연구회, 2022)에서 최수진이 쓴 4장 「디지털 뉴스 생태계와 이용자」를 참고하기 바란다.

고 있는 오정보 문제나 낚시성 기사 문제 등을 일부 해소할 수 있다는 긍정론부터, 개인의 편향을 더욱 확대하고 프라이버시를 침해할 수 있다는 부정론까지 다양한 전망이 존재한다.

기술 결정론적 관점(technological determinism)에 따르면, 특정 기술의 도입으로 인한 변화는 그 기술이 지닌 특성으로 인해 발생하는 필연적이고 당연한 결과이기 때문에 해당 기술을 도입한 모든 국가나 사회에서 동일한 현상이 발생한다. 이와 반대로 문화 결정론적 관점(cultural determinism)에서는 기술이 아니라 문화가 사회의 변화를 추동하기 때문에 기술이 어떠한 특성을 지녔는지는 영향을 미치지 못한다고 간주한다. 다시 말해, 같은 기술이라 하더라도 어떤 문화권에 놓여 있느냐에 따라 그 기술의 도입으로 인한 변화가 각양각색이라는 것이다.

이 장에서는 기술 결정론적 관점과 문화 결정론적 관점 모두를 지양한다. 새로운 기술이 도입되면 그로 인한 특정 양상이 유발될 가능성이 높아진다는 점[기술적 어포던스(technological affordance)]에서 기술 결정론적 관점을 완전히 부정할 수 없으며, 국가, 지역, 사회 등의 맥락(예컨대, 시장 상황, 법/규제 등)에 따라 해당 양상이 발현될 수도, 발현되지 않을 수도 있다는 점에서 문화 결정론적 관점도 완전히 부정할 수 없다. 따라서 이 장에서 논하는 내용들은 AI 기반 뉴스 서비스가 반드시 이 같은 현상들을 초래한다는 것을 전제로 하지 않는다. 다만, 기술적 어포던스를 감안할 때 AI 기반 뉴스 서비스가 야기할 수 있는 다양한 변화의 '가능성'에 대해 논하고자 한다.

2. 프레이밍의 변화

뉴스 서비스의 본질은 결국 실재의 일부를 선택해 강조하거나 배제하는 일련의 과정들(즉, 프레이밍)(Entman, 1993)을 통해 이용자들이 세상을 바라보는 시각을 제공하는 것이다. 언론사에서 게이트키퍼로서 어떤 기사를 내보낼지 말지를 결정하는 것이나, 신문 지면에서 기사의 위치와 크기를 정하는 것이나, 뉴스 방송 시 보도 순서와 시간을 정하는 것 모두 프레이밍에 해당한다. 예를 들어, 어떤 기사가 신문 1면 상단에 배치되어 있고 헤드라인 글자 크기가 클수록 또는 첫 번째 뉴스로 보도되면서 보도 시간이 길수록 해당 기사가 중요한 뉴스임을 시사한다고 볼 수 있다. 이 같은 '저널리즘 프레이밍'을 통해, 실재하는 수많은 현상 중에서 어떤 것에 관심을 가져야 하는지 그리고 그 현상을 어떻게 조망해야 하는지를 일반 공중에게 제시한다.

근래에는 신문 지면이나 방송 보도가 아닌 인터넷 포털을 통해 뉴스를 접하는 경우가 많아지면서 저널리즘 프레이밍보다 '알고리즘 프레이밍'(Just and Latzer, 2017)의 영향력이 더 커지고 있다. 수없이 많은 양의 기사가 생산되는 디지털 뉴스 환경에서, 희소한 것은 더 이상 정보 자원이 아니라 우리의 인지적 자원인 주목(attention)이다(Lanham, 2006). 지금은 한정적인 주목 자원을 정보에 효율적으로 할당하는 것이 중요한 주목 경제 시대이다. 뉴스 알고리즘은 수많은 기사들을 필터링하고 순위화해 배열함으로써 어떤 기사들이 우리의 주목을 끌 만한 기사인지를 제시해 준다. 이용자들은 대부분 뉴스 알고리즘이 컴퓨터 화면 상단에 위치시킨 두세 개의 기사만 읽고 관련 현상에 대해 파악한다. 따라서 알고리즘이 어떤 기사를 선별하고 순위화해서 배열하느냐에 따라 이용자들이 현상을 바라보는 관점에 영향을 줄 수 있다.

여기서 더 나아가, 뉴스 앱과 뉴스 챗봇 등 AI를 기반으로 한 뉴스 서비스가 활성화되면 알고리즘 프레이밍을 넘어서 개인화된 프레이밍이 가시화될 수 있다. 이와 관련해 아직 학계에서 명확히 논의된 바는 없으나, 이 장에서 '개인 맞춤형 프레이밍(tailored framing)'이라는 개념을 제안하고자 한다.

알고리즘 프레이밍과 개인 맞춤형 프레이밍 모두 디지털 뉴스 환경에서 자동화된 프레이밍이라는 점에서는 공통적이지만, 작동 원리에는 차이가 있다. 알고리즘 프레이밍이 언론사 속성 및 기사들에 대한 텍스트 마이닝을 기반으로 작동한다면, 개인 맞춤형 프레이밍은 개인의 속성 및 뉴스 이용 행위 기록에 대한 학습을 기반으로 한다. 알고리즘 프레이밍이 많은 사람의 주목을 끌 수 있을 법한 기사들을 제공하기 위한 것이라면, 개인 맞춤형 프레이밍은 한 개인이 주목했던 기사들을 토대로 개인의 선호를 먼저 파악한 후 그 사람이 주목할 만한 기사들을 제공하기 위한 것이라 할 수 있다. 따라서 알고리즘 프레이밍에 비해 개인 맞춤형 프레이밍은 이용자의 관여도가 높으며 결과적으로 이용자에게 더 큰 영향을 미칠 수 있다.

'저널리즘 프레이밍'에서 '알고리즘 프레이밍'으로, 그리고 다시 '개인 맞춤형 프레이밍'으로의 변화는 디지털 뉴스 환경에 여러 가지 가능성과 함께 우려를 던져준다. 개인 맞춤형 프레이밍이 가능한 AI 기반 뉴스 서비스가 지니는 잠재적 가능성과 사회적으로 초래할 수 있는 부작용에 대해서는 다음 절에서 살펴보고자 한다.

3. AI 기반 뉴스 서비스

1) AI 기반 뉴스 서비스의 잠재적 가능성

생성형 AI는 인공지능의 한 분야로, 새로운 콘텐츠를 생성할 수 있는 모델을 만드는 데 방점을 둔다. AI는 머신러닝을 통해 데이터에 내재된 패턴을 학습하고 학습한 패턴을 토대로 새로운 데이터를 생성해 낸다.

뉴스와 관련해 AI는 여러 가지 잠재적 가능성을 열어주었는데, 그중 하나가 자동화된 뉴스 콘텐츠 생산이 가능하다는 것이다. AI는 뉴스 기사를 생성하고 기존 기사들을 요약하는 것이 가능하며, 많은 양의 데이터를 분석해 패턴을 식별하고 이를 토대로 의미 있는 인사이트를 제공할 수도 있다. 이뿐만 아니라 뉴스 제작 과정에서 원고를 작성하거나 번역을 하거나 동영상에 자막을 넣는 것도 가능하다(Gondwe, 2023). 팩트체크 과정에도 도움을 줄 수 있는데, 다량의 뉴스 데이터를 분석해 기사들 간의 차이를 식별해 냄으로써 다른 기사들과 다른 정보를 담고 있는 기사를 찾아내어 검증해 볼 수 있다(Gondwe, 2023). 특히 개인 선호를 토대로 구미에 맞는 뉴스를 추천하는 등 개인화된 뉴스 서비스를 제공할 수 있다. 또한 기사를 직접 읽지 않고도 대화를 통해 기사에 대해 알려주는 뉴스 챗봇을 만들 수 있다(Wilser, 2023.6.8). 요컨대, AI 기반 뉴스 서비스를 통해 뉴스 생산 자동화, 팩트체크 및 오정보 식별, 개인화된 뉴스 서비스나 대화형 뉴스 서비스가 가능하다.

2) AI 기반 뉴스 서비스가 초래할 수 있는 부작용

앞에서 언급한 여러 가지 잠재적 가능성 외에, AI 기반 뉴스 서비스가 초래할 수 있는 부작용도 있다. AI를 통해 오정보를 식별해 낼 수도 있지만, AI로 자동으로 작성된 기사에는 도리어 오정보가 포함될 수도 있다. 오정보를 마치 사실인 것처럼 그럴듯하게 말하는 챗GPT의 환각 현상으로 인해 잘못된 정보가 신뢰할 만한 뉴스로 보일 가능성이 있다. 사람이 작성한 기사와 AI가 작성한 기사를 구별하기가 점점 어려워지고, 저널리즘 원칙과 언론 보도 준칙을 준수하지 않은 기사들이 AI에 의해 양산될 경우 언론 신뢰도가 하락할 수도 있다(Gondwe, 2023). 또한 기사들과 다른 데이터베이스들을 머신러닝을 위해 사용하는 데에는 저작권 침해와 표절의 소지가 상존하며(Gondwe, 2023), 개인 맞춤형 뉴스 서비스를 제공하기 위해 사용하는 개인 정보와 데이터들도 프라이버시를 침해할 우려가 있다(Manisha and Acharya, 2023). 무엇보다 개인의 속성과 행위, 뉴스 이용 이력 등을 학습해 이를 토대로 뉴스를 제공할 경우 해당 개인이 지닌 편향을 극대화할 수 있다. 예컨대, 개인 맞춤형 정치 뉴스를 지속적으로 이용할 경우, 진보는 극진보에 가깝게, 보수는 극보수에 가깝게 정치 성향이 극단화될 가능성이 있다. 이는 사회적으로 내집단 편애와 외집단 배척 현상을 초래할 수 있으며, 더 나아가 정치적 양극화와 사회적 분절을 야기할 수 있다. 요컨대, AI 기반 뉴스 서비스를 통해 오정보 확산, 언론 신뢰도 하락, 저작권 및 개인 프라이버시 침해, 개인 편향 확대 등의 부작용이 초래될 수 있으며, 더 나아가 정치적·사회적으로 바람직하지 않은 결과들이 발생할 수도 있다.

3) AI 기반 뉴스 서비스의 핵심: 개인화

AI 기반 뉴스 서비스가 지니는 여러 가능성과 부작용 중에서 특히 뉴스 이용자에게 가장 크게 영향을 미치는 부분은 바로 개인화이다. 실제로, BBC, CNN, 뉴욕타임스, 워싱턴포스트, 가디언과 같이 유명 해외 언론사들은 좀 더 개인화된 뉴스 콘텐츠를 이용자에게 제공하기 위해 막대한 예산을 투입했고, 이러한 추세는 앞으로도 지속될 것으로 보인다.

이용자의 성별, 연령, 직업, 학력 등의 속성 정보 외에 뉴스 검색, 기사 공유 및 추천, 기사 댓글 작성, 기사 체류 시간 등 뉴스 이용 행위와 관련한 데이터까지 머신러닝함으로써 이용자의 선호와 이용 패턴을 추출할 수 있다. 이용자 개인의 '속성'과 '행위'를 통해 추출한 이용자 선호와 이용 패턴에 더해, 날씨, 거주 지역 등 시공간에 따른 '맥락'도 함께 고려함으로써 이용자의 주목을 끌 가능성이 높은 기사들을 선별해 제공할 수 있다. 이는 결과적으로 해당 뉴스 서비스에 대한 이용자의 관여도와 의존도를 향상시킬 가능성이 크다. 이러한 뉴스 개인화 서비스의 일환으로 현재 뉴스 앱과 뉴스 챗봇 서비스가 시도되고 있다. 그 구체적인 사례에 대해서는 다음 절에서 살펴보고자 한다.

4. AI 기반 뉴스 서비스 사례

1) 뉴스 앱: 보링 리포트[2]

2023년 3월부터 서비스를 시작한 '보링 리포트(Boring Report)'는 뉴스에서 선정주의(sensationalism)를 제거한 채 사람이 작성한 것과 같은 유사한 텍스트를 AI로 생성해 재미없고 지루한 뉴스를 만드는 것을 표방한다. 이 앱을 만든 칼리나다보틀라(Kalinadhabhotla)는 클릭베이트 저널리즘(clickbait journalism)의 문제를 지적하며 낚시성 헤드라인에 이끌려 클릭했다가 읽을 만한 가치가 없는 기사들이 그간 많았으며, 뉴스가 객관성을 잃어가는 경향이 다분하다는 점에 문제의식을 갖고 이 앱을 만들게 되었음을 설명했다(Sarwar, 2023.4.19).

보링 리포트는 기사에서 과장이나 눈길을 끌 만한 자극적인 요소들을 최대한 배제하고, 미사여구 없이 단도직입적으로 중요한 정보를 전달하는 데 초점을 맞추고 있다. 기사 첫 줄부터 바로 핵심을 전달할 수 있도록 기사를 재구성하며, 100~200개의 단어로 내용을 요약해 제공한다. 이 앱은 기사에 광고 이미지나 영상을 없애고 언론사 웹사이트에서 요구하는 쿠키 설정도 없앰으로써 기사를 이용할 때 방해하는 요인들을 최소화하고 있다. 정치, 과학, 스포츠, 연예 등을 포함해 8개 장르의 기사들을 다루고 있다(Prakash, 2023.5.24; Sarwar, 2023.4.19).

지루한 뉴스를 표방하는 보링 리포트 앱 외에도, 뉴스에 대한 이용자들의 다양한 니즈를 충족시킬 수 있는 뉴스 앱 서비스들이 가까운 미래에 더 많이 출시될 것으로 보인다.[3]

---

2 https://www.boringreport.org

3 한국에서도 웹3.0 기반(인공지능과 블록체인 기반) 뉴스 앱인 '뉴밍(newming)'이 2023년 5월 출시된 바 있다.

2) 뉴스 챗봇: 마이 AI, 카카오톡 뉴스봇

마이 AI(My AI)는 스냅챗(SnapChat)의 개인화된 뉴스 챗봇으로, 챗GPT를 결합해 만든 것이다. 마이 AI는 대화를 생성하는 것이 가능할 뿐만 아니라, Z세대가 뉴스를 쉽게 이해할 수 있는 형식으로 뉴스를 큐레이션하고 개인 맞춤형 콘텐츠를 전달하는 데 방점을 둔다(WNIP, 2023).

국내 뉴스 챗봇 서비스로는 카카오톡 뉴스봇[4]을 꼽을 수 있다. 2019년 서비스를 시작한 뉴스봇은 2023년 8월 현재 55만 5000명이 넘는 이용자를 확보하고 있다. 이용자의 위치 정보를 토대로 날씨 정보를 제공하고, 이용자가 미리 설정한 장르나 키워드와 관련한 기사를 이용자가 선택한 시간에 보내준다. 이용자가 뉴스봇 채팅창에 원하는 정보를 입력하면, "○○ 관련 뉴스를 찾았습니다"라는 메시지와 함께 관련 기사 다섯 건을 화면상에 배열해 준다. 소통 방식이 대화 형태라는 점, 소수의 기사[5]가 패키징되어 제공된다는 점에서 인터넷 포털 뉴스 서비스와 차별화된다.

챗GPT가 등장한 이후 구글이나 네이버와 같은 뉴스 검색 서비스의 종말을 예견하는 논의들이 등장하고 있지만, 현재 뉴스 앱과 뉴스 챗봇 등 AI 기반 뉴스 서비스 역시 난항을 겪고 있다. 보링 리포트 앱이 오픈AI의 언어 모델 중 하나를 사용하는 것으로 알려져 있지만, 구체적으로 어떤 AI 모델을 토대로 하는지 밝혀진 바가 없어서 서비스의 투명성 문

---

4 https://pf.kakao.com/_WlSxbu

5 '뉴스 더보기' 버튼을 클릭하면 관련 기사들을 추가로 볼 수 있으나, 이때에도 다섯 건씩만 제공된다.

제가 제기되고 있다. 또한 챗GPT를 학습시키는 데 뉴욕타임스, 로이터, 월스트리트저널 등의 뉴스 기사들이 활용된 것이 알려지면서 저작권 침해 소송이 잇따르고 있으며, 주요 기업들은 GPT 봇의 접근을 차단하고 있다(심서현, 2023.8.23). 이뿐만 아니라 챗GPT의 개인정보 침해 여부에 대한 조사도 이루어지고 있다(조재용, 2023.5.27). 이러한 일련의 흐름이 개인화를 지향하는 뉴스 앱이나 뉴스 챗봇의 활성화에 어떠한 영향을 미칠지는 아직 단정하기 이르지만, 데이터 학습을 기반으로 AI의 성능을 고도화해야 하는 상황에서 이 같은 저항에 직면한 것은 AI 기반 뉴스 서비스에 어려움을 배가하고 있다.

5. AI 기반 뉴스 서비스 이용자의 반응

AI 기반 뉴스 서비스가 아직 초기 단계인 관계로, 이 장을 작성하는 시점에서는 AI 기반 뉴스 서비스 이용자에 대한 연구가 드문 실정이다. 이러한 상황에서 최근 미국에서 101명을 대상으로 개인 인터뷰를 실시해 AI 기반 뉴스 앱 이용 경험 및 이에 대한 인식을 조사한 연구 결과(Du, 2023)가 보고되었다.

이 연구에 따르면, 대부분의 연구 참가자들은 AI 기반 뉴스 앱에 대해 긍정적이거나 중립적인 반응을 보였다. 부정적인 반응을 보인 참가자들은 이러한 뉴스 앱이 자신의 과거 뉴스 이용 이력을 토대로 이루어진다는 점에 우려를 표했다. 반면, 긍정적으로 평가한 참가자들은 다양성, 편리성, 접근의 용이성, 개인화된 서비스를 그 이유로 꼽았다.

특히 개인화와 관련해, 약 6%를 제외한 대부분의 참가자들이 자신이 사용하는 뉴스 앱에서 뉴스 개인화가 이루어지고 있음을 인지했다. 어떤 참가자는 개인화된 뉴스 앱을 30분 이용하는 것이 TV 뉴스를 처음부터 끝까지 시청하는 것보다 더 큰 만족감을 준다고 답했고, 또 다른 참가자는 뉴스 앱을 통해서 스스로 읽을 만한 가치가 있다고 생각하는 뉴스를 접할 수 있기 때문에 이제 TV 뉴스는 거의 보지 않는다고 답했다. 개인화된 서비스에 대해 우려를 드러낸 일부 참가자도 있었는데, 이들은 뉴스 앱이 개인적으로 관심 있는 뉴스를 제공해 주기에 후속 뉴스에 대한 호기심이 커져 결과적으로 더 많은 뉴스를 과도하게 소비하게 함으로써 뉴스에 중독적이 된다고 말했다. 한편 자신의 관심사 밖의 뉴스에 대해서는 아예 정보를 얻지 못할 수도 있다는 것에 대한 두려움을 표하기도 했다.

개인화된 뉴스 서비스는 뉴스 검색 빈도에도 영향을 미쳤는데, 대다수의 참가자가 뉴스 앱을 이용한 뒤로는 뉴스를 검색하는 횟수가 확연히 감소했다고 답했다. 뉴스를 별도로 검색하는 수고를 들이지 않아도 뉴스 앱이 자신의 과거 뉴스 이용 이력을 토대로 뉴스를 선별해 제공해 주니 검색에 굳이 시간을 투자할 필요가 없다는 것이 그 이유였다. 별도로 뉴스 검색을 하지는 않지만, 뉴스 앱 내에서 뉴스 큐레이션을 하는 참가자들도 있었다. 뉴스 앱의 인터랙티브 기능을 통해 더 보고 싶은 뉴스, 덜 보고 싶은 뉴스, 걸러내고 싶은 뉴스 등을 표시함으로써 개인의 선호에 부합하는 좀 더 적확한 뉴스를 제공받기 위해서였다.

뉴스 앱을 이용한 이후의 변화에 대해, 더 많은 정보와 지식을 획득하게 되었다고 생각한다는 응답자가 다수였는데, 그 근거로 뉴스 앱을 통해 뉴스에 대한 접근성, 관련성, 시의성이 향상되었다는 것을 꼽았다. 반면, 뉴스 앱을 이용하면서 어떤 뉴스에 스스로를 노출시킬지에 대한 자기 주도적 통제력이 증가한 것으로 느끼는지에 대해서는 혼재된 반응을 보였다. 어떤 참가자는 뉴스 앱을 통해 관심 없는 뉴스를 억지로 봐야 하는 수고로움을 줄일 수 있고 뉴스 보도시간을 기다리지 않고 언제 어디서든 관심 있는 뉴스를 접할 수 있기 때문에 뉴스 이용에 관한 통제력이 증가했다고 답했다. 이와 달리, 뉴스 앱을 통해 편향되지 않은 뉴스를 볼 수 있다는 확신이 점차 사라지고 뉴스 앱을 중독적으로 사용하게 되면서 오히려 뉴스 이용에 대한 통제력이 감소했다는 응답도 있었다.

뉴스 앱에서 제공하는 뉴스를 신뢰하는지 여부에 대해서는 참가자들의 반응이 엇갈렸다. 뉴스 앱의 뉴스를 신뢰하지 않는다는 의견에서는 그 근거에 대해 폭스 뉴스(Fox News)가 다소 우편향적이고 CNN이 다소 좌편향적이듯이 뉴스 앱도 이념적인 편향이 있을 수 있으며 AI 기반 뉴스 서비스 역시 그 알고리즘을 설계한 누군가의 편향이 내재되었을 수 있기 때문이라고 밝혔다.

반면, 뉴스 큐레이션 기능을 적극적으로 활용하는 참가자들의 경우, 뉴스 앱의 뉴스를 신뢰하는 경향을 보였다. 이들은 뉴스 앱의 뉴스 큐레이션 기능을 통해 자신이 신뢰하는 출처의 뉴스를 제공받았으며, 뉴스에 내재된 잠재적 편향을 최소화하기 위해 다양한 뉴스에 노출될 수 있도록 뉴스 앱의 개인화 서비스를 활용했다. 뉴스 앱을 장기간 이용할 경우 개인의 편향이 심화될 것으로 예상한다는 응답자는 절반 정도였다. 이들은 자신의 선유 경향에 부합하는 기사만 뉴스 앱을 통해서 소비하다 보면 자신의 생각과 반대되는 의견에 대해 무지해지고 결과적으로 메아리처럼 자신의 목소리를 뉴스 기사를 통해 거듭 재확인하는 에코 체임버(echo chamber)(Sunstein, 2001)에 갇히게 될 것이라는 점을 우려했다.

두(Du, 2023)의 연구 결과들이 종합적으로 시사하는 바를 생각해 보면 다음과 같다. 우선, AI 기반 뉴스 서비스의 개인화가 이용자의 뉴스 관여도를 향상시키고 이용자의 관심사와 관련한 정보와 지식을 증대시키는 데 도움을 주는 것은 분명해 보인다. 하지만 일부 이용자에게는 높은 뉴스 관여도가 해당 뉴스 서비스에 대한 의존도를 높이고 뉴스에 대한 자기 주도적 통제력을 약화시키는 결과를 초래하기도 했다. 특히 개인화된 뉴스 서비스가 활성화되면 지금처럼 인터넷 포털에서 제공하는 검색형 뉴스 서비스는 이용자가 확연히 줄어들 것으로 보인다. 하지만 이용자가 뉴스를 직접 검색하지 않는다고 해서, 뉴스를 이용하는 데서의 이들의 행위가 수동적으로 변화한다고 할 수는 없다. 검색이라는 행위 없이 뉴스 앱이 제공하는 뉴스를 소비하긴 하지만, 해당 뉴스 앱 내에서 좀 더 적확하게 개인화된 뉴스를 추천받기 위해 뉴스 큐레이션 행위를 하기 때문이다. 즉, 뉴스를 이용하는 방식이 변화한 것일 뿐, 이용자들이 뉴스를 수동적으로 이용하는 경향이 증가했다고 보기에는 무리가 있다. 더 나아가 이러한 큐레이션 행위의 정도는 이용자가 뉴스 앱에서 제공하는 뉴스를 얼마나 신뢰하는지, 뉴스 앱이 자신이 지니고 있던 편향을 강화시킬 것으로 생각하는지 등에 영향을 미치는 것으로 보인다.

이와 같은 이용자들의 반응을 토대로 AI 기반 뉴스 서비스에 내포된 사회적 함의 및 이와 관련된 고민에 대해서는 다음 절에서 논의하고자 한다.

6. AI 기반 뉴스 서비스의 사회적 함의와 고민

AI 기반 뉴스 서비스와 관련해, 이용자들이 뉴스의 개인화가 이루어지고 있음을 인지하고 있는지, 해당 서비스와 별개로 뉴스를 직접 검색하는지, 해당 서비스 내에서 뉴스 큐레이션 행위를 하는지, 해당 서비스를 이용한 후 관심 분야의 관련 지식이 증가했는지, 해당 서비스에서 제공하는 뉴스를 신뢰하는지, 해당 서비스를 이용한 후 개인의 편향이 강화되었다고 생각하는지 등에 대해 향후에도 계속 탐구할 필요가 있다.

이와 더불어 중요하게 고민해 볼 문제로는 뉴스의 '개인화'가 '객관화'보다 앞서도 되는가 하는 것이다. 생성형 AI의 발전으로 대중이나 집단이 아닌 한 개인에게 초점을 맞춘 뉴스 서비스가 현실적으로 가능해졌으며, AI를 기반으로 하는 뉴스 앱과 뉴스 챗봇 서비스가 앞으로 더욱 활성화될 것으로 전망된다. 이러한 개인 맞춤형 서비스는 개인의 뉴스 이용 관여도와 만족도를 향상시키고 별도의 수고 없이 원하는 뉴스를 바로 얻을 수 있다는 점에서 뉴스 이용의 효율성도 배가시킨다. 하지만 그 이면에는 개인이 원하는 뉴스에 '선택적 노출(selective exposure)'되는 현상이 심화될 수 있다. 이 문제에 대해 특히 주목해야 하는 이유는 자신의 선유 경향에 부합하는 정보에 선택적 노출될 뿐만 아니라 부합하지 않는 정보에 '선택적 회피(selective avoidance)'되는 현상도 구조화될 수 있기 때문이다.

인터넷 포털에서 주로 뉴스를 접하는 오늘날의 디지털 환경에서는 개인이 원하지 않는 정보라 할지라도 우연에 의해 해당 정보에 노출되는 현상이 종종 발생하고는 한다. 하지만 완전 개인화된 뉴스 서비스에서는 원하지 않는 정보에 우연히 노출될 가능성이 현격히 줄어든다. 즉,

개인의 관심 분야나 선유 경향에 부합하는 뉴스는 별도의 시간과 노력 없이 손쉽게 획득할 수 있는 반면, 그 밖의 뉴스에 대해서는 아예 알지 못하는 현상이 고착화될 수 있다. 이렇게 '개인 맞춤형 프레이밍'이 발생하면 특정 사안에 대해 예컨대 찬성과 반대의 입장, 여당과 야당의 입장, 부정과 긍정의 입장 등을 모두 아울러 파악하기가 어렵고 객관적인 시각을 갖기는 더욱 어려워진다. 개인이 균형적인 시각을 갖기 위해 뉴스 큐레이션 행위를 적극적으로 수행하지 않는 이상, 뉴스의 개인화는 뉴스의 객관화와 반비례할 가능성이 높아 보인다. 뉴스 서비스를 제공할 때 개인화에 초점을 맞출 경우 해당 서비스에 대한 개인의 의존도를 높일 수 있으므로 상업적 측면에서는 유리하지만, 객관적이고 균형 있는 뉴스를 제공하지 못할 가능성이 높아지므로 사회적으로는 바람직하지 못하다. 뉴스의 개인화와 객관화에 대한 숙고는 앞으로 AI 기반 뉴스 서비스가 활성화될수록 더욱 요구된다.

또한 AI 기반 뉴스 서비스의 개인화가 개인을 머신러닝한다는 점을 전제로 할 때, '신뢰할 만한 AI(Responsible AI)'가 가능하도록 하기 위해 제도적으로 필요한 부분들을 고민해 볼 필요가 있다. 인터넷 포털의 뉴스 서비스가 언론사의 속성과 기사 데이터에 대한 학습을 토대로 기사를 선별, 순위화, 배열한다면, AI 기반 뉴스 서비스는 개인의 속성과 뉴스 이용 행위에 대한 학습과 더불어 시공간적 맥락을 고려하는 데 더 방점을 둔다. 이 과정에서 AI 기반 뉴스 서비스는 개인의 인구통계학적 속성 외에, 개인이 어떤 언론사가 작성한 어떤 내용의 뉴스를 어느 시간대에 얼마나 오랫동안 살펴보았는지, 더 나아가 개인이 어떤 지역에 거주하고 어떤 스마트폰을 사용하고 어떤 앱을 주로 이용하는지에 대한 데이터도 수집해 머신러닝한다. 이때 머신러닝에 사용된 데이터들의 출처에 대해 이용자에게 사전 동의를 구하거나 최소한 그 출처를 투명하게 밝힐 필요가 있다. 그런데 보링 리포트나 인터넷 포털의 사례에서 보듯이, 학습에 사용된 데이터를 공개하는 경우는 거의 없다(Schaul, Chen and Tiku, 2023.4.19). 특히 개인화 서비스는 개인 프라이버시와도 직결된 부분이므로 데이터의 투명성 문제를 비롯해 '신뢰할 만한 AI'를 구현할 수 있도록 관련 제도적 지침을 마련해야 할 것이다.

이 외에도 AI 기반 뉴스 서비스는 미시적으로는 개인의 편향을 강화할 가능성이 있으며, 거시적으로는 개인 간 정보 편차를 극대화하고 내집단 편애와 외집단 배척 경향을 심화시키며 더 나아가 정치적 양극화를 초래할 가능성도 있다. 개인화를 추구하는 AI 기반 뉴스 서비스는 이용자가 AI의 작동 원리에 대해 잘 알고 있고 뉴스 큐레이션 행위를 통해 의도적으로 다양한 의견에 스스로를 노출시키지 않는 이상, 해당 뉴스 서비스에 의해 개인의 편향이 강화될 가능성이 크다. 다시 말해, AI에 대한 효능감과 뉴스 큐레이션 행위는 AI 기반 뉴스 서비스가 개인 편향에 미치는 영향에 대해 일종의 상호작용 효과를 발휘할 것으로 예상된다. AI 기반 뉴스 서비스의 이용자가 증가하고 있는 만큼 이 문제에 대한 관련 실증 연구가 필요하다. 개인 편향은 결과적으로 개인 간 정보 편차와 관련이 있는데, 개인의 선호에만 부합하는 정보를 지닌 사람과 다양한 정보를 두루 섭렵한 사람은 정보의 질에 있어 차이가 있을 수밖에 없다. 더 나아가 전자가 많을수록 사회심리적으로 자신과 성향이 유사한 집단은 편애하고 성향이 반대되는 집단은 배척하는 사람들이 증가해 정치적 양극화가 발생하기 쉽다.

서두에 언급한 것처럼, 이 장에서의 논의는 AI 기반 뉴스 서비스가 반드시 이와 같은 문제를 야기한다는 점을 전제로 하지 않는다. AI라는 기술이 내포한 속성으로 인해 특정 양상이 유발될 가능성(affordance)이 존재한다는 관점에서 이 논의를 제기했다. 뉴스 앱이나 뉴스 챗봇 등을 비롯해 좀 더 개인화된 플랫폼을 통해 뉴스를 이용하게 될 가까운 미래에는 어떤 이슈들을 염두에 두어야 하는지를 이 장을 통해 가늠할 수 있기를 바란다.

참고문헌

심서현. 2023.8.23. "'챗GPT 데이터 수집? 안 돼'… 뉴욕타임스·로이터·니케이 막았다 [팩플]". ≪중앙일보≫. https://www.joongang.co.kr/article/25186662(검색일: 2023.12.28)

조재용. 2023.5.27. "캐나다 연방·주 당국, 챗GPT 개인정보 침해 여부 합동 조사". ≪연합뉴스≫. https://www.yna.co.kr/view/AKR20230527020600009(검색일: 2023.12.28)

최수진. 2022.「디지털 뉴스 생태계와 이용자」. 한국언론학회 저널리즘연구회.『저널리즘 다시 보기』. 나남.

Du, Y. R. 2023. "Personalization, Echo Chambers, News Literacy, and Algorithmic Literacy: A Qualitative Study of AI-Powered News App Users." *Journal of Broadcasting & Electronic Media,* Vol.67, No.3, pp. 246~273.

Entman, R. M. 1993. "Framing: Toward clarification of a fractured paradigm." *Journal of Communication*, Vol.43, No.4, pp.51~58.

Gondwe, G. 2023. "Exploring the Multifaceted Nature of Generative AI in Journalism Studies: A Typology of Scholarly Definitions." SSRN. http://dx.doi.org/ 10.2139/ssrn.4465446

Just, N. and M. Latzer. 2017. "Governance by algorithms: reality construction by algorithmic selection on the Internet." *Media, Culture & Society*, Vol.39, No.2, pp.238~258.

Lanham, R. A. 2006. *The Economics of Attention: Style and Substance in the Age of Information*. University of Chicago Press.

Manisha, R. and K. Acharya. 2023. "The Impact of Artificial Intelligence on News Curation and Distribution: A Review Literature." *Journal of Communication and Management*, Vol.2, No.1, pp.23~26.

Prakash, P. 2023.5.24. "News website Boring Report is using A. I. to change how people consume news—literally making it 'boring' by avoiding sensationalism." *Fortune*. https://finance.yahoo.com/news/news-website-boring-report-using-200409707.html(검색일: 2023.12.28)

Sarwar, N. 2023.4.19. "Boring Report is an AI app that revolutionized how I read the news." *digitaltrends*. https://www.digitaltrends.com/mobile/boring-report-app-ai-remove-clickbait-news-articles/(검색일: 2023.12.28)

Schaul, K., S. Y. Chen and N. Tiku. 2023.4.19. "Inside the secret list of websites that make AI like ChatGPT sound smart." *The Washington Post*. https://www.washingtonpost.com/technology/interactive/2023/ai-chatbot-learnig/(검색일: 2023.12.28)

Sunstein, C. R. 2001. *Republic.com*. Princeton University Press.

Wilser, J. 2023.6.8. "12 Ways Web3 Media Could Embrace AI." *CoinDesk*. https://www.coindesk.com/consensus-magazine/2023/06/07/12-ways-wcb3-media-could-embrace-ai/(검색일: 2023.12.28)

WNIP. 2023. "'Beginning of an exciting new era': What does the future of news look like." *Media Makers Meet*. https://mediamakersmeet.com/beginning-of-an-exciting-new-era-what-does-the-future-of-news-look-like/(검색일: 2023.12.28)

제12장

AI 시대의 뉴스 리터러시

이정훈

1. 문제 제기

2022년 챗GPT가 공개된 후 인공지능은 상상의 도구가 아니라 사회 전반에 변화를 가져올 수 있는 실질적인 동력으로 인식되고 있다. 인공지능은 자동화 통계 분석, 머신러닝, 자연어 처리 등 일련의 알고리즘으로 구현되는 컴퓨팅 기술을 통칭하는 개념이다(Anderson and Rainie, 2018.12.10). 특히 생성형 AI는 대량의 자료를 수집·처리하면서 인간의 언어로 표현하는 복합적이고 창의적인 작업의 기술적 가능성을 현실화하고 있다.

생성형 AI가 공개되기 훨씬 이전부터 활발하게 시도된 인공지능의 활용은 뉴스 제작, 뉴스 유통 등 뉴스 생태계의 다양한 측면에서 여러 가지 변화를 이끌어내고 있다. 여러 언론사나 플랫폼 기업은 제한된 인력이나 재원 등의 한계를 극복하고 다양한 수입원을 창출할 수 있는 현실적인 방안 중 하나로 인공지능, 구체적으로는 알고리즘을 이용하려고 활발하게 시도하고 있었다. 특히 최근 생성형 AI는 다양한 뉴스 콘텐츠 제작이나 유연한 조직 구성 및 운영 방식 등을 현실화할 핵심 동력으로 받아들여지고 있어 저널리즘의 변화도 좀 더 가속화할 것으로 보인다.

급변하는 미디어 환경의 기술적 변동성(volatility)을 감안하더라도 저널리즘 영역의 가능성과 연관된 변화의 특성이나 경향을 이해하고 이러한 변화에 적절하게 대처할 수 있는 방안을 탐색적으로 논의하는 작업이 절실한 시점이다(Deuze and Beckett, 2022). 인공지능의 기술적 복합성으로 인해 관련된 잠재적 변화의 방향을 예측하는 것은 현실적으로 매우 어렵지만 뉴스 생태계의 근본적인 변화는 확실해 보인다. 이러한 변화를 무조건적으로 긍정하고 환영하거나 반대로 '불쾌한 골짜기(uncanny valley)'와 같은 공포감이나 불편함을 표현하는 것은 단순한 현실 회피라고 볼 수 있다. 이러한 변화들이 야기할 잠재적인 문제들을 인정하고 이에 대한 대안을 탐색해 개방적으로 논의해야 한다. 기술적 변동성이 큰 미디어 생태계의 제도나 정책 방안 마련에 초점을 맞추기보다는 이러한 뉴스 생태계에 대처할 수 있는 개인의 역량 강화를 강조하는 것이 현실적인 대안이 될 수 있다. 구체적으로는 새로운 뉴스 환경에 필요한 뉴스 리터러시의 개념을 제안하고 최근의 관련 논의들을 탐색하는 것은 현 시점에서 유용한 통찰력을 제공할 수 있을 것이다.

2. 저널리즘에 미치는 인공지능의 영향

복합적인 기술로 구성된 인공지능은 긍정적인 영향력과 부정적인 영향력을 모두 가지고 있다. 언론사들은 생성형 AI 기술이 등장하기 전인

2010년 중반 이후부터 이미 인공지능을 활용해 자료 수집, 자료 필터링, 기사 작성, 뉴스 공유 등의 작업을 완전 자동화되거나 반자동화된 형태로 수행해 왔다. 자동화 기술의 다양한 활용은 이슈 선택이나 기사 작성 같은 뉴스 제작 방식뿐만 아니라 뉴스를 제공하고 이용하는 방식 등 저널리즘을 구성하는 여러 가지 요소에도 다양한 변화를 가져왔다(Lewis, Guzman and Schmidt, 2019).

1) 개인화된 뉴스 서비스

개인화된 뉴스 콘텐츠의 제작과 유통은 소셜 미디어와 인터넷 커뮤니티의 활성화와 더불어 알고리즘과 AI 기술이 대중화되면서 본격적으로 현실화되었다(Thurman, Lewis and Kunert, 2019). 다양한 플랫폼 매체들은 개인의 취향이나 선호도를 반영한 특정 내용을 선택·배제·편집해 매체별 인터페이스를 통해서 개인에게 맞춤형 뉴스 패키지를 제공하는 '개인화된 뉴스(personalized news)' 서비스를 활발하게 제공하고 있다. 알고리즘을 활용해서 다양한 종류의 뉴스와 정보를 개별적으로 제공하는 것이 가능해졌고, 특정한 성향이나 관점을 가진 뉴스나 정보를 원하는 사람들에게 이를 반복적으로 제공하는 것이 가능해졌다(Broussard et. al., 2019). 개인 특성, 행동 패턴, 콘텐츠 이용 등에 관한 광범위한 자료 분석을 통해 이용자를 분석하고 구분하는 작업도 현실화되었다(Coddington, 2015). 또한 사회적 중요성, 재미, 흥미, 내용의 다양성, 지역 관련성 등 세분화된 콘텐츠 구분 기준을 적용할 수 있는 알고리즘은 다양한 뉴스와 미디어 콘텐츠를 적절하게 구분하고 배열함으로써 개개인에게 적합한 미디어 콘텐츠를 추천 및 제공할 수 있게 되었다(Bodó, 2021).

양질의 뉴스와 콘텐츠를 제공해 사람들의 필요나 요구를 최대한 충족시키고자 하는 것은 저널리즘의 사회적 위상이나 신뢰도를 확립하기 위한 저널리즘 본연의 역할이라고 할 수 있다(Thurman, Lewis and Kunert, 2019). 반면 개인별로 최적화된 콘텐츠를 추천하는 것은 이용자들의 참여와 주의를 최대화해 주요 수익원인 광고 수입을 극대화하기 위한 노력의 일환이라고 할 수 있다. 디지털 미디어 환경에서 사람들은 선호하는 뉴스에만 집중하고 그 밖의 내용은 최소화하는 경향이 뚜렷하다. 이용자의 선호도를 최대한 반영한 미디어 콘텐츠는 더 많은 구독자를 이끌어낼 가능성이 높다. 개인의 흥미나 필요에 초점을 맞춘 개인화된 뉴스 서비스는 사회적 중요성이나 영향력 같은 보편적인 가치보다는 독특한 관점이나 개인적인 주장, 경험을 중시한다. 최근 인터넷 커뮤니티나 소셜 미디어도 특정한 가치관이나 개별적인 이해관계를 대변하면서 특정한 사람들의 관심과 적극적인 호응을 유도하고자 한다.

개인화된 뉴스 서비스는 논쟁적이거나 이분법적으로 사람들의 분노를 촉발할 수 있는 공론장의 분위기를 형성할 가능성이 높다. 사람들은 자신이 분노하거나 놀란 이슈와 주제에 대해 적극적으로 자신의 감정이나 의견을 표현하는 경우가 많고, 특히 반응이 극단적으로 나뉘는 주제나 이슈에 좀 더 적극적으로 참여하고 반응하는 것을 볼 수 있다(Bean, 2023). 최근 인공지능을 활용한 뉴스 서비스들은 인기 있는 인터넷 사이트나 소셜 미디어를 분석한 뒤 다양한 콘텐츠를 새롭게 조합하거나 추천하는데, 이때 인종 차별적이거나 성차별적인 내용을 과도하게 인용하는 경우가 많다. 이러한 내용들은 사회적으로 중요하거나 영향력 있는 이슈나 주제보다는 사람들의 관심이나 논쟁을 촉발하기 쉬운 사건을 강조하는 경우가 많다.

최근 인공지능이 활발하게 적용되고 좀 더 세분화된 뉴스 추천 방식이 가능해지면서 이른바 '필터 버블'(Bruns, 2019) 현상이 강화될 수 있다. 이용자들의 선호도나 가치관에 따라 과도하게 '필터링'되어 편향적으로 구성된 뉴스 생태계에서는 이용자들이 광범위한 자료를 수집해 비교·분석을 시도하더라도 현실을 객관적으로 이해하기 어려우며, 현실을 왜곡한 편향된 시각을 가질 가능성이 커진다. 양적으로는 다양한 뉴스나 정보에 노출되지만 현실에 대한 균형 잡힌 시각을 획득하지 못하는 사례가 많아지고 있다. 필터 버블의 영향으로 인해 이처럼 공론장이 변화함에 따라 보편적으로 이해하거나 관심을 가지는 사안에 대해 논의하던 것에서 소수의 열정적인 사람이 관심을 가지는 틈새(niche)나 특이한 주제를 중심으로 소통하는 것으로 바뀌게 되었다.

2) 자동화된 콘텐츠 제작

인공지능과 알고리즘의 도입을 통해 다양한 이슈에 대한 통찰력 있는 콘텐츠를 제작하고 효율적으로 공급하는 새로운 수익 모델을 창출하고자 하는 노력이 여러 방면에서 시도되고 있다. 뉴스 제작 현장에서는 대량의 자료 수집·처리·재배열(curation), 자연어 처리 등 핵심적인 콘텐츠 제작 과정들이 자동화되었다. 수익 모델 축소 등의 어려움에 직면한 언론 매체들은 설득적인 서사 구조를 가진 스토리를 제작하는 창의적인 활동이 제한된 경향이 있었다. 인공지능이나 알고리즘을 이용해서 실시간 스포츠 경기에 대한 스토리텔링을 실시간으로 제공하거나 중소기업들의 연례 수익 보고서 등 구조화된 자료를 분석해서 통찰력 있는 분석을 제공할 수 있는 영상 콘텐츠를 생산하는 것이 대표적인 시도이다(Carlson, 2015).

인공지능이나 알고리즘을 뉴스 제작 과정에 활용하는 것은 기존의 노동 집약적이거나 단순한 작업에서뿐만 아니라 고도의 창의적이고 복잡한 뉴스 제작 과정에서도 자동화된 뉴스 제작이 가능해졌다는 점에서 중요한 의미가 있다. 뉴스 제작 과정에서 핵심적인 전문화되고 관습화된 인간의 판단을 인공지능이나 알고리즘으로 대체할 수 있는 가능성은 저널리즘의 생산 방식에 근본적인 변화를 가져올 수 있다(Lewis, Guzman and Schmidt, 2019). 자동화된 뉴스 기술들을 활용함으로써 반복 작업의 부담에서 자유로워진 숙련된 기자들이 심층 보도나 기획 보도와 같은 뉴스 콘텐츠 생산에 집중할 수 있을 것이라는 긍정적인 효과도 기대되고 있다(Newman, 2023). 따라서 인공지능의 활용은 보다 양질의 저널리즘 활동이나 뉴스 제작을 가능하게 하는 현실적인 토대를 마련할 수 있다.

인공지능과 소셜 미디어의 결합은 신뢰할 만한 정보와 가짜 정보의 구분을 더욱 어렵게 만든다. 도입 초기에는 실험적인 시도였던 인공지능이나 알고리즘에 의한 뉴스와 정보의 비중이 점차 확대되면서, 사람들의 현실 인식에 유의미한 영향을 미치는 정도까지 그 비중이 증가했다. 인공지능이나 알고리즘에 의한 뉴스와 정보가 단순히 자료를 나열하는 수준을 넘어서 인간의 언어로 설득력 있는 스토리텔링을 표현하는 것이 가능해지고 있다. 유사한 주제나 주장과 관련해 기존에 알려진 사실(fact)과 그렇지 않은 내용들이 다양하게 재배열되면서 새로운 콘텐츠가 만들어지고, 이러한 콘텐츠가 여러 채널을 통해 반복적으로 전달되고 확산되면서 사회적으로 검증된 상식인 것으로 인식되어 오해나 혼란이 초래되는 사례들이 증가하고 있다. 이러한 현상은 전통 미디어의 보도에도 영향을 미쳤다. 사람들이 사실이거나 신뢰할 만한 뉴스나 콘텐츠들과 이러한 정보를 구별하기 어려워진 것이다. 따라서 언론사나 전문가들의 사실 확인(fact-checking) 노력만으로는 이 문제를 해결하기 어렵다. 공론장 내에 신뢰하기 어려운 정보들이 다양한 형태로 유통되고 있다는 사회적 인식을 확립하고 더불어 상시적인 검증 작업이 필요하다는 것을 개개인들이 명확하게 이해해야 한다.

3. AI 미디어 생태계의 대처 방안: 뉴스 리터러시의 필요성

전통적 매체에 소셜 미디어 등이 가세함으로써 미디어 생태계는 정보 과잉 상태이지만 사람들은 오히려 제한된 범위 내에서 제공된 뉴스나 정보를 통해서 현실을 파악할 가능성이 커지고 있다. 오늘날 사람들은 다양한 매체를 균형 있게 이용하기보다 소셜 미디어나 특정 온라인 커뮤니티를 중심으로 뉴스나 정보를 접하게 되었는데, 특히 젊은 세대에서 이러한 경향이 뚜렷하다. 디지털 매체 위주로 개편된 공론장에서는 소외된 목소리가 사회적으로 큰 반향을 불러일으키는 사례도 많지만, 사적인 이슈나 특정 커뮤니티의 가치관이 과도하게 반영되거나 개인적인 경험을 근거로 복합적인 현실을 지나치게 단순화하거나 현실을 왜곡하는 폐해도 늘어나고 있다. 다양한 미디어나 정보원을 활발하게 이용하는 사람들조차 모순된 정보나 현실을 왜곡하는 뉴스 때문에 잘못된 판단을 내릴 가능성도 커졌다(Reese, 2012).

인공지능 시대의 정보 과잉 환경에서는 정보의 비대칭이 심화될 가능성이 오히려 높아지는데, 그 이유 중 하나는 쉽게 접근할 수 있는 뉴스나 정보가 엄청나게 많아지면서 신뢰할 수 있는 뉴스나 정보를 파악하기가 어려워졌기 때문이다. 개인화된 뉴스나 정보들이 세분화된 이해관계나 취향을 반영하면서 서로 모순된 사실을 전달하거나 현실에 대한 부분적인 사실이나 검증되지 않은 서사(narrative)를 과도하게 전달하는 환경이 만들어지고 있다. 하지만 뉴스나 정보의 신뢰성을 검증하거나 현상에 대한 다양한 관점을 제공하는 사회적 제도, 저널리즘 제도, 조직의 역할은 제한적이다. 따라서 이러한 상황에 적절하게 대처할 수 있는 개인 역량이 중요해졌다.

뉴스나 정보의 신뢰성과 완결성 수준을 평가하기 위해서는 전통적으로 해당 뉴스와 정보를 제공하는 주체를 파악하는 역량이 중요하게 간주되었다. 미디어나 언론 매체들의 전문성과 이해관계를 파악해 뉴스나 미디어 콘텐츠의 제작 과정의 특성을 이해하고 이를 토대로 언론사나 매체의 평판과 가치관을 파악함으로써 주어진 뉴스나 정보의 신뢰성을 평가하는 방식이 핵심적이었다. 이러한 검증을 위해서는 해당 뉴스나 정보의 출처, 정보원을 명확하게 파악할 수 있어야 하는데 사람들은 더 이상 자신들이 소비하는 뉴스나 정보의 출처를 특정하기 어려워졌다. 이러한 정보의 투명성의 한계는 현재 미디어 생태계가 직면한 대표적인 문제 중 하나라고 할 수 있다(Bean, 2023). 사람들은 더 이상 자신들이 소비하는 뉴스나 정보의 제작 주체를 명확하게 파악하기 어려운 것이 오늘날의 현실이다.

급변하는 미디어 환경에서 전통적 게이트키퍼에 의존하는 피동적인 역할이 아니라 적극적인 참여자로서의 위상이 커지면서 미디어 이용자 개인들에게 이전과는 다른 역량들이 요구된다. 특히 복합적인 미디어 환경, 잠재적인 사회문제와 관련된 도덕적 이슈 등을 이해하기 위한 기본적인 역량이 부족한 경우가 많아졌다. 알고리즘의 숨겨진 논리를 이해하고 자신이 평소 믿지 않거나 알지 못했던 관점과 사실에 노출되는 기회를 확대할 수 있는 역량과 태도도 주요한 요소로 부각되고 있다. 사람들이 미디어 환경에서 자신들의 선택권에 대해 더 잘 이해할수록 스스로 적극적으로 미디어 콘텐츠를 선택할 수 있는 가능성이 커진다(Potter, 2004). 또한 공론장에서 사람들이 일방적이거나 편향적인 정보를 무분별하게 제시하면서 여러 사회적 병폐를 초래하는 경우가 늘어나고 있다. 사람들이 루머나 가십의 형태로 왜곡된 스토리텔링을 전달하고 공유함으로써 사회적 폐해가 발생하고 있는데, 이러한 경우에도 자신의 책임이라고 인식하지 못하는 일이 많아졌다. 따라서 이러한 사회적 폐해에 대한 개인적 윤리 의식이나 사회적 책임감을 고양하는 것이 절실한 시점이다.

4. AI 시대에 필요한 뉴스 리터러시 구성 요소들

인공지능의 도입 이후 뉴스 생태계 내에서 새롭게 확립된 역학 관계로 인해 피동적 노출의 가능성이 오히려 강화되고 있어 뉴스나 정보의 흐름을 비판적으로 통제할 수 있는 개인 역량이 더욱 중요해졌다. 예를 들어 구글맵이나 네비게이션 앱이 대중화되었지만 여전히 사용하는 사람의 경험이나 지식의 정도에 따라 동일한 거리나 목적지에 도달하는 시간이나 경로는 천차만별로 다르게 나타나고 있다. 경험 많은 운전자들은 구글맵이 제공하는 정보를 무조건 따르는 것이 아니라 주어진 상황에 따라 대안적인 정보를 추가로 알아보고 나름대로 판단하는 경우가 많다. 이처럼 실시간으로 대량의 정보들이 제공되는 미디어 환경에서도 주어진 정보나 뉴스를 무비판적으로 신뢰해서는 안 된다.

전통적인 대중 매체 환경을 전제로 하는 인지적 모델(cognitive model)은 주어진 미디어 콘텐츠를 의식적으로 처리하면서 미디어 콘텐츠의 선택과 노출 과정에 대한 사전 준비를 하는 미디어 이용 형태를 이상적인 모형으로 제시한다. 제임스 포터(James Potter)가 제시한 인지적 모델에서는 미디어 콘텐츠의 적극적인 이용 동기를 촉진할 수 있는 기본적인 지식 구조와 콘텐츠를 적절하게 처리하고 해석할 수 있는 능력과 기술을 핵심적인 미디어 리터러시 역량으로 제시한다(Potter, 2004). 이러한 인지적 모델의 기본 개념을 적용하고 인공지능 시대의 독특한 특성을 반영한 뉴스 리터러시는 주어진 뉴스나 정보에 대한 비판적 사고 능력, 새로운 미디어 생태계를 구성하는 핵심적 기술에 대한 개념적 이해, 개인적 윤리 의식 등을 핵심적인 역량으로 제시한다.

1) 비판적 사고

정보 과잉 미디어 환경의 폐해에 대처하기 위한 뉴스 리터러시의 가장 핵심적인 역량은 비판적 사고이다. 최근 미디어 환경에서 주어진 메시지를 이해하고 의미를 해석하는 것만큼이나 주어진 뉴스나 정보의 신뢰성을 파악하는 것이 중요해지고 있다. 복잡한 현실을 잘 파악하기 위해서는 엄청난 양의 관련 뉴스나 미디어 콘텐츠를 단순하게 많이 이용하는 것만으로 충분하지 않다. 뉴스에 포함된 주장이나 사실들이 현실을 반영하는 객관적인 사실을 토대로 다양한 관점을 적절하게 포함하는지를 검증하면서 신뢰할 수 있는 뉴스를 선별할 수 있는 역량이 필요하다. 이를 위해서 뉴스에 포함된 사실이나 정보의 정확성을 확인하고 그 사실이나 정보의 신뢰성과 타당성을 비판적으로 검증하는 것이 중요하다. 또한 뉴스나 정보들이 논리적인지, 어떤 논리적 오류를 포함하고 있는지를 비판적으로 검증하는 역량도 필요하다.

비판적 사고를 적용한 뉴스 리터러시에서는 해당 뉴스나 정보가 단순한 사실을 전달하고자 하는지, 논거를 토대로 한 주장인지에 따라 검증의 방식이나 접근법을 구분해서 선택할 수 있다. 해당 뉴스나 미디어 콘텐츠들이 단순한 사실을 전달하는 것이라면 팩트체킹이라는 상대적으로 명확하고 단순한 절차를 통해서 검증할 수 있다. 팩트체킹은 미디어나 정부, 정치인, 전문가 등 다양한 정보원을 지속적으로 모니터링하면서, 해당 뉴스나 정보의 구성 요소들을 명확하게 개념화하거나 규정해 검증 대상을 결정하고, 기존의 팩트체크나 권위 있는 정보원과의 비교·검토를 통해 최종적으로 사실인지 여부를 판정한다. 제시된 주장이나 관점을 구성하는 개념과 대상을 명확하게 식별함으로써 해당 주장에 대해 더욱 구체적이고 자세하게 이해할 수 있도록 도와주는 것, 잘못된 주장이나 과장된 주장이 확산되는 것을 방지하는 것이 팩트체킹의 핵심 기능이다. 또한 팩트체킹을 통해서 다양한 개념과 관점을 살펴봄으로써 해당 주제나 개념에 대해 극단적인 관점을 가지지 않도록 도움을 줄 수도 있다(Park et al., 2021).

뉴스의 신뢰성을 파악하는 데서 일반적인 방법 중 하나는 뉴스에 포함된 주장의 신뢰성을 비판적으로 검증하는 것이다. 전통적인 공론장에서는 언론사 평판이나 사회적 위상, 정보원의 지위, 전문성, 과거 이력 등을 토대로 뉴스나 정보의 신뢰성을 판단하는 경향이 있었지만 이전에 신뢰할 수 있었던 정보원이라고 해서 추가적인 검증 없이 무조건 신뢰하는 것은 비판적 사고의 논리와도 상충되는 방식이다. 특히 최근 미디어 환경에서는 특정 이슈나 주제에 대한 정보원의 전문성이나 관련 경험 유무를 명확하게 구분하기 어려우며 숨겨진 이해관계를 파악하기 어려운 경우도 많다.

뉴스나 정보에 대한 비판적 검증은 궁극적으로 언론 매체나 정보원이 제시하는 주장, 이에 대한 정보나 자료 등 구체적인 근거를 분석해 해당 뉴스나 정보의 논리적 타당성을 검증할 수 있는 능력을 필요로 한다. 정체성과 별개로 제시된 주장이나 사실의 종류를 구분하고 이에 따라 제시된 근거의 논리적 구조를 분석하고 평가함으로써 주어진 정보원의 신뢰성을 검증할 수 있다. 특히 주장이라면 단순한 주관적 의견인지, 논리적 근거를 토대로 제시된 주장인지에 따라 달라지는 검증 방법의 차이를 이해해야 하며 제시된 근거들이 얼마나 객관적이고 충분한 근거를 가지고 있는지에 따라 해당 정보원의 신뢰성과 타당도를 평가해야 한다. 따라서 비판적 사고는 주어진 정보원의 위상이나 신뢰성에 의존하지 않고 제시된 주장이나 결론의 논리적 타당도와 근거의 연관성을 검증하는 데서 필수적인 요소이다.

2) 미디어 생태계 구성 기술의 이해

뉴스 생태계를 구성하는 미디어 환경을 이해하는 것은 뉴스 리터러시의 기본 요소이다. 하지만 최근 일상화된 인공지능에 대한 사람들의 이해는 여전히 높지 않은 것으로 보인다. 미국 퓨 리서치 센터에 따르면 대부분의 인공지능, 특히 생성형 AI에 대한 미국 성인들의 인식이 높지 않았는데, 성인 응답자 중 24%만 생성형 AI에 대해 많이 들어보았다고 응답했으며, 18%만 실제로 생성형 AI를 사용해 본 적이 있는 것으로 나타났다. 또한 상대적으로 소수의 응답자(15%)를 제외한 대부분의 성인은 생성형 AI의 구체적인 사회적 영향에 대해 확신하지 못하는 것으로 나타났다(Vogels, 2023.5.24). 이처럼 인공지능은 아직은 전문적인 영역에 속하기 때문에 관련 지식이나 경험이 부족한 사람들은 이해하기 어려운 면이 있다. 기술적 특징에 대한 이해가 부족하면 인공지능이나 알고리즘의 영향과 궁극적인 결과에 대해 판단하기 어렵고 구체적인 근거 없이 지나치게 긍정적이거나 부정적인 극단적인 견해를 갖기 쉽다.

비판적 리터러시를 획득하기 위해서는 인공지능을 구성하는 기술적 특성을 이해해야 하며, 인공지능이 일상에 미칠 수 있는 영향을 비판적으로 살펴보고 이에 대해 지속적으로 질문을 던질 수 있는 기본적인 이해를 갖춰야 한다. 알고리즘과 인공지능을 이용하는 미디어 플랫폼들은 뉴스와 콘텐츠 등을 재배열하고 사람들이 좋아하는 뉴스나 정보를 다양한 형태로 제공하는데, 이러한 인공지능이나 알고리즘의 기본 원리나 작동 논리에 대한 기본 지식을 갖추는 것이 핵심적이다. 유튜브나 페이스북, 블로그처럼 디지털 플랫폼은 특정한 콘텐츠를 추천하거나 재배열하는 기준을 명시적으로 공개하지 않지만, 이러한 추천 경향이나 재배열 기준에 대해 분석한 연구 또는 관련 논의를 지속적으로 모니터링하고 기술적 발전과 동향에 관심을 가지는 것도 상당히 유용하다. 이를 통해 전반적인 제작 원칙이나 추천 알고리즘에 대한 비판적인 시각을 유지하면서 인공 지능 기술의 잠재적 영향에 대한 자신만의 관점을 확립할 필요가 있다.

인공지능이나 알고리즘의 논리에 의해 운영되고 있는 최근 미디어 생태계에는 다양한 문제나 한계가 잠재되어 있음을 이해해야 한다. 기술적으로 다양한 요소로 구성된 인공지능이나 알고리즘은 투명성 관점에서는 불투명하다고 할 수 있다. 많은 디지털 미디어 플랫폼 기업은 콘텐츠를 선택하고 추천하는 원리나 판단의 근거를 공개하지 않으므로 사람들은 검색 결과의 이유나 콘텐츠 선택 과정을 이해하기 어렵다. 물론 이러한 비공개 정책은 해당 회사의 영업 비밀이며 개인 정보 보호 차원에서 타당한 점도 있다. 하지만 이러한 알고리즘의 논리에 전적으로 의존하는 현실에서는 악의적인 주체에 의해 왜곡되거나 선동되기 쉬운 환경이 조성될 가능성이 상대적으로 높다는 점을 항상 기억해야 한다.

3) 사회적 책임감과 윤리 의식

AI 시대의 저널리즘의 사회적 영향력은 새로운 커뮤니케이션 기술의 혁신성에 기반하기도 하지만 소셜미디어와 커뮤니티 사이트 등을 통한 다양한 사회적 소통에 따른 결과이기도 하다. 주류 미디어뿐만 아니라 검색 엔진, 인터넷 커뮤니티나 소셜 미디어를 통한 검색과 공유를 중심으로 공론장이 형성되면서 복합적인 현실을 재현(presentation)하는 방식에 큰 변화가 생기게 되었다. 소수의 게이트키퍼 중심의 폐쇄형에서 다대다(mass-to-mass)의 개방적 소통 방식의 비중이 커지면서 공론장에서는 전통적인 선형적(linear) 방식의 주류(mainstream) 이미지를 재현하는 것이 아니라 네트워크 방식의 파편적인 사회적 실체를 재현하는 비중이 커지고 있다. 그 결과 인공지능이나 알고리즘의 등장 이후 전통적인 게이트키퍼의 위상이 약화된 상황에서 일반 대중이나 평범한 사람들도 공론장의 중요한 소통 주제로 핵심적인 역할을 수행하게 되었다.

새로운 미디어 생태계에서 확립된 개인들의 사회적 영향력에 대한 인식은 뉴스 리터러시의 핵심적인 요소라고 할 수 있다. 평소 소외되었던 목소리를 사회적으로 반영할 수 있게 된 개인들의 활발한 참여는 적절한 검증이 부족한 상태에서는 특정 현상이나 사건에 대한 왜곡된 재현을 확립하거나 인식 틀(framing)을 설정하기도 한다. 사람들은 본인들의 사적 소통이나 공유로 인해 사회적으로 부정적인 영향이나 폐해가 초래될 수 있음을 인식하고 경각심과 사회적 책임감을 가져야 한다.

사람들이 자신의 가치관이나 신념과 다른 정보를 비판적으로 검토하고 이를 토대로 뉴스나 정보의 신뢰성을 평가하려는 윤리 의식을 가지는 것이 중요하다. 인공지능, 특히 알고리즘으로 필터링된 개인화된 뉴스 생태계에서 추가 검증 없이 주어진 뉴스 위주로 현실을 파악하는 것은 인지 부조화를 피하고 뉴스나 정보를 효율적으로 이용하게 하며 개인적 신념을 더 강화할 수도 있다(Bean, 2023). 하지만 공유와 검색의 적극적 참여자로서 사람들이 검증되지 않은 정보나 뉴스를 선택하고 이를 무분별하게 공유하는 행위는 실제 의도와는 달리 왜곡되거나 편향된 주장과 정보를 공인하는 사회적 폐해를 초래할 수 있다. 사회적 영향력이 커질수록 감당해야 할 책임감도 커지는데 이는 인공지능 기술 발전에도 예외 없이 적용된다.

5. 결론

인공지능의 대중화는 미디어 콘텐츠 제작 측면에서 혁명적인 변화의 가능성을 제시하고 있다. 이는 저널리즘에서도 예외가 아니다. 특히 디지털 미디어 환경에서 한계에 봉착한 미디어 매체들은 인공지능을 활용함으로써 새로운 도전을 활발하게 시도할 것으로 예상된다. 동시에 이러한 변화는 가짜 뉴스나 딥페이크와 같은 사회적 폐해를 더욱 심화시킬 수도 있다. 이런 맥락에서 급변하는 미디어 생태계에 대처할 수 있는 개인 역량을 강화하기 위한 현실적인 방안을 마련해야 한다.

인공지능과 소셜 미디어 중심의 정보 과잉 미디어 환경에서 요구되는 뉴스 리터러시는 끊임없이 제공되는 뉴스나 정보의 흐름에 휘둘리지 않고 신뢰할 수 있는 뉴스나 정보를 비판적으로 선별하기 위해 필요한 역량이다. 다양한 형태의 뉴스나 정보의 특성을 파악하고 해당 뉴스의 신뢰성을 논리적으로 검증할 수 있는 비판적 사고는 뉴스 리터러시의 핵심적인 역량이다. 인공지능이나 알고리즘 같은 새로운 미디어 환경의 기술적 특성과 미디어 생태계의 새로운 역학 관계를 이해하는 것도 중요한 요소이다. 그리고 편향적이거나 현실을 왜곡하는 뉴스와 정보를 무분별하게 공유하고 확산시키는 것에 대한 사회적 책임감과 윤리의식을 가지는 것 또한 현재의 사회적 폐해를 감소시킬 수 있는 중요한 역량이라 할 수 있다.

참고문헌

Anderson, J. and L. Rainie. 2018.12.10. "Artificial intelligence and the future of humans." Pew Research Center.

Bean, E. 2023. "Seven Initial Prominent Sources of All Information Bias Impartiality Types Parsed." *Media Literacy and Academic Research*, Vol.6, No.1, pp.40~54.

Bodó, B. 2021. "Selling news to audiences—a qualitative inquiry into the emerging logics of algorithmic news personalization in European quality news media." In Neil Thurman, Seth C. Lewis and Jessica Kunert(eds.). *Algorithms, Automation, and News*. Routledge.

Broussard, M., N. Diakopoulos, A. L. Guzman, R. Abebe, M. Dupagne and C. H. Chuan. 2019. "Artificial intelligence and journalism." *Journalism & mass communication quarterly*, Vol.96, No.3, pp.673~695.

Bruns, A. 2019. *Are Filter Bubbles Real?* John Wiley & Sons.

Carlson, M. 2015. "The robotic reporter: Automated journalism and the redefinition of labor, compositional forms, and journalistic authority." *Digital Journalism*, Vol.3, No.3, pp.416~431.

Coddington, M. 2015. "Clarifying journalism's quantitative turn: A typology for evaluating data journalism, computational journalism, and computer-assisted reporting." *Digital journalism*, Vol.3, No.3, pp.331~348.

Deuze, M. and C. Beckett. 2022. "Imagination, algorithms and news: Developing AI literacy for journalism." *Digital Journalism*, Vol.10, No.10, pp.1913~1918.

Lewis, S. C., A. L. Guzman and T. R. Schmidt. 2019. "Automation, journalism, and human–machine communication: Rethinking roles and relationships of humans and machines in news." *Digital Journalism*, Vol.7, No.4, pp.409~427.

Newman, N. 2023. *Journalism, Media, and Technology Trends and Predictions 2023*. Reuters Institute.

Park, S., J. Y. Park, J. H. Kang and M. Cha. 2021. "The presence of unexpected biases in online fact-checking." *The Harvard Kennedy School Misinfor-*

mation Review, Vol.2, No.1. DOI: 10.37016/mr-2020-53

Potter, W. J. 2004. *Theory of Media Literacy: A Cognitive Approach*. Sage Publication.

Reese, S. D. 2012. "Global News literacy: The Educator." in P. Mihailidis(ed.). News Literacy: Global Perspectives for the Newsroom and the Classroom. Peter Lang Inc., International Academic Publishers.

Thurman, N., S. C. Lewis and J. Kunert. 2019. "Algorithms, automation, and news." *Digital Journalism*, Vol.7, No.8, pp.980~992.

Vogels, E. A. 2023.5.24. "A majority of Americans have heard of ChatGPT, but few have tried it themselves." Pew Research Center. https://pewrsr.ch/3ICYoIx(검색일: 2023.8.16)

제13장

AI 페이크 뉴스

사람들은 가짜 뉴스에 왜 쉽게 속아 넘어가는가

이완수

1. 서론

2023년 10월 말께 한 페이스북 계정에 눈길을 끄는 한 장의 사진이 올라왔다. 아버지로 보이는 한 남성이 얼굴이 재로 범벅이 된 채 어깨와 팔에 4명의 아이를 들쳐 업고, 오른손으로는 어린아이의 조막손을 힘겹게 잡고 무너진 건물의 잔해 위를 걸어 나오는 장면이었다. 인스타그램에 '공격받는 가자(Gaza_under_attack)'라는 해시태그(#)와 함께 실린 이 사진에는 1만 5000여 개의 댓글이 달렸고, 무려 8만 5000여 명이 이 사진을 공유했다(≪조선일보≫, 2023.11.2). 한 트위터 계정은 "이 아이들은 절대 용서하지도, 잊지도 않을 것이며, 살아난다면 매우 분노하며 자라게 될 것이다"라는 경고의 글을 달았다. 이 사진은 중동 아랍권과 전 세계 이슬람 권역에서 이스라엘에 대한 적개심을 부추겼다. 필자도 신문에 실린 이 사진을 보고 무고한 어린아이들이 희생되는 이스라엘의 공격에 분노했다. 결론부터 말하면, 이 사진은 가짜이다. AI 기술로 디지털 조작을 통해 만들어진 가짜 사진이다. 하지만 이 사진이 상당히 조잡하게 합성된 이미지라는 상세한 설명을 읽기 전까지는 가짜 사진이라고 전혀 짐작하기 어려웠다. 조 바이든 미국 대통령은 최근 'AI에 대한 행정명령' 서명에 앞서 딥페이크 영상을 보고는 "내가 언제 저렇게 말했지, 정말 놀랍다"라고 말했다. 그러면서 그는 "AI 사기꾼들은 목소리를 3초만 녹음해 여러분뿐만 아니라 가족까지 감쪽같이 속일 수 있다"라고 강조했다.

AI 시대가 본격화되면서 허위 조작 정보(일명 가짜 뉴스) 위협에 대한 우려가 광범위하게 제기된다. 일론 머스크 테슬라 최고경영자도 "AI가 가장 똑똑한 인간보다 더 똑똑하게 될 것이다"라며 "AI가 인간을 무차별적으로 속이게 될 것이다"라고 경고했다. 이 장에서는 AI 시대를 맞아 사람들은 왜 허위 정보에 쉽게 속아 넘어가는지에 대한 심리적 요인을 다양한 개념과 이론을 통해 논의해 보고자 한다. 그리고 이 문제를 해결하기 위한 해법을 제시해 보고자 한다.

고전 경제학자들은 오랫동안 인간은 합리적 판단과 행동을 하는 존재로 이해해 왔다. 하지만 1980년대 중반에 접어들면서 일군의 행동경제학자들에 의해 인간은 '제한된 합리성(bounded rationality)'으로 잘못된 판단을 하거나, 터무니없이 비합리적인 행동을 한다는 주장이 제기되기 시작했다(Simon, 1972, 1990, 2000; Tversky and Kaneman, 1986). 제한된 합리성은 사람들이 판단이나 의사결정을 하는 과정에 최적의 결정을 내리는 개념이 아니라 어느 정도 '만족할 만한 수준'에서 차선의 결정을 내린다는 개념이다. 최적의 판단이나 의사결정은 대충 만족할 만한 차선의 수준에서 내리는 결정보다 더 바람직하지만, 사람들은 제한된 인지능력으로 인해 최적의 의사결정을 내리지 못한다(Simon, 1972, 1990). 이들 행동경제학자는 사람들이 인지 제한(cognitive limits)으로 복잡하고 불확실한 상황에서 올바른 지각, 기억, 추론, 판단, 선택, 행동을 하기보다는 오히려 비합리적 의사결정을 더 자주 범한다는 실증적 사례를 지속적으로 확인해 왔다.

이 장은 AI 시대를 맞아 최근 전 세계를 휩쓸고 있는 가짜 뉴스[1] 현상을 비합리적인 인간의 심리적 기제에 주목해 살펴보기 위해 쓰였다. 구체적으로 가짜 뉴스가 사회적으로 수용, 유포, 확산되는 요인을 인지심리학과 행동경제학적 이론을 바탕으로 살펴보고자 한다. 가짜 뉴스가 사회문제가 되는 이유는 사람들이 이 '오염된 정보'를 의심 없이 받아들이고 믿기 때문이다. 합리적인 사람이라면 이를 의심하거나 믿지 않아야 옳다. 하지만 우리가 사는 사회 현실은 정반대이다.

사람들이 사회적 허위 사실을 믿는 상당 부분은 심리적 원인에 기인한다(Shu et al., 2017). 우리가 어떤 사건을 최초로 목격하거나 그런 사건에 직접 노출되는 경우는 사실 많지 않다. 대신 우리가 알게 되는 많은 정보는 다른 간접 채널들에 의해 획득되고 저장되고 전달된 사실들이다(Sloman and Fernbach, 2018). 따라서 우리가 수용하는 정보는 대개 불확실한 것들이어서 이성적으로 평가하기보다는 어림짐작으로 이해할 수밖에 없다(Lazer et al., 2018). 사람들은 불확실한 상황에서 명확한 실마

1 가짜 뉴스는 사실을 전달하는 것이 목적인 뉴스의 본래 기능 측면에서 보면 올바른 표현이 아니다. 그보다는 허위 사실, 허위 정보 또는 허위 조작 정보와 같은 표현이 더 적절하다(이완수, 2018; 임종섭, 2017 참조). 그러나 이 장에서는 수사적 표현으로서 가짜 뉴스를 주로 사용하고, 필요할 경우 허위(거짓) 사실 또는 허위(거짓) 정보라는 표현을 함께 사용하고자 한다.

리가 없을 때 일반적으로 어림셈법이나 감정에 의존하는 불완전한 판단을 내린다(Kahneman, 2003).

최근 AI 시대를 맞아 허위 조작 정보가 더 극성을 부리면서 심리적·물리적 폐해가 심각하다. 필자가 AI 가짜 뉴스를 쉽게 믿는 사람들의 심리적 기제를 이론적으로 설명하려는 이유도 사람들의 이런 불완전한 판단과 의사결정에 주목했기 때문이다. 이론은 현실을 설명하기 위해 존재한다(Lewin, 1951)는 점에서 가짜 뉴스에 대한 심리학적 이론 탐구는 의미가 있다.

가짜 뉴스 연구가 최근 활발히 이루어지고 있으나, 이에 대한 심리학적 이론 탐색이 시도된 적은 많지 않다. 그것은 가짜 뉴스가 사회 현상으로 등장한 지 얼마 되지 않았기 때문이기도 하지만,[2] 논의의 초점이 주로 가짜 뉴스 생산자가 사회 공론장에 미치는 폐해에 맞춰졌기 때문이기도 하다. 이 장에서는 이런 문제의식을 바탕으로 인지심리학과 행동경제학(Behavioral Economics) 관점에서 가짜 뉴스가 인간 심리에 미치는 수용자 기제를 이론적으로 고찰해 보고자 한다. 필자는 가짜 뉴스를 사회적으로 통제하기 위해서는 어떤 사회적 규범이나 법률적 도구를 동원할 것인지에 대해 논의하기에 앞서 사람들이 어떤 심리적 기제 때문에 가짜 뉴스를 믿고 이를 확산시키는지를 살펴보는 것이 순서라고 보았다. 그래야만 가짜 뉴스에 대한 원천적인 통제가 가능하기 때문이다.

---

2 가짜 뉴스라는 용어는 2016년 도널드 트럼프 미국 대통령이 선거 당시 자신에 대한 언론의 부정적인 보도에 대해 소셜 미디어를 통해 이러한 보도가 거짓말이라고 공격하면서 시작되었다(Pennycook and Rand, 2019).

2. 가짜 뉴스에 대한 해석 틀로서의 행동경제학

경제학자이면서 인지 심리학자였던 허버트 사이먼은 일찍이 인간은 지식, 계산, 추론과 같은 인지능력의 한계로 인해 합리적 의사결정을 하는 데서 어려움을 겪는다는 이른바 '제한된 합리성' 개념을 제시했다. 사이먼은 사람들의 판단은 그들이 활동하는 세상의 '바깥 환경(outer of environment)'에 의해 영향을 받기도 하지만, 현실 속에서 사람의 마음, 기억내용, 의사결정 과정과 관련된 '마음의 내적 환경(inner environment of people's mind)'에 의해 상당 부분 결정된다고 주장했다(Simon, 2000: 25). 사이먼이 처음 '제한된 합리성' 개념을 제안했을 때 특별히 강조한 대목은 인간의 마음속에 잠재된 내적 환경, 즉 인지적 심리였다. 사이먼은 고전 경제학자들이 기대 효용 이론에서 주장하는 것과는 달리 사람이 완전히 이성적이거나 자제적이거나 합리적이라는 가정을 의심했다. 대신 그는 사람들이 불확실한 상황에서 대안을 찾거나 결과를 계산하고 추론할 수 있는 인지적 능력에 한계가 있다는 점에 주목했다.

사이먼의 제한된 합리성 개념에 대한 아이디어는 1980년대 중반에 접어들면서 트버스키, 카너먼, 슬로빅과 같은 행동경제학자들의 후속 연구로 이어졌다. 이 행동경제학자들은 사람들이 판단이나 의사결정을 할 때 휴리스틱(heuristic)을 사용하며, 이 때문에 편향과 오류가 자주 일어난다고 밝혀 사이먼의 '제한된 합리성'을 뒷받침했다. 이 연구자들은 '휴리스틱'을 사람들이 사물을 판단할 때 짐작이나 어림셈법, 즉 단순한 직관으로 접근함으로써 편향(bias)이나 오류(error)가 일어나고, 결국 합리적 의사결정에 이르지 못한다는 개념으로 규정했다. 행동경제학자들이 제시한 휴리스틱은 어느 정도 만족스럽고, 경우에 따라서는 답을 재

빨리, 그것도 큰 노력 없이 얻을 수 있다는 점에서 사이먼의 '만족화' 원리나 멘체의 '주의 집중 범위' 개념과 비슷하다. 사람들이 어떤 사실을 정확히 알아내기 위해서는 높은 수준의 인지 에너지(cognitive energy)가 필요하다. 하지만 인지적 노력이 결여된 휴리스틱은 직감으로 판단을 내리도록 하기 때문에 터무니없는 오판으로 이어진다.

가짜 뉴스를 행동경제학 이론에 적용해 설명한 최초의 학자는 심리학자인 페니쿡과 랜드(Pennycook and Rand, 2019)였다. 이들은 행동경제학의 핵심적 개념인 인간의 인지적 한계(cognitive limits)와 인지적 게으름(cognitive laziness)이 '(전략적) 오보(strategic misinformation)'를 믿는 사람들의 심리적 주요 기제라고 설명한다. 여기서 '(전략적) 오보'는 잘못된 정보를 불순한 의도를 갖고 속이려는 일종의 가짜 뉴스에 해당된다. 사람들은 어떤 잘못된 정보에 노출되었을 때 이를 비판적으로 들여다보거나 숙고하기보다는 주로 직관과 감정에 의존하기 때문에 오류의 추론(fallacious reasoning)이나 인지 편향(cognitive biases)으로 기운다는 것이다(Gilovich, Griffin and Kahneman, 2002; Kahneman, 2011; Tversky and Kahneman, 1974).

행동경제학자들에 따르면 사람들은 이성적으로 판단하고 합리적으로 선택하는 경제적 인간이 아니기 때문에 거짓과 참, 허위와 진실을 구분하기 쉽지 않다(도모노 노리오, 2007). 그것은 무엇보다 인간의 이성적 또는 인지적 한계 때문일 수 있다. 심리학자인 페니쿡과 랜드도 사람들이 허위 정보를 믿느냐 마느냐의 문제를 합리성과 (인지) 게으름의 관점에서 설명한다. 여기서 합리성은 어떤 경우에도 오류 없이 올바르게 선택하는 것을 전제하는 것이고, (인지) 게으름은 사람은 사실을 확인하는 데 모든 인지적 노력을 기울이지 않는 타고난 게으른 본능을 갖고 있다는 것을 의미한다. 사람이 합리적이라면 그들이 원하는 내용만 선택적으로 받아들이는 확증 편향도 거부할 것이고, 불확실한 내용에 대해서는 옳고 그름을 확인하기 위해 최선의 인지적 노력을 기울일 것이다. 가짜 뉴스는 하나의 허위 정보로, 이에 속아 넘어가지 않기 위해서는 그것의 옳고 그름을 가려낼 수 있는 이성적 판단과 인지적 노력이 필수적이다. 그러나 현실 속에서 사람들은 비합리적 판단으로 자주 오류를 범한다. 불확실한 상황에서 사람들의 불완전한 판단이나 의사결정을 연구하는 행동경제학은 가짜 뉴스를 믿는 사람들의 심리적 기제를 밝혀내는 데 매우 유용하다(Pennycook and Rand, 2019).

3. 가짜 뉴스와 심리적 요인

1) 가짜 뉴스 정의와 특징

가짜 뉴스에 대한 논의는 그것이 '오염된 정보'인데도 사람들이 왜 믿는가 하는 관점에서 출발하는 것이 순서이다. 가짜 뉴스가 명백히 잘못된 정보라면 믿을 이유도 없고 이를 둘러싼 사회적 논란도 필요하지 않다. 그러나 우리가 사는 현실은 반대로 가짜 뉴스가 넘쳐나고, 이를 쉽게 믿는 사회적 풍토마저 있다. AI가 정보 시장에 광범위하게 작동하면서 가짜 뉴스가 사람들의 편견과 차별을 증폭시킨다. 가짜 뉴스의 개념 정의도 그런 차원에서 논의할 필요가 있다. 가짜 뉴스의 접두사인 '가짜(fake)'라는 용어는 복제(copy), 변조(counterfeit), 모조(inauthentic)(Mecacci, 2016), 진짜가 아닌 모방(imitation)과 위조(counterfeit)(영국 옥스퍼드 사전)로 정의되기도 하고, 단순한 가짜가 아니라 '사기', '기만', '속임수'와 같은 가치 개입적인 의미로 정의되기도 한다(황용석, 2017). '가짜'는 이처럼 용어 자체가 다의적이고 복합적이면서(이완수, 2018), 동시에 속이는 것을 목적으로 한다는 점에서 심리적 요소가 다분하다(Pennycook and Rand, 2019). 이에 반해 뉴스는 사람들에게 유익하고, 가치 있고, 믿을 만한 새로운 사실이나 정보로 규정한다(Harcup and O'neill, 2017). 가짜라는 말과 뉴스라는 말을 합친 '가짜 뉴스'는 엄밀히 말하면 정확한 표현이 아니다. 전자는 거짓이나 허위를 목적으로 하고, 후자는 참이나 진실을 추구한다는 점에서 서로 상충하는 개념이다. 뉴스는 객관적 사실에 바탕을 두고 만들기 때문에 가짜 뉴스라는 표현은 이를 부정하는 자기 모순적 행위이자(임종섭, 2017: 92), 모순 어법에 해당된다(Tandoc Jr., Lim and Ling, 2018).

문제는 이런 모순적인 가짜 뉴스를 사람들이 쉽게 믿는 심리적 이유가 무엇인가 하는 점이다. 그것을 이해하기 위해서는 가짜 뉴스 개념이 내포한 특성을 살펴볼 필요가 있다. 첫째, 가짜 뉴스는 내용적 측면에서 사실과 다른 허위 조작 정보라는 점이다(박진우, 2019). 허위 조작 정보는 이 용어가 함축하고 있듯이 처음부터 속이거나 기만하려는 나쁜 의도성이 내포되어 있음을 전제로 한다. 가짜 뉴스를 허위 조작 정보로 정의해야 한다는 부류가 늘어나고 있는 이유도 가짜 뉴스 자체를 사실의 단순 오류나 잘못된 정보를 제공했다는 사실 때문이 아니라, 그 이면에 누군가를 속이려는 불순한 의도가 숨어 있다고 보기 때문이다. 언론사가 보도 과정에서 범하는 뉴스의 오보나 의도성이 없는 잘못된 정보를 가짜 뉴스로 보기 어려운 이유도 처음부터 나쁜 의도가 없다는 사실에 사회 구성원들이 동의하기 때문이다. 오보가 잘못된 정보임에는 틀림없지만, 의도성이나 기만성이 있는 것은 아니다. 이에 반해 가짜 뉴스는 정치적·경제적 의도나 불순한 목적을 갖고 잘못된 정보를 유포함으로써 특정 또는 불특정 다수를 속이려는 개념이다(Fetzer, 2004). 그런 차원에서 기존 언론이 어떤 정치적·경제적 목적을 지닌 정보를 뉴스로 내보냈다면 이것도 가짜 뉴스의 범주로 봐야 한다(이완수, 2018). 가짜 뉴스를 구분하는 기준은 결국 누가 잘못된 정보를 유포했다는 사실 자체가 아니라, 어떤 의도와 목적을 갖고 유통했는가 하는 점이다.

둘째, 가짜 뉴스는 잘못된 정보를 의도적으로 유포한 개념 못지않게 어떤 형식으로 내보내는지도 중요하다. 사람들이 잘못된 정보나 기만의 정보를 쉽게 믿는 것은 그것이 신뢰할 만한 뉴스의 형식적 요건을 갖추었다고 보기 때문이다. 사람들은 시중에 나도는 '지라시 정보'는 그것이 설혹 사실이라고 하더라도 잘 믿지 않지만, 신문이나 방송의 형식으로 유포되는 정보는 그것이 사실이 아니더라도 믿는 경향이 있다(박아란, 2017; 정세훈, 2018; 황용석·권오성, 2017). 이는 뉴스의 신뢰는 상당 부분 어떤 형식을 갖추었는지에 의해 영향을 받기 때문이다(박진우, 2019; 이완수, 2018). 가짜 뉴스가 자주 기존 언론사 뉴스의 형식을 빌려 생산되고 유포되는 이유도 바로 '뉴스'는 어떤 형식적 모형을 갖추어야 한다는 사회적 합의에 따른 것으로 볼 수 있다. 가짜 뉴스들이 기존의 신문이나 방송 뉴스의 형식을 빌리거나, 언론사 제호와 기자의 바이라인(by-line)을 달거나, 또는 유튜브, 페이스북과 같은 소셜 미디어 형식을 통해 유포되는 것은 뉴스라는 형식적 틀을 갖출 때 사람들이 더 잘 믿는다는 심리적 허점을 노린 것으로 봐야 한다. 뉴스의 형식을 빌린 가짜 뉴스는 뉴스 내용의 진위 여부와 관계없이 그 자체만으로 유의미한 영향력을 미친다는 주장도 있다(박진우, 2019).

가짜 뉴스는 정치적·경제적 목적이나 이득을 기대하거나 상대방에게 피해를 주기 위해 의도적으로 허위, 조작, 거짓으로 만든 뉴스 형식의 정보로 정의해 볼 수 있다(Klein and Wueller, 2017). 기존 연구자들이 가짜 뉴스를 루머, 유언비어, 허위 지식, 허위 정보, 왜곡된 정보, 대안적 사실, 지독한 거짓말(Klein and Wueller, 2017), 뉴스 풍자, 뉴스 패러디, 날조, 조작, 광고, 선전(Tandoc Jr., Lim and Ling, 2018), 모방 뉴스(Lazer et al., 2018) 등 다양한 은유적 개념으로 규정하고 있는 것도 내용 측면에서 거짓 정보를, 유통 측면에서 나쁜 의도성을, 형식 측면에서 뉴스의 형식을 차용하는 가짜 뉴스의 특성을 반영한 것으로 보인다. 국내 연구자들은 가짜 뉴스를 좀 더 포괄적으로 규정한다. 풍자적 가짜 뉴스, 루머, 잘못된 정보, 의도된 가짜 정보(황용석, 2017), 풍자, 거짓말, 정치적 선동, 오보(오세욱·정세훈·박아란, 2017; 정세훈, 2018), '지라시', '어뷰 기사', '빼는 기사', '광고와 엿 바꿔 먹는 기사'(이준웅, 2017)도 넓은 의미에서 가짜 뉴스로 설명한다. 이들 가짜 뉴스 개념도 그 범위를 좀 넓게 보고 있을 뿐, 본질은 '오염된 정보'를 순수하지 못한 목적을 갖고 유포한다는 점에서는 차이가 없다. 가짜 뉴스는 결국 뉴스 형식을 빌린 허위 정보를 누군가를 속일 목적으로 유포하는 개념으로 볼 수 있다.

가짜 뉴스의 이런 정의만 놓고 보면, 어디까지가 가짜이고 진짜인지 구분하기가 쉽지 않다. 가짜 뉴스는 어둠과 빛처럼 명확히 구분 짓기 어려운 모호성과 불확실성을 지닌다. 그 범위도 위의 예에서 볼 수 있듯이 다양한 형태를 띠기 때문에 진위 여부를 가려내기가 어렵다. 객관적 사실의 옳고 그름을 구분하는 것은 어떤 면에서는 쉬울 수 있다. 그러나 메시지 표현, 메시지 특성, 메시지 은유, 메시지 구성 등 미묘성에 따라 그것이 사실을 드러내는지, 거짓을 숨기고 있는지 그 의미를 분별해 내기는 쉽지 않다. 가짜 뉴스는 단순히 거짓과 참, 허위와 진실의 가치 분별 이상의 다의적이고 복합적인 함의를 내포한다. 이는 사람들이 심리적으로 가짜 뉴스와 진짜 뉴스를 구분해 판독하기가 그만큼 쉽지 않다는 것을 뜻한다.

필자가 인지심리학이나 행동경제학 이론을 통해 가짜 뉴스가 사회적으로 유포·확산되는 이유를 살펴보려는 이유는 가짜 뉴스가 지닌 이런 복잡한 속성을 고려해서이다. 가짜 뉴스는 위에서 설명한 대로 매우 다층적으로 만들어져 유포되는 것이 일반적이다. 첫째, 가짜 뉴스는 사실이 아니지만, 형식과 내용이 사실처럼 매우 그럴싸하게 구성된다는 특징이 있다. 거짓과 참의 구분이 어려운 유사성을 지닌다. 둘째, 최근에 일어난 허위 사실을 반복적으로 내보낸다는 특징이 있다. 과거의 사실보다 최근에 일어났던 사실을 반복적으로 유포시킴으로써 사실처럼 느끼도록 만드는 최신성과 반복성을 지닌다. 셋째, 과거의 사실과 연결해 이야기를 전개해 나간다는 특징이 있다. 갑자기 뜬금없이 나오는 것이 아니라, 현재 일어난 일이 과거의 어떤 문제와 서로 연결되어 있다는 이른바 과거에 바탕을 둔 맥락성을 강조한다. 넷째, 기존에 알려진 사실을 토대로 약간의 추가와 변형을 주는 형식으로 구성해 전파한다는 특징이 있다. 가짜 뉴스는 전혀 존재하지 않는 정보 대신에 이미 알려진 정보를 약간 가공해 내보냄으로써 진위를 구분하기 어렵게 만드는 변형성을 지닌다. 다섯째, 어떤 사안을 아주 자세하게 이야기 구조로 기술하는 특징이 있다. 어떤 사건을 상세하게 묘사하고 진술함으로써 사실처럼 보이도록 만드는 이른바 구성성을 드러낸다. 여섯째, 부정적인 정보를 현저하게 강조하는 특징이 있다. 사람들은 긍정적인 정보보다 부정적인 정보를 더 민감하게 받아들이며, 누군가가 이를 현저하게 다루면 사실로 인식하는 경향이 있다. 일종의 부정적 현저성이다.

가짜 뉴스는 이처럼 정보 구성과 진술의 교묘성 때문에 옳고 그름을 판단하기가 어렵다. 심리적으로 최적의 판단이나 의사결정을 내리기가 쉽지 않다. 가짜 뉴스는 일반적으로 정보 메시지를 현저화, 단순화, 변형, 재구성, 재해석하거나(Shibutani, 1966; 이완수·배재영, 2015), 축약, 변형, 강조하거나 중간에 정보 중개자가 개입해 수정, 추가, 보강하는 형태를 보이거나(김현주, 1997), 내용이 확장, 축소, 과장되는 변형(DiFonzo and Bordia, 2006)이 이루어지기 때문에 허위와 진실 사이의 경계를 구분하기가 쉽지 않다. 거짓 정보는 초기에는 짧고, 간결하고, 단순화하거나 응축된 형태로 시작한다. 시간이 지나면서 내용이 새롭게 추가되거나 특정한 요소가 현저하게 부각되는 예리화 과정을 거친다. 최종적으로 사회의 인지구조와 부합하는 방향으로 동화하는 식으로 변화해 진위 여부를 독해하기 어렵게 만든다(Allport and Postman, 1947). 무엇보다 가짜 뉴스는 단기간에 폭발적으로 확산하는 데다(Allcott and Gentzkow, 2017), 관련 정보를 가공하고 사회적 맥락을 반영해 재구성된 하나의 이야기 구조로 만들어지기 때문에 식별하기가 어렵다.

필자가 주목한 것은 가짜 뉴스가 사람의 심리와 어떤 연관성이 있는가 하는 점이다. 가짜 뉴스는 잘못된 정보를 나쁜 의도를 갖고 사람들이 믿도록 하는 목적성 때문에 심리적 기제와 밀접하다. 완벽하게 합리적인 사람이라면 사실 구분이 모호한 가짜 뉴스를 이성적으로 현명하게 가려내겠지만, 이 세상에 그런 사람은 거의 존재하지 않는다. 그렇다고 필자가 인간은 원래 비합리적이기 때문에 가짜 뉴스를 믿는다는 점을 주장하려는 것은 아니다. 대신에 사람들이 어떤 비합리적 심리 기제 때문에 거짓 정보를 의심 없이 믿는가 하는 점에 주목할 것을 제안한다. 다시 말해, 사람들은 어떤 심리적 기제가 작동하기 때문에 가짜 뉴스를 의심 없이 받아들이고 오류의 판단이나 그릇된 의사결정을 내리는지를 살펴보자는 것이다.

2) 가짜 뉴스를 믿는 심리적 기제

가짜 뉴스가 사회적으로 문제가 되는 근본적인 이유는 사람들이 허위 정보나 조작 정보를 사실로 믿기 때문이다. 필자가 이 장에서 주목한 점도 사람들이 어떤 심리적 기제 때문에 가짜 뉴스를 사실로 믿는가 하는 점이다. 가짜 뉴스가 만들어지는 배경에는 정치적 이해관계나 정파적 대립과 같은 정치적·사회적 요인도 있지만(Harper and Baguley, 2019; Pennycook and Rand, 2021; Spohr, 2017), 사람들의 보이지 않는 내적 심리 요인들이 적지 않은 영향을 미치기도 한다(Beauvais, 2022; Mele et al., 2017; Pennycook and Rand, 2019). 사람들은 자신의 정치적 신념이나 이해관계 이전에 본능적으로 복잡한 심리적 과정을 통해 세상의 정보를 지각, 평가, 수용하며, 나아가 이를 행동으로 옮긴다. 다시 말해, 사람들은 외부의 사회 환경 요인이나 정치적 이념성과 관계없이 거짓과 참을 구분하는 인지적 능력의 한계 때문에 가짜 뉴스를 믿거나 이를 확신하게 된다는 것이다(Beauvais, 2022; Difonzo, 2008; Larson, Kaleda and Fenstermacher, 2019; Pennycook and Rand, 2019). 그렇다면 우리는 사람들이 어떤 심리적 기제로 인해 사실이 아닌 허위 정보를 사실로 믿는가 하는 질문에 대답할 필요가 있다.

가짜 뉴스를 논의할 때 흔히 등장하는 개념이 어림셈법(일명 휴릭스틱), 직관, 오류, 편견, 감정, 차별, 고정관념 등이다. 이들 개념은 공통적으로 사람들이 어떤 사안을 판단할 때 무의식적으로 범하는 비합리성을 잘 보여준다. 행동경제학자인 카너먼(2015)은 "사람들은 설혹 확실한 증거가 없더라도 모순이 없으면 그 사실을 '충분히 좋은 것'으로 여긴다"라고 말했다. 사람들은 이야기가 그럴싸하게 구성되어 있기만 해도 사실성 여부와 관계없이 곧이곧대로 믿는다는 것이다. 행동경제학적 이론의 토대를 제공한 사이먼도 사람들이 어떤 문제를 판단하고, 의사결정을 내릴 때 이를 면밀히 따져보기보다는 '만족화'하는 경향이 있다고 말한다. 여기서 '만족화'는 사람들이 현실 속에서 최적화된 조건에서 선택하는 것이 아니라, 일정 수준 이상(이는 매우 주관적이다)이 되면 선택을 한다는 개념이다. 사람들은 허위 정보를 접했을 때 그 내용을 끝까지 알아보기 위해 모든 인지적 노력을 기울이지 않는다. 대신 자신이 옳다고 생각하는 범위(예: 고정관념이나 선유 경험) 안에 들면 쉽게 믿어버린다(박진우, 2019). 이런 속성은 사람들이 어떤 문제를 비판적으로 사고하기보다는 외견상 드러난 것만으로 충분하다고 믿는 이른바 직관적 사고 습관과 비슷하다(카너먼, 2015).

카너먼은 사람들이 턱없이 부족한 증거에 근거한 이야기를 의심 없이 믿는 것은 바로 이런 무비판적인 직관에 의해 판단을 내리는 습성 때문이라고 말한다. 트버스키와 카너먼은 사람들의 이런 판단 행위를 '자연 발생적 평가(natural assessment)'라는 개념으로 설명한다. 이들은 사람들이 사회적 현상을 자연 발생적 평가에 의존해 직관적으로 평가하기 때문에 정확한 의미를 추론해 내는 데 한계가 있으며, 자주 오류를 범하는 원인이 된다고 보았다. 이들의 주장은 "인간은 인지나 판단이 완전히 합리적이며, 모순이 없고, 항상 불변해야 한다"(도모노 노리오, 2007)라는 전통 경제학자들의 가정과는 거리가 있다. 가짜 뉴스는 모든 일을 합리적으로 판단하는 것으로 가정하는 '경제적 인간'에게는 존재할 수 없다.

그런데도 가짜 뉴스가 사회적으로 준동(蠢動)하는 것은 사람들이 결코 이성적이거나 합리적이지 못하다는 것을 보여준다. 따라서 사람들이 어떤 사실에 대해 자연 발생적 평가를 내리는 심리적 요인들을 되짚어 볼 필요가 있다. 사람들이 가짜 뉴스를 접했을 때 직관적이고 자연 발생적인 평가를 할 수밖에 없는 이유는 많다. 하지만 무엇보다 가짜 뉴스의 범위가 매우 광범위하다는 점을 무시할 수 없다. 가짜 뉴스의 범위가 넓을수록 진짜 뉴스와 구분하기는 그만큼 더 어렵고, 직관적인 판단을 할 개연성은 더 커진다. 그러나 좀 더 본질적인 요인은 사람들이 판단하고 의사결정을 내리는 과정에서 무의식중에 나타나는 비의도적이고 비통제적인 심리적 기제이다(Pennycook et al., 2018).

행동경제학자들은 사람들이 보통 의사결정을 내릴 때 투입해야 할 인지 에너지(cognitive energy)를 최대한 절약하고, 나아가 의사결정 피로(decision fatigue)를 회피하려는 경향이 있다고 설명한다(Dwyer, 2019.2.22). 사람들의 이런 '게으른 사고(lazy thinking)'는 불확실한 상황에서 더 강화되어 나타난다(Tversky and Kahneman, 1974). 사람들이 생각이 떠오르는 대로 직관적 판단을 하는 이유는 불확실한 정보에 대한 '인지적 구두쇠(cognitive miser)' 태도(Fiske and Taylor, 1991)와 어림셈법 또는 휴리스틱이 동원되기 때문이다. 멜레와 동료들(Mele et al., 2017)도 사람들이 옳은 정보와 그릇된 정보를 판단할 때 이성적 평가에 의존하기보다는 휴리스틱과 같은 감정적 평가에 더 의존한다고 주장한다.

휴리스틱에 기반한 사고는 중요한 문제에서조차 종종 오류를 범하는 원인이 된다(Kahneman, 2011; Tversky and Kahneman, 1974). 휴리스틱은 문제 해결이나 의사결정을 위한 '단순한' 경험 기반의 프로토콜로 불린다(Dwyer, 2019.2.22). 휴리스틱은 복잡한 문제를 짧은 시간에 해결하거나 짐작하는 데 유용성이 있는 것이 사실이다. 트버스키와 카너먼(Tversky and Kahneman, 1974)도 휴리스틱을 "복잡한 판단을 간단한 짐작으로 단순화함으로써 시간을 줄여주는 정신적 지름길"이라고 설명했다.

사람들이 어떤 문제를 판단할 때 동원하는 심리적 기제의 하나인 휴리스틱은 문제를 쉽게 짐작해 낼 수 있다는 장점이 있지만, 반대로 오류 추론이나 인지 편향성을 자주 만들어내는 한계도 있다. 이처럼 사람들은 사실의 적절성과 타당성을 인지적으로 확인해 걸러내기보다는 이를 무비판적으로 받아들이는 것이 일반적이다. 따라서 사람들이 판단할 때 자주 사용하는 휴리스틱은 가짜 뉴스가 생산, 유포, 확산되는 핵심적인 요인의 하나로 볼 수 있다(Dwyer, 2019.2.22).

4. 가짜 뉴스에 대한 행동경제학적 이론 사례

가짜 뉴스와 관련지어 설명해 볼 수 있는 대표적인 심리학 개념을 꼽아보더라도 그 숫자가 적지 않다. 예를 들어, "나는 이미 알고 있었다"라고 착각하는 사후 확신 편향, 자신에게 유리하거나 옳다고 믿는 정보만 주목하는 선택적 노출(Meirick and Bessarabova, 2016), 이를 선별적으로 기억하고 해석하는 선택적 기억(Jerit and Barabas, 2012)과 선택적 해석(Gaines et al., 2007)도 있다. 가짜 뉴스의 확산 이유를 설명할 때 자주 언급되는 이른바 자신의 신념과 일치하는 정보만 선택적으로 받아들이는 확증 편향도 이 범주에 속한다. "가만히 있으면 중간은 간다"라는 손실 회피 이론(이는 누구도 앞장서서 가짜 뉴스를 바로잡으려고 노력하지 않는 이유이다), 사물은 이성적으로 평가하는 것이 아니라 감정에 주로 의존한다는 감정 휴리스틱, 쉽게 머릿속에 떠오르는 단서를 중심으로 사안을 평가하거나 중요하게 여긴다는 가용성 편향, 누군가가 어떤 기준(예: 가짜 뉴스 메시지)을 정하는 순간 그 기준을 중심으로 내용을 인지한다는 기준점(혹은 정박) 효과, 자신이 선호하지 않는 매체의 보도는 적대적으로 지각하는 적대적 미디어 효과, 다른 사람에 대한 나쁜 이야기에 솔깃하면서도 그 이야기를 왜곡해 단순화시키는 이야기 편향, 긍정적인 소문보다 부정적인 소문을 더 쉽게 받아들이는 부정성 편향, 자신을 둘러싸고 있는 집단에 맹목적으로 추종하는 동조화 폭포 현상, 생각이 같은 사람들끼리 더 공고하게 뭉치는 집단 극단화 등은 모두 잘못된 정보나 사실을 근거 없이 믿는 심리적 기제들에 해당된다.

가짜 뉴스는 이런 심리적 요인들이 작동하면서 유포되고, 나아가 걷잡을 수 없이 확산한다. 심리학자인 페니쿡과 랜드도 사람들이 잘못된 정보를 믿는 이유를 인간의 심리적 관점에서 찾아야 한다고 지적한 바 있다. 인간이 합리적으로 계산하고 판단한다면 사람들은 결코 가짜 뉴스에 속아 넘어갈 이유가 없다. 그러나 우리가 사는 현실에서는 사람들이 너무나 쉽게 허위 정보나 가짜 뉴스를 믿는다. 사이먼과 트버스키, 카너먼이 이론화한 행동경제학은 처음부터 인간의 합리적 선택과 판단에 대해 의문을 제기했다.

사람은 누구나 올바른 판단을 하고 제대로 된 의사결정을 내리고 싶어 한다. 고전 경제학자들은 오랫동안 인간을 합리적이며 늘 올바른 의사결정을 하는 존재로 여겼다. 하지만 이것이 현실에서는 가능한 이야기가 아니다. 사이먼은 정보 수집과 처리의 한계, 시간적 한계, 미래의 불확실성 등 여러 물리적 제약 때문에 인간은 합리적일 수 없다고 주장했다. 그는 제한된 합리성이라는 개념을 들어 사람들은 불완전하고 비합리적인 판단을 내린다고 보았다. 이후 카너먼 등 일군의 행동경제학자도 불확실한 대상에 대한 인간의 판단과 의사결정 과정은 불완전하고 비합리적이라는 사실을 다수의 실험 연구를 통해 입증했다.

가짜 뉴스는 대표적인 불확실한 정보이다. 인간을 합리적인 존재로 파악한 고전 경제학자들의 말이 옳다면, 가짜 뉴스는 세상에 살아남을 수 없어야 한다. 사람들은 허위 정보나 거짓을 뛰어난 지각과 추론 능력을 동원해 모조리 밝혀낼 수 있기 때문이다. 그러나 AI 시대를 맞아 가짜 뉴스가 요동치는 오늘날의 세상은 오히려 정반대이다. 사람들은 수없이 많은 허위 정보를 믿고, 이를 퍼뜨린다. 심지어 전문적 식견이 높은 전문가조차 거짓 정보를 가려내지 못하고 속아 넘어간다. 그것은 사람들이 현실적으로 어떤 불확실한 대상에 대해 옳고 그름을 판단하기가 쉽지 않음을 보여준다. 그렇다면 우리는 이제 사람들이 어떤 제한된 합리성 때문에 불확실한 정보를 잘못 선택하고 그릇되게 판단하는지를 행동경제학 개념과 이론을 중심으로 살펴볼 필요가 있다.

행동경제학은 인간은 비합리적 판단을 하는 존재로 오류를 쉽게 범할 수 있다는 가정에서 출발한다. 행동경제학은 ① 명확한 실마리가 없을 때 사용하는 편의적, 발견적 방법인 휴리스틱 이론, ② 부정적 변화에 더 민감하게 반응한다는 프로스펙트(prospect) 이론,[3] ③ 메시지의 제시 방법이나 표현 방법에 따라 판단이나 선택이 달라진다는 프레이밍(framing) 이론, ④ 시간에 따라 같은 대상을 다르게 판단하고 해석한다

3 프로스펙트 이론은 평가의 기준이 되는 준거점(reference point) 의존성, 가치함수에서 손실 메시지를 이득 메시지보다 크게 평가하는 민감도 체감성(diminishing sensitivity) 등으로 설명된다.

는 시간 해석 이론 등을 통해 사람들의 비합리적 판단과 의사결정 행위를 설명한다. 이 행동경제학 이론들은 사람들이 잘못된 허위 정보인 가짜 뉴스를 쉽게 믿는 심리적 기제를 파악해 볼 수 있는 개념인 제한된 합리성, 휴리스틱한 판단과 의사결정, 직관적 편향, 인지 게으름과 편안함, 시스템적 사고를 폭넓게 설명할 수 있는 유용한 틀로 이해된다.

5. 결론

우리는 진짜 정보보다 AI가 만들어내는 가짜 정보가 더 범람하는 무서운 세상에 산다. AI가 세상을 이끄는 새로운 정보 환경을 맞아 우리는 AI가 가진 긍정적인 측면에도 불구하고 앞으로 전개될 '가짜 현실(fake reality)'에 대해 불안감을 떨칠 수 없다. 사람의 뇌가 미지의 영역이듯이 AI가 앞으로 어떤 방향으로 진화하고 발전할지는 누구도 알 수 없다. 전통 경제학자들은 오랫동안 인간은 기호가 명확하고, 모순이 없고, 항상 불변하고, 합리적 선택 행위를 한다는 '경제적 인간 모델'을 지지해 왔다. 그러나 우리가 사는 실제 현실 속 인간은 어떠한가? 우리는 수없이 많은 루머, 풍문, 허위 사실, 거짓 정보, 모방 뉴스, 오보, 지라시 등이 떠돌아도 이를 사실처럼 믿는 경우가 많다. 이 글은 AI 시대를 맞아 사람들이 어떤 이유로 허위 사실을 의심 없이 믿고, 이를 확산시키는 데 주저하지 않는가 하는 심리적 이유에 주목했다. 필자는 이를 위해 사이먼이 처음으로 제시한 '제한된 합리성' 개념 및 트버스키와 카너먼 등 일군의 행동경제학자가 제시한 행동경제학의 다양한 개념과 이론을 적용해 사람들이 가짜 뉴스를 믿는 심리적 이유와 기제에 대해 살펴보았다.

사람들은 쉽게 떠오르는 대상을 중심으로 믿는다는 가용성 편향, 기본 확률을 무시하고 나타난 결과를 토대로 확률을 계산하는 기저율 무시, 누군가가 어떤 단서를 제시하면 그것이 참이든 거짓이든 관계없이 이를 중심으로 판단한다는 기준점 편향, 사실의 진위 여부와 관계없이 결과를 확인한 뒤 "내 그럴 줄 알았다"라는 식으로 마치 사전적으로 그 결과를 예측했다고 과잉 확신하는 사후 편향, 상황적 스토리를 그럴싸하게 구성해 제시하면 그 내용을 전혀 다르게 판단하는 결합 오류, 어떤 사건의 책임을 개인에 귀인함으로써 문제의 본질을 왜곡하는 기본적 귀인 오류, 긍정적 변화보다 부정적 변화에 더 민감하게 반응한다는 전망 이론, 메시지의 미묘한 표현에 따라 사안의 실체나 진위를 그릇되게 해석하거나 수용하는 프레이밍 효과, 누군가가 슬쩍 개입하거나 끼어들어 제시하는 메시지나 단서에 쉽게 속아 넘어가는 넛지(nudge) 효과 등은 모두 사람들이 가짜 뉴스를 믿는 주요한 심리적 이론에 속한다.

이들 심리적 개념이나 이론은 거짓을 사실로 믿는 사람들의 자동적인 심리적 기제를 잘 보여준다. 여기서 중요한 점은 사람들이 외부의 이해관계 때문에 그렇게 생각하는 것이 아니라 그냥 그렇게 느낄 뿐이라는 사실이다. 사람들은 어떤 사실의 진위를 알기 위해서는 확률에 토대를 두고 분석적 사고를 해야 하지만, 앞의여기서 중요한 점은 사람들이 외부의 이해관계 때문만이 아니라, "그냥 그렇게 느낄 뿐이다"라는 사실이다 논의에서 보았듯이 분석적 사고를 위해 인지 에너지를 투입하는 데 대체로 인색하다. 대신 인지 에너지를 최대한 적게 들여 직감과 직관적인 추론을 통해 결론에 도달하는 것처럼 보인다. 더구나 가짜 뉴스는 불확실한 데다 내용의 유사성, 최신성, 반복성, 맥락성, 변형성, 구성성, (부정적) 현저성의 특징을 갖고 있기 때문에 진위를 구분하기 어렵다. 가짜 뉴스에 속아 넘어가지 않기 위해서는 더 많은 인지 에너지와 합리적 판단이 필요하다. 하지만 일반적으로 사람들은 사이먼이 이야기하는 것처럼 일정 단계에서 충분하다고 생각하는 '만족화'와 트버스키와 카너먼이 개념화한 '게으른 사고'를 벗어나지 못한다. 사람들이 머릿속에 떠오르는 대로 직관적으로 판단하는 인지 방식으로는 사실과 허위를 가려내기 어렵다. "인간은 합리적 존재가 아니라 사후적으로 합리화하는 존재이다"라는 심리학자 페스팅거의 지적대로 사람들은 감정에 의존하는 비이성적인 동물에 가깝다.

고전 경제학자들이 주장하는 것처럼 인간이 완벽하게 이성적이고 합리적으로 판단할 수 있는 존재라면 허위 정보나 가짜 뉴스도 얼마든지 가려낼 수 있을 것이다. 그러나 사람들은 늘 올바른 판단이나 예측을 하는 합리적인 존재가 아니다. 인간의 인지 체계가 모순이 없고 불변적이며, 무오류의 판단을 하고 최적의 결정에 이르도록 구성되어 있지도 않다. 반대로 사람들은 인지적 에너지를 가장 적게 사용해 쉽게 의사결정에 이른다. 이 과정에서 시스템 1(카너먼이 만든 개념으로, 직관이나 직감을 따르는 것) 사고방식에 의존한다. 오늘날과 같은 복잡하고 불확실한 사회에서는 정보의 진위를 가려내기가 더 어렵다.

가짜 뉴스는 외형상 정보 내용이 적절하고 논리적으로 구성되어 있으며, 형식 면에서도 쉽게 믿도록 교묘하고 유사하게 만들어지는 특징을 지닌다. 최근 인공지능의 딥페이크는 그 정보가 더 정교하고 교묘해졌다. 가짜 뉴스에 대한 이런 정보 비대칭성에 위치하는 수용자가 이성적이고 합리적인 판단을 통해 최적의 의사결정을 내리기는 쉽지 않다. 정보가 폭포처럼 쏟아지고 복잡할수록 사람들은 휴리스틱한 방법에 더 의존해 직감에 따라 의사결정을 내릴 수밖에 없다. 가짜 뉴스가 사회적으로 확산하는 배경에는 사람들이 쉽게 생각하는 이런 인지 체계의 한계가 존재한다.

사람들이 가짜 뉴스를 믿는지 여부가 그들의 정치적 이념성이나 정파성과 연관된 것만은 아니다. 사람들은 일상에서 훨씬 많은 경우 거짓 정보에 무의식적으로 노출되고 또 속아 넘어간다. 그것이 만약 개인의 생명이나 경제적 자원과 관계된 경우라면, 그 손실은 이루 말할 수 없을 것이다. 어떤 정보에 대한 개인의 정치적 편향은 정치 행위로 끝날 수 있지만, 다수의 허위 정보는 개인의 삶에 직접적으로 영향을 미치는 것을 넘어 사회 공동체에도 나쁜 영향을 미친다. 가짜 뉴스는 사람들이 쉽게 판단의 오류를 범할 수 있는 불확실한 정보이다. 따라서 앞으로는 사람들이 불확실한 정보를 처리할 때 어떤 인지 한계를 보이는지, 이를 해결하는 방법은 무엇인지 집중적으로 논의할 필요가 있다. 가짜 뉴스에 대한 사회적 해법도 "사람들이 왜 가짜 뉴스에 쉽게 속아 넘어가는가?"에 대한 심리 기제를 파악하는 것이 순서이다. 누군가가 가짜 뉴스를 아무리 유포해도 사람들이 이를 숙고와 분석의 사고를 거쳐 걸러낼 수만 있다면 상당 부분 예방할 수 있다. 가짜 뉴스에 대한 정책적 대응도 마찬가지이다. 정보를 처리하는 사람들의 내적 인지 기제를 체계적으로 파악한 후, 이를 바탕으로 가짜 뉴스를 통제할 필요가 있다.

지금까지 가짜 뉴스에 대한 논의와 그에 대한 해법은 주로 거짓 정보의 생산자를 규제하는 문제에 맞춰져 왔다. 그러나 인공지능과 같은 정보 네트워크 시대에 가짜 정보 생산자를 근원적으로 통제하기는 현실적으로 쉽지 않다. 그보다는 가짜 뉴스를 수용하는 사람들의 심리적 속성을 파악해 이를 토대로 리터러시 교육을 시도하는 것이 더 바람직하다. 가짜 뉴스를 강제적으로 제한하는 '법률적 통제'보다 가짜 뉴스를 식별하는 안목을 길러주는 '교육적 통제'가 좀 더 현실적이다. 예컨대 가짜 뉴스에 속지 않는 법을 심리적 관점에서 교육할 수도 있고, 가짜 뉴스 생산자들이 어떤 메시지 구성 전략을 통해 사람들을 속이려고 하는지에 대한 기술적 교육을 할 수도 있을 것이다. 아울러 가짜 뉴스가 인지심리에 미치는 영향에 대해서는 공익 광고와 같은 정책 캠페인을 통해 판단 오류에 대한 사회적 경각심을 높일 수도 있을 것이다.

참고문헌

강준만. 2013.『감정독재』. 인물과 사상사.

김현주. 1997.「기업루머의 생성과 확산: 이론적 고찰」. ≪한국커뮤니케이션학≫, 5호, 264~291쪽.

도모노 노리오(友野典男). 2007.『행동경제학』. 지형.

박아란. 2017.「가짜뉴스에 대한 법률적 쟁점과 대책」. ≪신문과 방송≫, 4월호, 12~19쪽.

박진우. 2019.「가짜뉴스 수용과 전파에 영향을 미치는 심리적 요인들에 대한 연구: 수용자의 편향적 매체지각과 편향적 정보처리 그리고 소셜네트워크 구조 인식을 중심으로」.한양대학교 대학원 박사학위 논문.

오세욱·정세훈·박아란. 2017.「가짜뉴스의 현황과 문제점」. 한국언론진흥재단.

이완수. 2018.「가짜뉴스란 무엇인가?: 가짜뉴스 개념과 범위에 대한 다차원적 논의」. ≪미디어와 인격권≫, 2호, 173~212쪽.

이완수·배재영. 2015.「경제루머의 보도기제: 미네르바 루머 메시지에 대한 언론의 재구성과 재해석」. ≪국정관리연구≫, 10권, 1호, 117~156쪽.

이준웅. 2017.「가짜뉴스와 사실확인 보도」. ≪관훈저널≫, 143호(여름), 33~40쪽.

임종섭. 2017.「언론의 위기와 가짜뉴스 파동」. ≪관훈저널≫, 142호(봄), 87~93쪽.

정세훈. 2018.「가짜뉴스의 대응방안과 쟁점」. ≪관훈저널≫, 146호(봄), 76~82쪽.

카너먼, 대니얼(Daniel Kahneman). 2015.『생각의 해부』. 강주현 옮김. 와이즈베리.

황용석. 2017.「가짜뉴스 개념 정의의 문제: 형식과 내용 의도적으로 속일 때 '가짜뉴스'」. ≪신문과 방송≫, 4월호, 6~11쪽.

황용석·권오성. 2017.「가짜뉴스의 개념화와 규제수단에 관한 연구」. ≪언론과 법≫, 16권, 1호, 53~101쪽.

Allcott, H. and M. Gentzkow. 2017. "Social media and fake news in the 2016 election." *Journal of Economic Perspectives*, Vol.31, No.2. pp.211~236.

Allport, G. W. and L. Postman. 1947. *The Psychology of Rumor*. Henry Holt and Company.

Beauvais, C. 2022. "Fake news: Why do we believe it?" *Joint Bone Spine*, Vol.89, No.4. https://doi.org/10.1016/j.jbspin.2022.105371

DiFonzo, N. 2008. *The Watercooler Effect: A Psychologist Explores the Extra-*

ordinary Power of Rumors. Penguin.

DiFonzo, N. and P. Bordia. 2006. "Rumor in organizational contexts." in Donald A. Hantula(ed.). *Advances in Social and Organizational Psychology*. Psychology Press.

Dwyer, C. 2019.2.22. "4 Outcomes of Lazy Thinking: Using heuristics to understand why people fall prey to fake news." *Psychology Today*. https://www.psychologytoday.com/za/blog/thoughts-thinking/201902/4-outcomes-lazy-thinking(검색일: 2023.12.22)

Fetzer, J. H. 2004. "Disinformation: The use of false information." *Minds and Machines*, Vol.14, pp.231~240.

Fiske, S. T. and S. E. Taylor. 1991. *Social Cognition*. McGraw-Hill.

Gaines, B. J., J. H. Kuklinski, P. J. Quirk, B. Peyton and J. Verkuilen. 2007. "Same facts, different interpretations: Partisan motivation and opinion on Iraq." *Journal of Politics*, Vol.69, No.4. pp.957~974.

Gilovich, T., D. Griffin and D. Kahneman(eds.). 2002. *Heuristics and Biases: The Psychology of Intuitive Judgment*. Cambridge University Press.

Harcup, T. and D. O'neill. 2017. "What is news? News values revisited(again)." *Journalism Studies*, Vol.18, No.12. pp.1470~1488.

Harper, C. A. and T. Baguley. 2019. "'You are Fake News!': Ideological (A)symmetries in Perceptions of Media Legitimacy." DOI: 10.31234/osf.io/ym6t5

Jerit, J. and J. Barabas. 2012. "Partisan perceptual bias and the information environment." *Journal of Politics*, Vol.74, No.3. pp.672~684.

Kahneman, D. 2003. "Maps of bounded rationality: Psychology for behavioral economics." *American Economic Review*, Vol.93, No.5. pp.1449~1475.

_____. 2011. *Thinking, Fast and Slow*. Macmillan.

Kahneman, D., P. Slovic and A. Tversky(eds.). 1982. *Judgment under Uncertainty: Heuristics and Biases*. Cambridge University Press.

Klein, D. and J. Wueller. 2017. "Fake news: A legal perspective." *Journal of Internet Law*(Apr. 2017).

Larson, K. G., K. Kaleda and L. Fenstermacher. 2019. "Applying cognitive psychology principles to the (dis)information environment: an examination of discourse comprehension, memory, and fusion of news articles." Proc. SPIE 11018, Signal Processing, Sensor/Information Fusion, and Target Recognition XXVIII, 110180S(7 May 2019). https://doi.org/10.1117/12.2522278

Lazer, David M. J., M. A. Baum, Y. Benkler, A. J. Berinsky, K. M. Greenhill, F.

Menczer, M. J. Metzger, B. Nyhan, G. Pennycook, D. Rothschild, M. Schudson, S. A. Sloman, C. R. Sunstein, E. A. Thorson, D. J. Watts, J. L. Zittrain 2018. "The science of fake news." *Science*, Vol.359, No.6380, pp.1094~1096.

Lewin, K. 1951. *Field Theory in Social Science: Selected Theoretical Papers*. Harper and Brothers.

Mecacci, A. 2016. "Aesthetics of fake. An overview. Aisthesis." *Pratiche, linguaggi e saperi dell'estetico*, Vol.9, No.2, pp.59~69.

Meirick, P. C. and E. Bessarabova. 2016. "Epistemic factors in selective exposure and political misperceptions on the right and left." *Analyses of Social Issues and Public Policy*, Vol.16, No.1. pp.36~68.

Mele, N., D. Lazer, M. Baum, N. Grinberg, L. Friedland, K. Joseph and C. Mattsson. 2017. "Combating fake news: An agenda for research and action." https://www.hks.harvard(검색일: 2018.10.17)

Pennycook, G. and D. G. Rand. 2019. "Lazy, not biased: Susceptibility to partisan fake news is better explained by lack of reasoning than by motivated reasoning." *Cognition*, Vol.188, pp.39~50.

_____. 2021. "The psychology of fake news." *Trends in Cognitive Sciences*, Vol.25, No.5. pp.388~402.

Pennycook, G., W. De Neys, J. S. B. T. Evans, K. E. Stanovich and V. A. Thompson, 2018. "The mythical dual-process typology." *Trends in Cognitive Sciences*, Vol.22, No.8. pp.667~668.

Shibutani, T. 1966. *Improvised news: A sociological study of rumor*. Ardent Media.

Shu, K., A. Sliva, S. Wang, J. Tang and H. Liu. 2017. "Fake news detection on social media: A data mining perspective." *ACMSIGKDD Explorations Newsletter*, Vol.19, No.1. pp.22~36.

Simon, H. A. 1972. "Theories of bounded rationality." *Decision and Organization*, Vol.1, No.1. pp.161~176.

_____. 1990. "Bounded rationality." in J. Eatwell, M. Milgate and P. Newman (eds.). *Utility and Probability*. Palgrave Macmillan.

_____. 2000. "Bounded rationality in social science: Today and tomorrow." *Mind & Society*, Vol.1, No.1. pp.25~39.

Sloman, S. and P. Fernbach. 2018. *The Knowledge Illusion: Why We Never Think Alone*. Penguin.

Spohr, D. 2017. "Fake news and ideological polarization: Filter bubbles and selective exposure on social media." *Business Information Review*, Vol. 34, No.3. pp.150~160.

Tandoc Jr., E. C., Z. W. Lim and R. Ling. 2018. "Defining 'fake news' A typology of scholarly definitions." *Digital journalism*, Vol.6, No.2. pp.137~153.

Tversky, A. and D. Kahneman. 1974. "Judgment under uncertainty: Heuristics and biases." *Science*, Vol.185, No.4157. pp.1124~1131.

______. 1986. "Judgment under uncertainty: Heuristics and biases." in T. Connolly, H. R. Arkes and K. R. Hammond(eds.). *Judgment and Decision Making: An Interdisciplinary Reader*. Cambridge University Press.

지은이(가나다순)

김경모 현재 연세대학교 언론홍보영상학부 교수로 재직 중이다. 연세대학교 신문방송학과를 졸업하고 동 대학원에서 석사학위를, 미국 뉴욕 주립대학교에서 커뮤니케이션학 박사학위를 취득했다. ≪한국방송학보≫ 편집위원장을 역임했다. 주요 논저로 『한국의 대통령 보도』(공저) 외 다수가 있다.

김범수 현재 부산대학교 미디어커뮤니케이션학과 조교수로 재직 중이다. 미국 앨라배마 주립대학교에서 박사학위를 취득했다. 주요 논저로 "The Logics of Fact-Checking Website Operations", "Ideological and economic influences on journalistic autonomy and cynicism" 외 다수가 있다.

박성희 현재 이화여자대학교 커뮤니케이션·미디어학부 교수로 재직 중이다. 미국 컬럼비아 대학교 사회학과를 졸업하고, 연세대학교 언론홍보대학원에서 신문학 석사학위를, 미국 퍼듀 대학교에서 언론학 박사학위를 취득했다. ≪조선일보≫ 기자를 역임했다. 주요 논저로 『레토릭』, 『수사비평』, 『아규멘테이션』 외 다수가 있다.

박아란 현재 고려대학교 미디어학부 교수로 재직 중이다. 서울대학교 경영학과를 졸업하고, 서울대학교 언론정보학과에서 석사학위를, 미국 오리건 대학교 저널리즘커뮤니케이션스쿨에서 박사학위를 취득했다. 한국언론진흥재단 책임연구위원을 역임했다. 주요 논저로 『인공지능 시대의 미디어 윤리』, 『인터넷 표현의 자유』 외 다수가 있다.

서수민 현재 서강대학교 신문방송학과 부교수로 재직 중이다. 서울대학교 독어독문학과를 졸업하고, 미국 하버드 대학교에서 공공정책학 석사학위를, 미국 컬럼비아 대학교에서 저널리즘 박사학위를 취득했다. ≪한겨레≫, ≪코리아타임스≫ 기자를 역임했으며, 미국 템플 대학교에서 조교수를 역임했다. 주요 논문으로 "Marginal Majority at the Postcolonial News Agency", "Ethics of Digital Verification in International Reporting", "We See More Because We Are Not There: Sourcing Norms and Routines in Covering North Korea" 외 다수가 있다.

손영준 현재 국민대학교 미디어광고학부 교수로 재직 중이다. 서울대학교 외교학과를 졸업하고, 동 대학교 행정대학원에서 석사학위를, 미국 인디애나 대학교 저널리즘 스쿨에서 매스컴 박사학위를 취득했다. 주요 논저로 『언론자유와 정치철학』, 『현대정치커뮤니케이션』 외 다수가 있다.

이완수 현재 동서대학교 미디어콘텐츠대학 저널리즘 담당 교수로 재직 중이다. 고려대학교 정치외교학과를 졸업하고, 동 대학교 미디어대학원에서 저널리즘 전공으로 언론학 석사·박사학위를 취득했다. 주요 논저로 『경제와 커뮤니케이션』, 『부고의 사회학』, 『코로나19 "인포데믹" 현상에 대한 이론적 고찰』 외 다수가 있다.

이정훈 현재 대진대학교 미디어커뮤니케이션학과 교수로 재직 중이다. 한양대학교 사회학과를 졸업하고, 미국 조지아 대학교에서 매스커뮤니케이션 석사학위를, 미국 플로리다 주립대학교에서 커뮤니케이션 박사학위를 취득했다. 주요 논저로 『컴퓨테이셔널 저널리즘: 새로운 뉴스 제작 기술』, 『저널리즘 다시 보기』(공저) 외 다수가 있다.

최수진 현재 경희대학교 미디어학과 교수로 재직 중이다. 연세대학교 행정학과를 졸업하고, 미국 인디애나 대학교(블루밍턴)에서 텔레커뮤니케이션학 석사학위를, 미국 텍사스 대학교(오스틴)에서 미디어학 박사학위를 취득했다. 2023년에 '뉴스품질 평가관련 이용자 정보처리 메커니즘 연구'로 교육부 장관상을 수상한 경력이 있다. 주요 저서 및 역서로 『커뮤니케이션 연구를 위한 네트워크 분석』, 『사회 네트워크 통계모형(ERGM): 이론, 방법론, 활용』 외 다수가 있다.

최영재 현재 한림대학교 미디어스쿨 학장으로 재직 중이다. 고려대학교 신문방송학과를 졸업하고, 동 대학원에서 석사 및 박사과정을 마쳤으며, 미국 텍사스 대학교 저널리즘 스쿨에서 박사학위를 취득했다. 주요 논저로 『뉴스채널과 대통령권력』, 『저널리즘의 이해』, 『현대정치커뮤니케이션』 외 다수가 있다.

최지향 현재 이화여자대학교 커뮤니케이션·미디어학부 교수로 재직 중이다. 연세대학교 사학과를 졸업하고, 미국 인디애나 대학교 저널리즘 스쿨에서 저널리즘 석사학위와 매스커뮤니케이션 박사학위를 취득했다.

허만섭 현재 국립 강릉원주대학교 교양교육부 교수로 재직 중이다. 연세대학교 철학과를 졸업하고, 동 대학교 언론홍보대학원에서 석사학위를, 고려대학교 대학원에서 언론학 박사학위를 취득했다. 주요 논저로 *Rethinking Asian values in journalism*, 『디지털시대 언론전문직주의의 위기와 변화』 외 다수가 있다.

홍주현 현재 국민대학교 미디어광고학부 부교수로 재직 중이다. 이화여자대학교 신문방송학과를 졸업하고, 동 대학원에서 신문방송학 석사학위와 언론학 박사학위를 취득했다. 서울특별시청 여론조사 전문직 라급, 베이징 대학교 연구학자를 역임했다. 주요 논저로 『ICT 발전과 뉴스 소비자』(공저), 『소셜 콘텐츠의 흥망성쇠』(공저) 외 다수가 있다.

한울아카데미 2503

AI 시대 저널리즘 미리보기

엮은이 | 한국언론학회 저널리즘연구회
지은이 | 김경모·김범수·박성희·박아란·서수민·손영준·이완수·
이정훈·최수진·최영재·최지향·허만섭·홍주현
펴낸이 | 김종수 펴낸곳 | 한울엠플러스(주) 편집책임 | 신순남
초판 1쇄 인쇄 | 2024년 2월 15일 초판 1쇄 발행 | 2024년 3월 1일

주소 | 10881 경기도 파주시 광인사길 153 한울시소빌딩 3층 전화 | 031-955-0655
팩스 | 031-955-0656 홈페이지 | www.hanulmplus.kr 등록번호 | 제406-2015-000143호

Printed in Korea.
ISBN 978-89-460-7499-6 93300

※ 책값은 겉표지에 표시되어 있습니다.